Voyages de la lenteur

LA REVUE
des lettres modernes

Voyages de la lenteur

Sous la direction de Philippe Antoine

PARIS
LETTRES MODERNES MINARD

Classiques Garnier
La Revue des lettres modernes
6 rue de la Sorbonne
75005 Paris
patmarot@orange.fr

ISBN 978-2-406-12295-1
ISSN 0035-2136

VOYAGES CONTEMPORAINS

L ES professionnels de l'écriture ont progressivement investi un domaine qui était auparavant réservé aux marins, aux missionnaires, aux pèlerins... à ceux qui en d'autres termes avaient de bonnes raisons de voyager. Une distinction s'est alors établie entre les écrivains voyageurs, qui partent pour écrire, et les voyageurs écrivant. La frontière ainsi dessinée repose sur des critères assez peu sûrs. On attend ainsi de l'auteur qui compose une œuvre avec ses voyages autre chose qu'un relevé de lignes et de surfaces, aussi séduisant soit-il. Mais le fait d'être poète n'implique pas qu'on puisse totalement négliger les devoirs du voyageur. Il faut continuer à être vrai (ou, au moins, à le paraître). Inversement, l'ethnologue, l'aventurier, le reporter, le documentariste, le recordman de l'inutile... sont capables d'exprimer des émotions, de dire leurs lassitudes ou leurs émerveillements. Ils entraînent alors le lecteur ou le spectateur vers des territoires qui se laissent difficilement cartographier puisque ces voyages se font également au pays du moi et quelquefois dans le temps. Cette oscillation entre la « poésie » et l'« histoire » constitue l'un des traits structurant du genre. La Série *Voyages contemporains*, tout en privilégiant des approches de type

I

esthétique, ne voudrait pas se cantonner aux grands noms de la "littérature voyageuse" (Segalen, Michaux, Leiris, Bouvier...), ni même à ces œuvres dont on se dit sans (trop) d'hésitation qu'elles ont été produites dans une intention d'art. Dans la mesure où elle souhaite contribuer à une caractérisation des "arts du voyage", c'est-à-dire, conjointement, à des pratiques et à leur mise en mots ou en images, elle se voudrait accueillante, sans exclusive, à la vaste production des relations viatiques qui permettent de définir une culture du voyage inscrite dans notre modernité.

De pareilles œuvres entretiennent avec d'autres genres des rapports compliqués. Conformément à la tradition, elles adoptent parfois l'allure de l'inventaire — quitte à prendre ironiquement leurs distances avec les discours savants. Eric Newby, l'une des grandes figures du *travel-writing* anglais, signale obligeamment à son lecteur qu'il peut sauter la séquence consacrée à la géographie et à l'histoire du Nuristan dans *Un Petit tour dans l'Hindou Kouch*. Ainsi parvient-il élégamment à sacrifier aux exigences de la relation de voyage, sans paraître imposer à son lecteur une série de données factuelles bien lassantes aux yeux de qui voudrait suivre avant tout les aventures ahurissantes d'un amateur jeté sans préparation aucune dans un environnement hostile à tous égards. On se doute en effet que les relations de voyage peuvent à l'occasion côtoyer l'autobiographie, puisque le fait de quitter son chez soi constitue bien souvent un moment de pointe de l'existence, voire une épreuve qui (re)met en cause l'intégrité du sujet. Faut-il rappeler ce propos de Nicolas Bouvier figurant au début de *L'Usage du monde* : « On croit qu'on va faire un voyage, mais bientôt c'est le voyage qui vous fait, ou vous défait. » ? Tout voyageur peut également, à l'occasion, s'évader en terre fictionnelle en relatant des histoires entendues en chemin, en fabriquant lui-même des contes, en rapprochant son expérience des univers de la fable... Chaque lieu, chaque détail cueilli au cours du déplacement est susceptible d'être relié à la culture du voyageur. La « bibliothèque » vient constamment recouvrir le réel, elle fournit au voyageur les grilles de lecture nécessaires à une

II

compréhension du territoire et de l'autre, elle leste l'expérience singulière de tous les discours qui sont actualisés au fur et à mesure du parcours. Dans un beau film de Robert Kramer, *Route one / USA*, l'*alter ego* du cinéaste, Doc, ausculte une Amérique ravagée par les politiques libérales ; il est de surcroît confronté aux traces du passé (la guerre de Sécession, celle du Vietnam) et entend les voix des morts illustres qui ont chanté une libre nature désormais saccagée (Whitman, Thoreau).

Le discours du voyageur est tour à tour ou dans le même temps savant, politique, poétique, autobiographique... Ce faisant, les auteurs de Voyages se saisissent de l'une des propriétés fonda- mentales du genre viatique : sa propension au mélange des tours et des matières qui le rend apte à accueillir toutes les sortes d'excursions mentales que ne manque pas de susciter la rencontre avec l'autre et l'ailleurs. Cette liberté du cheminement, du regard et du récit est sans doute l'une des propriétés qui a pu séduire les auteurs de la période contemporaine. Il n'est plus besoin de savoir où l'on va, ni même d'où l'on part. Selon Georges Picard (*Le Vagabond approximatif*), « on peut commencer son périple d'un point quelconque d'une route ». Les hiérarchies sont bous- culées pour qui ne se sent pas tenu d'admirer les curiosités ou d'enquêter sur les mœurs. C'est en effet au relateur qu'il appar- tient de sélectionner dans le *continuum* de l'expérience et de choisir dans le livre du monde ce qui lui paraît essentiel : un rien, quelquefois, mais qui se révèle aux yeux du voyageur plus impor- tant que les monuments des hommes ou de la nature qui "valent le voyage". L'œuvre elle-même n'échappe pas à l'aléatoire et devient imprévisible, fragmentaire, inachevée, inclassable : esquisse, choses vues, notes, fragments... il ne manque pas de termes qui tentent d'approcher ce curieux objet qu'est une relation de voyage. Ce faisant, il devient un laboratoire où s'observent à la fois, ceci n'est pas neuf, le déni de la « littéra- ture » — entendue comme une construction éloignant de la réalité du réel et du moi — et une exploration des potentialités d'un langage réinventé, propre à se tenir au plus près des choses et des êtres. À ce titre, l'œuvre viatique est aussi invention de poétiques nouvelles et riche de possibles dont la littérature, la photographie et le cinéma peuvent en retour (et malgré tout) s'emparer.

Mais il faut surmonter bien des obstacles pour oser voyager aujourd'hui, et plus encore pour publier une relation. Un lieu commun s'impose avec une insistance particulière dans les Voyages de la période contemporaine : il n'y aurait plus rien à découvrir dans un monde parcouru en tous sens et voué à l'uniformité. Ce constat désabusé s'étend au récit lui-même, devenu inutile dès lors que l'ailleurs n'existe plus. Le propos suivant, que l'on doit à François Maspero (*Les Passagers du Roissy-Express*), exemplifie parfaitement cette topique : « Tous les voyages ont été faits. [...] Tous les récits de voyages ont été écrits. ». Il vaut la peine, bien sûr, de comprendre les enjeux de telles affirmations, éminemment paradoxales puisqu'elles sont immédiatement démenties par l'existence même du livre que nous tenons entre les mains ou de l'image que nous regardons. Remarquons immédiatement que le sentiment qu'il n'existait plus de tache blanche sur la carte fut assez tôt exprimé, comme l'idée selon laquelle il n'était plus de mise de composer un Voyage. Dès le tournant des Lumières, il n'a pas manqué de voyageurs qui proclamaient hautement que leurs récits ne visaient en rien à accroître les connaissances ou à offrir au lecteur sédentaire le catalogue des merveilles du monde. Au début du XIXᵉ siècle prend corps l'idée selon laquelle l'expérience itinérante vaut avant tout pour les impressions ou le supplément d'être qu'elle procure, comme prêts à se convertir en mots. Il n'est pas sûr que nous soyons totalement sortis, aujourd'hui, de ce paradigme.

Par ailleurs, la condamnation du voyage et de son récit est un moyen particulièrement efficace de valoriser en retour un livre singulier dont on peut être assuré qu'il prendra ses distances avec les manières habituelles d'être, de faire, de voir et de dire. Il s'agit ici de stratégies de distinction. On songe, en particulier, à celui auquel il ne faut absolument pas ressembler : le touriste. Au demeurant, ces infractions volontaires à la norme se déclinent selon de multiples modalités : la lenteur sera préférée à la vitesse, l'errance au parcours à l'avance balisé, l'ordinaire à ce qui vaut la peine d'être vu, le proche au lointain... tous partis pris consistant à jouer avec des modèles et à proposer des manières de voyager qui se démarquent radicalement des usages courants. Julio Cortázar et Carol Dunlop passent ainsi un mois sur l'autoroute Paris-Marseille et relatent ce voyage intemporel à bord d'un camping-car dans *Les Autonautes de la cosmoroute*. Il serait faux de réduire à un simple refus ou à un jeu ce qui relève également de l'éthique ou de préoccupations proprement ontologiques. Certains cherchent à se débarrasser de la peau du vieil homme, à se trouver ou à se perdre. D'autres entendent se tenir au plus près des réalités humaines ou naturelles qu'ils appréhendent : Jean-Loup Trassard reste par exemple vingt-cinq jours en Russie, invité dans deux kolkhozes, et se passionne pour la nature et une population rurale qu'il découvre en se promenant à bicyclette. Il est bien possible que l'histoire du genre soit partiellement réductible à la série des solutions que chacun trouve pour relever les défis posés par la transcription de l'expérience itinérante. Les considérations sur la fin des voyages ne sont d'ailleurs que l'une des manifestations les plus visibles de l'inquiétude qui saisit tout relateur un tant soit peu conscient des tenants et aboutissants de sa production : interrogations quant aux insuffisances du langage, impossibilité de se départir de sa propre culture et de son histoire personnelle, difficulté à déchiffrer un monde complexe et dépourvu de centre... Les arguments ne manquent pas qui devraient conduire les voyageurs à cesser d'écrire et, surtout, de publier leurs récits ou de montrer leurs images. On sait qu'il n'en est rien et que prolifèrent aujourd'hui, pour le meilleur et pour le pire, des « récits de voyages » écrits, photographiés ou filmés. La Série *Voyages contemporains* aimerait écouter ce qu'ils ont à nous dire, en étant attentive à leur inscription dans une histoire des idées et des formes des XXᵉ et XXIᵉ siècles.

Philippe ANTOINE

Toute citation formellement textuelle (avec sa référence) se présente soit hors texte, en caractère romain compact, soit dans le corps du texte en *italique* entre guillemets, les soulignés du texte d'origine étant rendus par l'alternance romain / *italique* ; mais, dans les citations, seuls les mots en PETITES CAPITALES y sont soulignés par l'auteur de l'étude.

À l'intérieur d'un même paragraphe, les séries continues de références à une même source sont allégées du sigle commun initial et réduites à la seule numérotation ; par ailleurs les références consécutives identiques ne sont pas répétées à l'intérieur de ce paragraphe.

Le signe * devant une séquence atteste un écart typographique (*italiques* isolées du contexte non cité, PETITES CAPITALES propres au texte cité).

Les citations d'un texte non publié (dialogues de films, émissions radiophoniques, traductions personnelles, archives, collections privées, sites Internet) sont présentées en romain et entre guillemets.

Une séquence entre barres verticales *| | indique la restitution typographique d'un texte non avéré sous cette forme (rébus, calligrammes, montages, découpages).

Une séquence en police `Courier` donne une version typographique d'un état de manuscrit. Les *descriptions* linéaires des manuscrits se font en conformité avec le Code de Description génétique des Lettres Modernes ; les *transcriptions* topo-typographiques de manuscrits, présentées dans un cadre hors texte à l'intérieur des études, sont imprimées à partir de fichiers informatiques fournis par les auteurs sous leur seule responsabilité.

voyages de la lenteur

VOYAGER LENTEMENT, alors qu'il est aujourd'hui possible de se rendre en quelques heures en (à peu près) n'importe quel lieu de la planète, est avant tout une réaction — et une manière de se distinguer de ceux qui arpentent le monde en tous sens, en collectionnant à la hâte ces vues dont les guides s'accordent à dire qu'elles valent à elles seules le déplacement. Il est probable, en effet, que la vitesse soit aujourd'hui du côté de la norme. Il suffit de consulter n'importe quelle brochure vantant les merveilles de destinations offertes à l'homme pressé pour s'en convaincre : le temps est révolu des voyages qui accordaient, par nécessité, une place prépondérante au déplacement — au moins sur le plan quantitatif. Il est inutile aujourd'hui de déployer des trésors d'ingéniosité ou de faire preuve d'un quelconque esprit d'aventure pour atteindre et contempler des espaces prêts à s'offrir à l'admiration collective, et organisés pour accueillir un flux toujours croissant de curieux. En un sens, le voyage a été débarrassé du parcours et devient la somme des séjours parfois très brefs qui ont été sélectionnés dans un catalogue, au demeurant très riche, qui offre au consommateur potentiel une série de promesses souvent alléchantes. Il ne s'agit certes pas, ici, de moquer le touriste, et encore moins de le condamner : on ne voit pas très bien pourquoi le livre du monde devrait être la propriété exclusive d'oisifs fortunés, de voyageurs professionnels ou d'esthètes... Reste cependant l'agacement légitime que peut susciter la marchandisation de l'ailleurs et parfois, ce qui est plus grave, de l'autre. Sans doute est-il étroitement corrélé à une forme de nostalgie : celle d'un temps où il était encore possible de croire aux découvertes de première main ou aux impressions

3

inédites. Il est en tout cas fécond, car il donne lieu à des détournements subversifs qui renouvellent en profondeur la pratique et l'écriture du voyage.

S'attarder en un lieu donné, c'est choisir de l'appréhender différemment. Marcher en couvrant de longues distances conduit nécessairement à se montrer attentif au détail ou à l'ordinaire. *Se promener*, avec ce que ce terme implique de totale gratuité, revient à se rendre disponible aux sollicitations du monde et aux pensées qui traversent l'esprit. Les voyages de la lenteur ont vraisemblablement ceci de particulier qu'ils se prêtent à une saisie particulière de l'espace. Ils rendent en tout cas possible une rencontre véritable entre un homme et un lieu. La relation de telles expériences n'est pas construite selon la succession des stations ou la série des événements exceptionnels qui ont ponctué le voyage. Il ne s'agit plus en effet de proposer une représentation des monuments des hommes ou de la nature, ni de faire partager le frisson de l'aventure, mais de se tenir au plus près et le plus modestement possible du quotidien, de ce qui advient sans être choisi, de phénomènes qui échappent aux préconstruits culturels de tous ordre. Si l'on suppose que l'histoire des Voyages a maille à partir avec celle du regard, on conviendra dans le même temps que la lenteur est pourvoyeuses de nouveaux points de vue et qu'une réalité autre, quelquefois étrange, s'offre à qui sait ralentir le pas. Il faut bien admettre en effet que le même pays n'offre pas les mêmes paysages selon qu'il est parcouru, par exemple, à pied ou en automobile. Le mode de déplacement est indissociable de schèmes perceptifs et, plus largement, d'une manière d'être au monde. S'il est un point qui réunit les œuvres abordées dans le présent volume, c'est bien la conscience très vive que l'expérience de la lenteur s'accompagne d'une lecture singulière de l'espace.

Tout voyage, on le sait, se fait aussi au pays du moi. L'autobiographisation du genre, que la critique situe à juste titre à l'époque du Romantisme, est une donnée dont il est difficile de ne pas tenir compte lorsqu'on aborde les relations de la période contemporaine. Le moi n'est plus haïssable dans le texte viatique

4

et il est bien rare que le déplacement ne soit pas associé à une découverte et à une mise en scène de soi. Sans doute faudrait-il distinguer sur ce point ce qui relève de la subjectivité totalement assumée du discours et la part plus ouvertement personnelle et intime du propos. Reste cette évidence : le sujet est omniprésent, qu'il se dise obliquement (dans le contact qu'il établit avec le monde) ou frontalement (en acquérant le statut de personnage principal du récit). Le choix de la lenteur oblige à prendre en compte un paramètre supplémentaire. Il est en effet de l'ordre du projet et régit à ce titre l'économie générale de l'œuvre en la faisant dépendre du parti pris initial du relateur. Il se prête en outre particulièrement bien au surgissement d'excursions mentales qui adviennent d'autant plus facilement que les heures creuses de l'existence laissent un espace suffisant à la méditation et au dialogue de soi à soi. Enfin, la revendication d'une forme de marginalité et le vécu d'une expérience hors norme amène à lire dans le regard de l'autre sa propre singularité — et à s'interroger en retour sur son être. Ne pas suivre le rythme ou la cadence générale c'est en tout cas perturber l'ordre établi, comme le Charlot de *Les Temps modernes* qui brise le bel ordonnancement de sa chaîne de montage, et prôner de ce fait une forme d'individualisme (qui n'est pas sans danger). Pour toutes ces raisons, lenteur et égotisme vont de pair.

De ce qui précède, on ne saurait trop vite conclure que l'attention à l'autre soit totalement absente de nos relations. Les compagnons de voyages ou les rencontres faites en chemin font que l'aventure est aussi humaine et l'on s'aperçoit, sans surprise excessive, que la lenteur favorise une disponibilité à l'autre autant qu'à soi. La somme des expériences partagées, des anecdotes, des propos ou des signes échangés... forme au bout du compte une sorte de "roman" discontinu que le relateur organise selon son bon vouloir et les hasards de la route. Il paraît plus que plausible que le *tempo* du voyage, cette lenteur choisie et non subie, soit propice à une immersion dans des petites sociétés dont il faut comprendre les codes ou pénétrer l'histoire. À ce titre, c'est dans le temps que s'effectue aussi le voyage : temps de l'Histoire dont

5

le territoire porte nécessairement les marques, *vies* reconstituées à partir d'indices cueillis par l'observateur, temps anhistorique du mythe ou des fables grâce auquel nous lisons le réel. Le voyageur est tour à tour ethnologue ou sociologue, moraliste ou témoin engagé, lecteur ou poète. La succession de ces rôles tour à tour endossés rejaillit sur la composition d'un récit aux allures de mosaïque, placé sous le signe de la profusion aussi bien que du manque. Le voyageur est en effet soumis à une avalanche d'informations qui lui parviennent souvent de manière chaotique, il est confronté également à la visible disparition d'un passé révolu que le souvenir seul peut rappeler et dont le texte enregistre la perte.

Il existe bien une poétique de la lenteur, comme projet et principe de l'œuvre, geste artistique et souvent mélancolique qui s'accomplit dans la mise en mot, en image et en musique. La densité de l'expérience sensible et le rapport d'intériorité aux choses et aux êtres ont leur rythme propre. Le voyageur laisse couler le temps, le relateur étire son récit et réinvente les relations de l'espace et du temps : la lenteur devient une donnée quasi spatiale, alors que le lieu s'appréhende dans la durée. Les œuvres dont il est ici question, au-delà de leurs indéniables différences, inventent des solutions dont on se dit qu'elles sont autant de réponses possibles à cette topique de la "fin des voyages" qui semblait condamner le genre au ressassement ou à l'inanité. Si tout a été vu et dit, il ne resterait qu'à se taire. Mais il suffit peut-être de ralentir le *tempo* pour découvrir ce qui avait été jusqu'à présent invisible, se retrouver dans le regard des autres et la confrontation aux choses ou scruter la dimension temporelle et historique du territoire. On l'aura compris, un tel "geste" est profondément politique (ou éthique), il n'a de sens que s'il est mis en tension avec une nouvelle manière de faire et de dire le voyage dont les contributions de ce recueil aimeraient rendre compte.

Jean-Xavier Ridon, en se fondant sur l'analyse d'un très large *corpus*, associe lenteur et étrangeté. L'absence de destination qui caractérise selon lui les voyages de la lenteur conduit à valoriser le parcours et des espaces interstitiels auxquels il devient désormais possible de prêter attention. À la recherche et à l'écoute de nouvelles impressions et rencontres, le voyageur éprouve également son étrangeté lorsqu'il prend conscience du caractère marginal et subversif de son errance. La redéfinition des lieux s'accompagne d'un questionnement sur sa propre identité. C'est en suivant quelques "marcheurs en France" que Philippe Antoine tente de définir les paysages ordinaires du promeneur ainsi que sa manière singulière de voir et de sentir, marquée par une curiosité débordante pour le monde, une préférence accordée à l'insignifiant et une incompréhension devant des phénomènes illisibles. Pour Lacarrière, dont Jan Borm propose une lecture, il ne fait nul doute que la marche est le moyen de saisir la variété des apparences mais également de retrouver le passé. Le chant du monde, perceptible pour qui sait prendre le temps de l'écouter mène aux souvenirs et à une mythologie personnels. Bernard Ollivier fait sur la route de la Soie une découverte singulière dont Gérard Cogez suit avec précision le processus. Après s'être départi des usages de sa culture d'origine, le marcheur infatigable peut goûter pleinement la saveur de l'ailleurs avant de s'observer lui-même dans le "miroir" que lui tendent ceux qu'il rencontre au cours de son expédition : constamment exposé au regard des autres et confronté à l'étonnement qu'il suscite, le voyageur en vient à s'interroger sur lui-même et la hiérarchie de valeurs qui régit notre monde occidental.

Si la marche peut être dans certains cas considérée comme une forme de résistance au monde moderne, le fait d'emprunter un axe de circulation dédié à la vitesse au rythme d'un "escargot" correspond à un détournement à la fois ludique et subversif. Olivier Hambursin suit le voyage improbable de Cortázar et Dunlop sur l'autoroute A6. La lenteur est à la fois le principe du récit, elle est également moyen d'accéder à une forme de grâce et de bonheur qui provient du plaisir d'être, de rêver et de sentir. En suivant la ligne B du R.E.R., François Maspero et Anaïk Frantz menaient à bien un projet lentement mûri, à l'instar des "autonautes de la cosmoroute". Jean-Bernard Vray met à jour les ressorts complexes d'une œuvre tissée de multiples références où se croisent de manière contrapunctique une série de voix qui font de l'espace un véritable palimpseste. Pour Guillaume Pajon, la lenteur, chez Gracq, renvoie à un idéal à la fois ontologique et esthétique. Le fragment, paradoxalement (car il exprime la vitesse du geste de l'écriture) arrête le paysage ou le fige, et la somme de ces proses finit par composer un "formidable précis d'attention au monde", bien loin des vues que le voyageur contemporain s'évertue à collectionner. De cette réaction au tourisme, l'œuvre de Dominique Noguez fournit un exemple nettement plus polémique. Fabien Gris dresse le portrait d'un auteur anti-conformiste et anti-libéral qui déplore en un geste mélancolique et rageur la corruption et l'uniformisation d'un pays saccagé dont les marchands sont devenus les rois. Le choix de la lenteur et de voyages hantés par le spectre de la disparition fait du voyageur un moraliste.

Les œuvres cinématographiques ou photographiques sont fréquemment le théâtre d'une complexe scénographie de la temporalité. Jean-François Guennoc nous invite, en comparant l'œuvre de l'écrivain Nicolas Bouvier et celle du cinéaste Chris Marker, à pénétrer le secret d'une lenteur qui est avant tout d'ordre poétique, en ce qu'elle règle la perception, l'imagination et l'intellection. Les images du temps sont paradoxales et productrices de rêve, elles engagent le spectateur à se livrer à un exercice de lenteur qui transforme notre rapport au temps. Thierry Girard effectue lui aussi une forme de voyage en spirale qui fait s'arrêter ou s'épandre le temps. Placé sous le signe de la "cagouille", « Un Voyage en Saintonge » met à l'honneur une *praxis* du déplacement qui s'observe dans d'autres œuvres du photographe, régies elles aussi par des protocoles singuliers qui obligent à une lente appropriation de l'espace. Danièle Méaux analyse ce geste artistique par lequel se réinventent les relations de l'espace et du temps. *Mon Voyage d'hiver*, de Vincent Dieutre, fait partie de ces films écrits à la première personne. Paul Léon montre que la lenteur est condition du travail d'anamnèse qui sous-tend un voyage automobile effectué au rythme de la marche. Le chant romantique qui scande ce film "musical" (dans lequel la bande-son est tout sauf une illustration), par lequel s'opère un va-et-vient subtil entre les protagonistes du voyage et les musiciens que l'on voit dans leur studio d'enregistrement, donne à l'œuvre son *tempo* et sa tonalité.

La lenteur est loin d'être réductible à un manque, à une allure peu rapide. On se convainc au contraire, en lisant les études de ce volume, qu'elle procure un supplément et infléchit le voyage sur un plan qualitatif. Subversive et poétique, elle donne lieu à l'invention de formes nouvelles et à une manière singulière d'être au monde. Au-delà de la contestation qui est impliquée par le ralentissement du *tempo* se lit une série de propositions dont on se dit qu'elles inaugurent un nouvel "art du voyage". Il est plutôt réconfortant de constater que bien des œuvres de notre modernité s'emparent de topiques qui, à première vue, pourraient relever d'une facile nostalgie pour redonner vie à un genre viatique dont la mort a été maintes fois annoncée. La réaction n'est pas nécessairement réactionnaire si elle ouvre des perspectives. Et l'on se dit après tout qu'il vaut la peine de parcourir le monde au pas et que la flânerie n'est pas exempte de profondeur et de grâce. De cela, quelques illustres prédécesseurs qui, au temps du Romantisme, savaient se promener étaient évidemment conscients. Les œuvres d'aujourd'hui entretiennent avec les leurs un lien de filiation évident. Tout a changé, aussi, car il ne revient pas au même d'évoluer lentement dans un univers où la vitesse est reine que de goûter la saveur de l'ailleurs en un temps où le voyage effectué sans "bonnes" raisons était réservé à quelques-uns. De ce fait la lenteur prend aujourd'hui une signification nouvelle : même si les relations d'aujourd'hui se souviennent — et c'est heureux — d'où elles viennent, elles savent tracer de nouveaux chemins et fonder une éthique et une esthétique réellement novatrices, un peu à l'écart des sentiers battus.

1

LENTEUR ET ÉTRANGETÉ

par Jean-Xavier RIDON

> « *La circulation physique a la fonction itiné-*
> *rante des "superstitions" d'hier et d'aujour-*
> *d'hui. Le voyage (comme la marche) est le*
> *substitut des légendes qui ouvraient de*
> *l'espace à de l'autre.* »
>
> (Michel DE CERTEAU ; p.193[1])

SI la vitesse est le signe même de l'efficacité d'une époque, elle est aussi une force de disparition. Naguère, le critique Paul Virilio[2] nous mit en garde contre une culture de l'instantané qui changeait de manière radicale notre perception du monde. Ce qui se transforme est notre façon de nous définir dans l'espace et le temps. L'immédiateté des moyens de communication réduit les distances géographiques à la brièveté d'un clic sur notre clavier d'ordinateur, de la même manière que la vitesse des moyens de transport nous rend accessibles les coins les plus reculés de la planète. En somme, la vitesse participe du phénomène de rapetissement du monde que de nombreux écrivains, de Morand à Michaux, ont dénoncé tout au long du XXᵉ siècle.

Il semblerait que ce soit aussi une certaine idée de la distance qui soit remise en cause. Tout d'abord, la vitesse semble être une force de rapprochement, elle nous rend de plus en plus présents les uns aux autres. Que ce soit à travers les nouvelles techniques de communication ou par toutes les formes de représentation visuelle dont nous disposons, c'est un espace de séparation qui s'amoindrit. Virilio analyse comment cette proximité n'est que virtuelle ; elle ne fait que supprimer la dimension du contact physique, la possibilité d'un vrai échange dans un ici-maintenant qui nous permet de nous définir dans le présent. En se référant aux technologies de communication, le philosophe écrit : « *C'est ce que réalisent les télétechnologies du temps réel : elles tuent le temps "présent" en l'isolant de son ici et maintenant, au profit d'un ailleurs commutatif qui n'est plus celui de notre présence "concrète" au monde, mais celui d'une "téléprésence" discrète dont l'énigme reste entière.* »[3]. La vision pessimiste du philosophe illustre ainsi les symptômes d'une postmodernité où les nouvelles technologies nous poussent lentement vers une forme d'absence à nous-mêmes mais aussi vers une forme d'absence aux autres. Ainsi la vitesse se définit-elle à l'intérieur même d'un paradoxe : puisque le rapprochement qu'elle propose est, en fait, une figure de l'éloignement, elle offre une dynamique de l'absence. Curieusement, c'est bien l'impossibilité d'une réelle distance entre nous et le monde, cette présence constante et virtuelle, qui nous place dans une logique de disparition.

Jean Baudrillard, dans son livre *Amérique*, est sans doute celui qui a poussé le plus loin cette force d'irréalité de la vitesse au sein d'un récit de voyage. On se souviendra que son point de départ est la recherche d'une Amérique "sidérale" qui serait dépourvue de toutes rencontres et de toutes considérations sociales ou politiques. En conduisant aussi vite que possible à travers plusieurs États des U.S.A., Baudrillard veut transformer les réalités américaines en une surface lisse qui lui rappellerait celle des écrans de cinéma. En somme, il utilise le voyage pour transformer un espace géographique en simulacre. Il est très clair sur l'importance de la vitesse dans ce processus de dé-réalisation : « *La vitesse est créatrice d'objets purs, elle est elle-même un objet pur, puisqu'elle efface le sol et les références territoriales, puisqu'elle va plus vite que sa propre cause et remonte le cours pour l'anéantir. La vitesse est le triomphe de l'effet sur la cause. [...] Triomphe de l'oubli sur la mémoire, ivresse inculte, amnésique. [...] La vitesse n'est que l'initiatique du vide.* »[4]. L'objet pur est celui qui ne se définit plus dans un contexte particulier, qui serait donc comme coupé du monde, une sorte d'abstraction dont le sens serait de plus en plus difficile à saisir. Poussée à l'extrême, la vitesse ne ferait plus référence qu'à elle-même dans un mouvement où le sujet voyageur et son autre auraient complètement disparu. Le désert, comme réalité géographique mais aussi comme symbole du vide, devient ainsi pour l'auteur le futur même de tout déplacement. En fait, on pourrait dire que la vitesse annonce la fin à venir du voyage. Certes, Baudrillard ne fait qu'imaginer cette dimension sidérale du mouvement et son texte démontre qu'il ne peut échapper à l'Amérique sociale et culturelle, mais il nous offre un horizon théorique à partir duquel il est possible d'élaborer une réflexion sur la lenteur.

On se souviendra également comment Michel de Certeau analyse les façons dont nous utilisons l'espace urbain. Il oppose deux aspects de la ville ; la "ville-panorama" (qui donne une vision d'ensemble des rues et où se situent les instances de contrôle de la ville, là où nous retrouvons la dimension totalisatrice de la carte) et la ville telle qu'elle est pratiquée quotidiennement par chacun de ses habitants. Ce sont ces pratiques qui intéressent le plus Certeau parce qu'elles sont créatrices de lieux. Je voudrais ici opérer un rapprochement analogique entre la ville-panorama et la vitesse et entre la ville "pratiquée" et la lenteur. La force d'abstraction propre à la vitesse n'est pas si éloignée qu'il y paraît du regard panoptique dans la mesure où elle permet un déplacement rapide dans la distance et, par là même, un effacement du lieu. La vitesse nous permet de traverser les espaces sans nous donner la possibilité d'en saisir les particularités (d'où sa force d'abstraction) et, d'autre part, elle participe à la construction d'un discours dominant. Inversement, la pratique de la ville par la marche ou les transports en commun est une confrontation aux différentes réalités propres à un lieu donné. À la cohérence de l'espace abstrait correspond la diversité, parfois le chaos, de l'expérience "cheminatoire". Mon analyse considérera donc la lenteur comme une tactique utilisée afin de transformer une géographie qui tend vers l'abstraction en espace qui expose des lieux dans leur diversité. C'est aussi là que se situe la dimension de l'autre, de celui ou celle que le hasard du cheminement nous fera rencontrer.

En effet, aussi bien Baudrillard que Virilio font le constat d'un monde où la dimension de l'altérité se fait de plus en plus rare. L'autre échappe parce que le temps nécessaire à sa découverte nous est dérobé par un monde gouverné par les principes de la productivité et de la consommation. Mais comment trouver encore la dimension d'un autre quand la possibilité même de notre rencontre est précédée par une multitude de représentations qui créent déjà une familiarité ? Sommes-nous alors condamnés à la découverte d'un monde qui ne nous offre plus que la dimension du même ? Je voudrais placer cette question de l'altérité au sein même de ma réflexion sur la lenteur. La lenteur est-elle un moyen de rechercher une forme d'altérité que le monde contemporain et technologique essaye d'effacer ? Si oui, quelle forme prend-elle ? La lenteur peut-elle vraiment créer de nouveaux espaces ou n'est-elle que la réaction nostalgique de voyageurs confrontés à un monde qui s'efface devant leurs yeux ? Pour répondre à ces questions, j'utiliserai plusieurs textes contemporains de voyageurs qui, parfois à pied, parfois en voiture, ont choisi la lenteur comme mode de découverte du monde.

typologie du voyage lent

Les livres qui préconisent un retour à la lenteur sont de plus en plus nombreux et dévoilent un malaise propre aux sociétés post-industrielles dans lesquelles la vitesse est devenue une vertu. Le fait que certains de ces livres s'affichent comme des « éloges »[5] n'est pas étonnant puisqu'il s'agit de s'opposer à la suprématie d'un modèle. La lenteur se présente donc comme un discours d'opposition, une remise en question d'un système prédominant, ce qui fait dire à David Le Breton : « *La flânerie, que nos sociétés ne tolèrent pas plus que le silence, s'oppose alors aux puissantes contraintes de rendement, d'urgence, de disponibilité absolue au travail ou aux autres (que l'usage du téléphone portable a rendu caricaturales).* » (p. 15⁵). La lenteur se situe, *a priori*, du côté de la non-productivité, de la nonchalance, voire même d'une certaine paresse. Flânerie et *farniente* vont de pair. Ce qui est mis en avant par ces textes est le retour à une certaine forme d'humanité. Carl Honoré nous parle de la réactualisation de l'idée de bonne cuisine qui s'opposerait à une cuisine qui aurait perdu son goût à cause de la surproductivité qui place la quantité avant la qualité des produits. Ainsi en va-t-il de la création du mouvement « Slow food », créé en Italie en 1986⁶, qui plébiscite les produits artisanaux plutôt que ceux engendrés par l'industrie alimentaire et qui a fait des émules un peu partout dans le monde. Le but de « Slow food » est de reproduire et de sauvegarder un certain plaisir de la bonne table. Honoré fait également allusion au mouvement « Citta slow »⁷ qui tente d'instaurer un principe de lenteur dans la façon dont nous pratiquons l'espace urbain. À chaque fois, il s'agit d'un mouvement de décélération propre à sauvegarder un mode de vie plus "humain" parce qu'il donne accès à un temps et à des formes de convivialité que la vitesse nous a fait perdre.

Dans le domaine du voyage, pousser la recherche de la lenteur à son paroxysme suppose d'une part le refus de toute forme mécanique de transport et, d'autre part, le retour aux principes de base du déplacement, c'est-à-dire à la dimension du corps et de la marche. Expérience avant tout physique, la marche redonne au corps l'importance que la modernité lui refuse. Le corps du marcheur, dépourvu de toute extension mécanique, réinvente une forme de proximité vis-à-vis de la réalité géographique qu'il traverse. Victor Segalen, dans *Équipée*, fait l'apologie de la marche et des plaisirs proprement physiques de cet exercice : « *Ceci, à peine senti sur la carte, ou bien, devenu notion colorée sur du papier, se justifie pas à pas sur le terrain, dans l'effort ou dans la joie du corps.* »⁸. Comme le rappelle Le Breton, le terrain est alors vécu dans sa réalité à travers tous les différents sens du marcheur : « *La marche est une expérience sensorielle totale ne négligeant aucun sens, pas même le goût pour qui connaît les fraises des bois, les framboises sauvages, les*

15

myrtilles, les mûres, les noisettes, les noix, les châtaignes, etc., selon les saisons. » (p. 31[5]). Entre joie et douleur, la marche réinvente ainsi un principe de rapprochement qui redonne au marcheur une présence dans un ici-maintenant qui s'impose dans toute sa réalité. De Philippe Delerm[9] en passant par Georges Picard[10], dans le cadre d'une marche de proximité, jusqu'à Sylvain Tesson[11] pour les voyages plus lointains, nombreux sont ces marcheurs modernes qui exaltent la force des jambes. Dernièrement, Sylvain Tesson est celui qui a le mieux célébré l'énergie cheminatoire et mis en avant les joies qui lui sont propres.

Mais tous nos lents voyageurs n'ont pas toujours le courage de se déplacer à la force de leurs muscles ou, comme le suggère Tesson, en adoptant des *fair means* (« moyens loyaux ») à savoir des modes de propulsion qui ne soient pas motorisés (p. 20[12]). Certains utilisent encore des moteurs même si ceux-ci paraissent anachroniques. On pensera à la Fiat Topolino utilisée par Nicolas Bouvier[13] pour son grand voyage de 1955 qui l'emmena de Genève à l'île de Ceylan, ou bien encore à la Citroën 2 CV utilisée par Jean Baudot et Jacques Seguela dans leur voyage autour du monde[14]. Ce qui est important, dans ces voyages, c'est l'inadaptation du moyen de transport utilisé au terrain pratiqué. Ainsi, les particularités géographiques des lieux traversés sont-elles encore ressenties directement par la difficulté que ces véhicules rencontrent à les surmonter. Les pannes de la Topolino de Bouvier deviennent presque un rituel ponctuant un parcours qui s'en trouve ralenti. Chaque trou de la route se répercute en cahot du véhicule qui peine à grimper certains cols. Avec l'humour dont il enrichit ses récits, Bouvier montre comment l'inadaptation du véhicule devient un moyen d'être reconnu par les autres voyageurs mais aussi une façon de rencontrer les habitants des lieux qui participent souvent aux dépannages : « *Une petite voiture encadrée par deux coureurs qui la manœuvrent de l'extérieur, ça retient quand même l'attention. Les camions qui venaient d'Erzerum la connaissaient déjà par les récits de ceux qui nous avaient dépassés la veille. D'aussi loin qu'ils l'apercevaient, ils saluaient au klaxon.* » (p. 95[13]). Certaines photographies qui illustrent le texte de Baudot et Seguela représentent ces moments de dépannage où les habitants locaux sont amenés à participer aux efforts nécessaires pour sortir de l'enlisement ou désensabler leur véhicule. Ces modes de transports dérisoires transposent donc sur le plan mécanique les difficultés purement physiques liées à la marche. Les réparations sont d'ailleurs elles-mêmes très physiques et les blessures ainsi que les moments d'épuisement nombreux. L'anachronisme mécanique se transforme en agent de lenteur parce qu'il suppose la casse et la panne comme forme de dépendance aux réalités géographiques. Loin du confort des véhicules tout terrain climatisés, ces automobiles creusent leurs sillons dans la poussière avec la sueur de leurs conducteurs. Ces difficultés sont importantes pour transformer l'expérience du déplacement en voyage, lequel a besoin de cette dimension de l'adversité pour devenir authentique. Sans embûche, le voyage perdrait de sa véracité pour se rapprocher d'une simple activité de vacances — mais aussi, il perdrait la justification même de sa mise en récit : quel serait en effet l'intérêt de raconter un périple sans accroc ?

Enfin, il y a les voyageurs qui empruntent des modes de transport rapides mais qui vont essayer de les détourner de toute forme de vitesse. On pensera à l'expérience de François Maspero et Anaïk Frantz[15] qui suivent la ligne B du R.E.R. à Paris, à Julio Cortázar et Carol Dunlop[16] sur l'autoroute du Sud ou bien encore, plus récemment, à François Bon[17] et à son ami cinéaste Verne et à leur voyage de sept jours sur l'autoroute. Pour chacun de ces voyages le symbole même des déplacements rapides, le train de banlieue et l'autoroute, va être associé à la lenteur. Pour réaliser ce mouvement de décélération, chacun des voyageurs est amené à créer un certain nombre de règles. Comme dans la poésie oulipienne où il s'agit d'imposer des contraintes au langage afin de créer de nouvelles formes, ces voyageurs s'imposent une méthode de déplacement afin de détourner les modes de transport utilisés de leur fonction première qui est d'amener, aussi vite que possible, un passager d'un point A à un point B. Pour Cortázar et Dunlop, il s'agit de s'arrêter à chaque aire de l'autoroute A6, pour Maspero et Frantz à toutes les stations de la ligne B du R.E.R.. Quant à Bon et Verne, qui s'inscrivent ouvertement dans l'héritage de Cortázar[18], la méthode est un peu plus vague : pour eux, il faudra simplement ne pas quitter l'espace de l'autoroute pendant sept jours : « *S'embarquer sur l'autoroute. Partir de Paris, et ne jamais sortir de l'autoroute. Pour la beauté des paysages.* » (p. 9[17]). Pour chacun, la dimension ludique est capitale dans le sens où elle motive en partie le projet de départ. Il va falloir prétendre que les paysages traversés appartiennent à des pays lointains, pour susciter le regard du voyageur à la recherche des signes de la diversité et des différences. À l'opposé de Baudrillard, faire semblant est ici utilisé pour donner plus de réalité à un espace qui en manque. La fiction du projet initial est ce qui motive une nouvelle approche de la réalité afin d'engendrer une appréhension autre d'un espace de proximité. Le jeu implique donc une dimension sérieuse puisqu'il est question de changer la vision de lieux supposés connus. La lenteur participe à la mise en fiction du voyage et constitue la dynamique première de détournement du moyen de transport. En même temps, chacun de ces voyageurs garde à l'esprit l'aspect quelque peu absurde de son projet et, à tout moment, il se demande si véritablement il va trouver quelque chose à voir. C'est la raison pour laquelle le producteur de programme télévisé refuse de subventionner le projet de Bon et Verne car il y a toujours la possibilité d'un rien qui renverrait le voyage de proximité à sa propre futilité : « *Vous dire oui comme ça, pour me retrouver avec une heure de braves gens occupés à se servir de l'essence. Vous me dites que vous allez tomber sur des trucs extraordinaires ? Et si ça se passe la semaine d'après, ou la semaine d'avant ? Ou bien à cent kilomètres d'où vous êtes ?* » (p. 10[17]). La fiction propre à l'utilisation de la lenteur place le voyage dans une marge possible d'irréalité qui force le voyageur, dans son discours, à constamment chercher à justifier son activité. C'est pourquoi, le plus souvent, ces récits de détournement présentent une documentation paratextuelle destinée à authentifier l'expérience vécue : photographies (Maspero, Cortázar) ou éléments mis en annexe (Bon)[19]. Au-delà

18

de la fonction descriptive de l'écriture utilisée pour rendre compte des réalités découvertes, cette information est aussi là pour objectiver l'expérience vécue et la rendre ainsi plus réelle. Ces stratégies de détournement dévoilent que rien ne nous oblige à reproduire cette hégémonie de la vitesse propre à notre époque et, qu'à tout moment, il est possible d'en contester l'impératif.

l'espace de l'entre-deux

Ce que tous ces périples ont en commun est une substitution de l'idée de destination à celle de parcours. La lenteur met en avant l'espace de l'entre-deux qu'il faut traverser et qui place au deuxième plan le point d'arrivée. Cela ne veut pas dire que la destination n'existe plus mais que, simplement, elle n'est plus capitale pour donner un sens au voyage. Bouvier part en direction de l'Est sans avoir un plan totalement arrêté sur ce qui constituera la fin de son voyage, Bon veut découvrir ces espaces de transit que sont les stations-service des autoroutes sans avoir un point d'arrivée à son voyage. À propos d'un voyage qu'il fit de Sibérie en Inde, Tesson nous dit qu'« [*il*] *ne poursuivai*[*t*] *pas d'autre but que d'avancer chaque jour plus loin* » (p. 52[12]). D'autres voyageurs nous disent même qu'ils cherchent une certaine manière de se perdre. Delerm, dans ses promenades normandes, commence son texte en déclarant : « *J'apprenais à me perdre plus qu'à me retrouver.* » (p. 7[9]). Picard, de son côté, écrit : « *Or, c'est précisément l'absence de projet qui forme mon projet, à rebours de ce que l'époque ne cesse de seriner.* » (p. 49[10]). Il semblerait que, pour les voyages de proximité, cette absence de destination précise, remplacée par la fiction rendue nécessaire par la lenteur, permette d'insuffler au parcours une dimension d'incertitude propre à l'idée d'aventure. Ne pas savoir où portent ses pas situe le périple dans un espace indéterminé qui ouvre les portes à l'inconnu et à la surprise. Faute de nouveaux espaces, il faut laisser aux lieux la possibilité de surprendre et ajouter au déplacement un principe d'incertitude. Quel va être la nature du terrain à venir et sera-t-il encore possible de passer ? On retrouve en même temps le possible danger que tout déplacement lointain comporte. Ce principe d'incertitude replace au niveau du quotidien ce que la blancheur des cartes géographiques évoquait dans l'imaginaire des explorateurs des siècles passés. Peut-être que l'idée de destination du voyage appartenait à un moment où celui-ci pouvait encore se définir à travers l'idée de découvertes géographiques. Tout périple qui se définit avec un but précis reproduit un des aspects conquérants du voyage. La cible à atteindre est ce que le voyageur cherche à s'approprier, ce qui, pour finir, viendra légitimer son activité. On pourrait d'ailleurs soupçonner la destination d'être un facteur de vitesse — elle est ce vers quoi tend le déplacement au-delà de toute référence à l'espace parcouru. Cependant, adopter la dérive comme forme de mobilité suppose un certain privilège qui n'est pas offert à tout le monde. Un tel mouvement implique que l'on ait à sa disposition un temps illimité et la chance de ne pas dépendre des nécessités de la vie quotidienne. Ainsi, maintenant que les destinations sont *a priori* toutes accessibles, c'est plus la manière d'y parvenir qui importe.

La destination est, dans les textes de nos lents voyageurs, remplacée par l'idée d'étape et de vagabondage. Ce sont les différentes pauses qui ponctuent le parcours des voyageurs qui constituent le voyage et qui motivent sa mise en récit. L'itinéraire correspond au chemin parcouru, à la façon dont nos vagabonds construisent un parcours selon les aléas et les surprises de leurs pérégrinations. Les haltes ne sont que temporaires et représentent des moments de repos ou de découverte. Si ces instants d'immobilité se prolongent, le voyage risque de changer de nature et le voyageur de devenir autre chose : un ethnologue, un habitant temporaire des lieux, etc.[20]. La lenteur n'est donc pas l'immobilité même si celle-ci la constitue en partie. C'est ici que l'on retrouve la "tactique" de Michel de Certeau : les tactiques cheminatoires correspondent à la façon dont un marcheur utilise un espace donné. En s'inventant des trajectoires, le marcheur s'approprie l'espace traversé selon ce qu'il désire en faire, c'est-à-dire selon le sens que le voyageur veut donner à son parcours :

20

« *Au système technologique d'un espace cohérent et totalisateur, "lié" et simultané, les figures cheminatoires substituent des parcours qui ont une structure de mythe, si du moins on entend par mythe un discours relatif au lieu/non-lieu (ou origine) de l'existence concrète, un récit bricolé avec des éléments tirés de dits communs, une histoire allusive et fragmentaire dont les trous s'emboîtent sur les pratiques sociales qu'elle symbolise.* » (pp. 186-187[1]). La lenteur, en donnant accès à une pratique des lieux, est elle-même productrice de parcours individuels qui s'apparentent au « mythe ». Ce « mythe » se donne comme les différents itinéraires élaborés par nos voyageurs qui en offrent une vision subjective, c'est-à-dire des interprétations et des utilisations possibles. Les trajectoires élaborées sont une forme d'appropriation de l'espace par le voyageur qui, par ces manières de faire, nous introduit à de nouveaux endroits. En ce sens, on peut dire que la lenteur est productrice de lieux.

La lenteur permet de donner une visibilité à des espaces qui sont le plus souvent invisibles. Par invisibilité, j'entends des endroits qui n'accèdent que très rarement à la représentation (soit dans les médias, soit dans les livres) et que l'on pourrait aussi facilement identifier à des "non-lieux". Les autoroutes où Bon décide de s'arrêter représentent ces "non-lieux" dont Marc Augé[21] nous parle en les définissant comme des lieux de transit que l'on traverse sans jamais pouvoir les habiter. Son ami Verne résume l'utilisation que l'on fait de l'autoroute en ces termes : « *On entre sur l'autoroute, on s'arrête, on en sort, il ne s'est rien passé, au nom de la sécurité, de la rapidité du voyage. [...] Ce que je veux c'est filmer l'ordinaire, jusqu'à ce qu'il prouve cette étrangeté qu'il recèle.* » (p. 18[17]). Il s'agit donc de transformer ce rien en quelque chose, c'est-à-dire de faire advenir un événement. Mais ces "non-lieux" ne sont pas toujours liés à la vitesse et à l'idée de passage, il peut s'agir aussi de régions agricoles que notre postmodernité semble vouloir oublier. Ainsi Georges Picard choisit-il de vagabonder dans l'Eure-et-Loir parce que pour lui c'est une région quelque peu dépassée et peu susceptible d'inspirer l'idée de voyage : « *Le lecteur a compris que ce bled ne*

21

vaut pas le détour : peut-être sera-t-il étonné que j'en fasse la première étape de mon voyage. Le fait est que l'endroit me plaît comme vestige d'une région méprisée par les amateurs de chromos qui ne lui pardonnent pas son utilitarisme exclusif, sa vocation lourdement céréalière. » (p. 12[10]). On s'éloigne ici de la notion de "non-lieu" telle que définie par Augé car, pour le voyageur, il est question de découvrir une région oubliée, souvent réduite à sa fonction agricole pour celui qui vient de la ville. Ce n'est donc pas un espace dépourvu d'histoire ou de dimension culturelle, mais il n'appartient pas aux endroits propres à éveiller l'intérêt de nos contemporains : trop proche et pas assez divers pour susciter un véritable intérêt. Le "non-lieu" serait ici une forme d'anachronisme géographique par rapport au discours dominant ou à une centralité urbaine. Les voyageurs ne découvrent pas alors de nouveaux espaces mais des lieux qui semblent appartenir à un autre temps. Ce qu'ils découvrent c'est un rien dont on a pourtant besoin pour comprendre notre monde contemporain.

Cet autre temps peut être perçu sur le mode nostalgique et renvoyer à un moment où les gens prenaient le temps de vivre et de se parler. C'est un peu la France que redécouvre Jacques Lacarrière lors de son voyage à pied à travers le pays[22]. Les endroits découverts s'opposent alors aux éléments de la modernité et à la vitesse, ils redonnent goût à un mode de vie passé qui reste pourtant encore accessible pour qui veut le trouver. La lenteur n'est pas ici créatrice de lieu mais elle permet de donner corps à un rêve nostalgique qui ramène le voyageur à un passé en partie rêvé. Ce passé est recherché ; échappatoire à une modernité aliénante, il correspond aussi le plus souvent à des souvenirs d'enfance. Le voyage n'est pas ici la découverte d'un nouveau monde mais la redécouverte d'une certaine idée ou la recherche d'un souvenir : il se fait selon un principe de reconnaissance. La lenteur s'inscrit ici dans un mode de pensée quelque peu passéiste que Forsdick a clairement dévoilé dans son analyse du texte de Lacarrière[23].

Mais le voyageur peut aussi chercher à se confronter à ce vide du présent ou à cet anachronisme de certaines régions évoquées un peu plus haut. C'est alors cette absence qui devient une autre forme d'authenticité, le signe que le pérégrin s'introduit dans un espace différent. À propos de son intérêt pour l'Eure-et-Loir, Picard déclare : « *J'aime les endroits qui ne vous oppressent pas de leur charme trop défini. L'imagination est libre d'y planter ses fanions. Je crois que je pourrais rester assis longtemps devant des morceaux de géographie trop pauvres pour figurer sur les cartes autrement que comme des points perdus dans la couleur sombre du relief.* » (p. 15[10]). Picard ne transforme pas les paysages qu'il découvre en spectacle exotique mais il les révèle dans leur dépouillement même. Il ne tente pas de remplir ce rien de quelque chose mais de nous montrer que ce rien est quelque chose. Il ne s'agit pas de nous dévoiler tous les objets formidables cachés dans ces lieux mais d'observer comment ces lieux se vident de leur identité. On pourrait apparenter son regard à un travail de deuil consistant à rendre compte d'une disparition dont seule la marche peut se faire le témoin. La lenteur est ici l'outil du témoignage de la disparition d'un monde plus que celui de la découverte d'un monde.

Pour les voyages lointains, existe la même recherche de l'espace interstitiel. Tout voyageur qui se respecte se doit de sortir des sentiers battus, d'échapper à l'activité et à l'industrie du tourisme qui se définit le plus souvent par la vitesse. Tous les itinéraires sont alors possibles pour peu qu'ils s'inscrivent dans des lieux peu visités, ou difficiles d'accès et qui imposent, de par leur nature même, un mode de déplacement lent : Tesson, dans *L'Axe du loup*, suit les parcours des anciens évadés du goulag depuis la Sibérie jusqu'en Inde[24]. Ce cheminement s'inscrit dans l'esprit de reproduire un trajet opéré par des prédécesseurs inconnus qui, du fait de leur fuite, ont dessiné des trajectoires marginales. Marcher sur leurs pas confère au périple de Tesson une dimension secrète qui apparaît en miroir de celle de ces évadés qui devaient inventer un parcours grâce auquel ils pouvaient échapper au regard des autres.

Si la lenteur ne crée pas de nouveaux espaces, elle donne vie à des itinéraires qui permettent la redécouverte d'espaces rendus (jusque-là) invisibles de par leur proximité et la création de parcours toujours incertains, dans un espace de l'entre-deux.

lenteur et sémiologie

La lenteur, corrélée au voyage de proximité, permet au voyageur d'élaborer une lecture des lieux visités. C'est pourquoi la décélération permet d'avoir accès au sens. En ponctuant son périple de multiples étapes, le voyageur prend le temps de s'accoutumer aux différents signes qui se trouvent dans les espaces parcourus et, par là, apprend à les connaître et à les comprendre. À l'affirmation de Michel de Certeau selon laquelle « *Les jeux de pas sont façonnages d'espaces. Ils trament les lieux.* » (p. 179[1]) on pourrait ajouter qu'ils ouvrent à de l'espace parce qu'ils organisent du sens. Ce sens correspond à la façon dont le voyageur s'approprie les signes du lieu en l'intégrant à sa propre subjectivité. Parmi tous ces signes, qui vont de la langue parlée localement aux différentes traditions culinaires des lieux, je voudrais m'arrêter à la question des noms de lieu[25]. Le Breton nous rappelle l'importance des noms pour établir l'itinéraire d'un voyage mais aussi pour tisser des liens entre les endroits parcourus : « *Le voyageur à pied est en quête de nom, celui du village à venir, du lieu-dit, jalons de sens qui humanisent le parcours et font sortir le monde du chaos où il se complaisait.* » (p. 67[5]). Reconnaître les noms est une manière de se familiariser avec une région, de se rapprocher de son identité culturelle et de mieux la comprendre. Au contraire, se retrouver dans un espace sans nom place immédiatement le voyage dans un flottement sémiotique inquiétant qui, pour Picard, pourrait rendre sa mise en récit difficile : « *À l'opposé, l'absence de toponymie crée un malaise. Aucune description ne sera jamais assez précise pour s'y substituer de façon convaincante.* » (p. 158[10]). Le nom sert de mode d'identification au moment de la découverte des lieux avant de devenir un outil mémoriel pour la mise en récit du voyage. Il sert aussi à différencier des espaces trop proches de l'identique,

24

comme ces stations-service auxquelles s'intéresse Bon. Ce sont aussi ces noms qui donnent réalité à l'espace de l'entre-deux qui sort alors d'une géographie indistincte et qui rend, par la suite, le récit de voyage plus authentique. Après tout, nommer est la première étape pour faire exister une chose, un être ou un endroit. Pour l'activité touristique, très souvent le sens des lieux préexiste à leur découverte, le nom des lieux évoqués, par analogie, renvoie à des éléments culturels précis que le touriste est supposé percevoir. Dans ce cas, la compréhension qu'on peut avoir des lieux préexiste à leur apparition. Cependant, pour les voyages réalisés lentement, dans des espaces de l'invisibilité, le sens reste à élaborer — principalement parce qu'il s'agit de s'introduire dans des lieux dont la signification[26] n'est pas fossilisée par un emploi, une habitude ou une industrie.

La lenteur permet ainsi une forme d'appropriation des noms et du sens des lieux visités qui crée un espace polysémique. Elle favorise l'intersection entre un sens des noms qui préexiste à leur découverte par le voyageur et la manière dont celui-ci détourne cette signification par sa pratique et sa subjectivité. À ce propos, on pourra lire les pages de Marc Augé sur la façon dont le contenu des noms des stations de métro est toujours détaché de son référent historique par l'utilisation et les histoires personnelles propres aux usagers[27]. La lenteur est productrice de signification, c'est pourquoi elle permet aussi de défamiliariser le regard que l'on porte sur des endroits connus[28].

D'autre part, comme le suggère Picard, l'absence de nom empêche aussi un recours direct à la mémoire. La lenteur inscrit le parcours du voyageur dans l'histoire des lieux (ce qui lui donne sens) et, par là, lui en donne une meilleure compréhension. Très souvent le souvenir des lieux que l'on visite se construit sur ce qu'évoque le nom même de ces lieux. En se rappelant le nom d'un village, nous sommes en mesure d'évoquer dans notre esprit les particularités géographiques qui le constituent. Cette mémoire peut être liée à l'Histoire et aux événements qui se sont passés dans un endroit particulier ou bien se référer aux histoires individuelles de ceux et celles qui l'habitent. Du fait même qu'il

25

s'agit des lieux de l'invisibilité, de ces entre-deux souvent oubliés, la lenteur, en les faisant apparaître, prend une valeur idéologique. Elle fait surgir des formes d'exclusion qui sont le plus souvent passées sous silence. C'est pourquoi, malgré le désir de nos voyageurs nonchalants de pratiquer une activité qu'ils situent dans la légèreté, leur oisiveté n'est jamais innocente. Par ailleurs, comme pratique, la lenteur suppose la présence et l'implication du voyageur dans un espace étranger sur lequel il va avoir une influence.

la lenteur et l'expérience de l'étrangeté

En effet, un autre élément auquel la lenteur donne accès est la rencontre avec les autres. Prendre le temps de s'introduire dans un espace multiplie les chances de contact avec les inconnus qui y vivent. Tous les textes mentionnés dans la présente étude sont principalement constitués du récit de ces rencontres fortuites qui finissent souvent par servir de justification au voyage. C'est exactement le sens que de Certeau donne à la marche dans notre citation liminaire. Même si Tesson prétend préférer souvent sa propre compagnie à celle des autres[29], l'essentiel de ses livres repose sur ces face-à-face parfois pittoresques que lui offrent les voyages. Le but des textes de Bon est de nous montrer que même dans ces lieux de transit que sont les stations de l'autoroute, il est possible de rencontrer des personnalités, d'avoir accès à leurs histoires, de connaître leurs destins — on ne s'introduit jamais dans un vide parfait. On pourrait dire que la lenteur ouvre à la dimension du dialogue dans le voyage et ajoute à la polysémie du récit la dimension de la parole de l'autre[30]. Mais, plutôt que d'analyser ici les types de dialogue rencontrés par nos vagabonds, je voudrais, pour finir, insister davantage sur une autre expérience à laquelle introduit la lenteur et qui est celle de l'étrangeté. Par là, j'entends la façon dont les voyageurs sont perçus comme des étrangers dans les lieux où ils s'introduisent. Parce que nos promeneurs prennent leur temps, leur présence ne passe jamais inaperçue, d'autant plus s'ils entrent dans ces endroits interstitiels

26

qui ne sont que très rarement visités. Or, le voyageur se définit tout d'abord, pour les habitants d'un lieu, comme l'étranger dont la présence n'est pas toujours explicable ou acceptable.

Le choix de la lenteur correspond à l'élection d'une forme de marginalité. Du fait que la majorité des voyageurs se déplace en véhicule, marcher ou se déplacer en vélo n'est pas toujours bien perçu. Le marcheur est donc un être qui se définit dans l'ambiguïté. Comme le rappelle Le Breton : «*Le marcheur est un homme de l'interstice, de l'entre-deux, son emprunt des chemins de traverse le situe dans l'ambivalence d'être à la fois dehors et dedans, ici et là.*» (p. 90[5]). Ce choix de la lenteur peut rapprocher le voyageur des exclus sociaux qui, du fait de leur situation, n'ont plus accès aux moyens de transport modernes. Or, l'exclusion sociale est toujours stigmatisée comme une source potentielle de danger vis-à-vis du reste de la communauté. C'est un des constats établis par Picard lorsqu'il s'aperçoit que son apparence physique n'est pas différente de celle des vagabonds et qu'il peut donc susciter la méfiance des personnes qu'il rencontre. Pour éviter ce type de malentendu, Picard nous dit que le vagabond doit envoyer les signes extérieurs de reconnaissance qui le placeraient dans la catégorie des randonneurs : «*Encore doit-on y mettre un peu du sien en signalant à l'entour, de façon ostensible, par le port d'un équipement adapté, sac à dos et chaussures de marque, qui l'on est et à quoi tend ce que l'on fait. On sera toujours estimé pour pratiquer le trekking ou la rando, mais il est risqué de se contenter de marcher ou, pire, de vagabonder, et pourquoi pas d'errer tel un corniaud abandonné.* » (p. 24[10]). Afin de réaliser son périple, le voyageur doit pouvoir être reconnu comme tel, c'est-à-dire que son mode de déplacement doit être identifié par ceux qu'il visite comme étant le résultat d'un choix correspondant à une activité de loisir et non pas à une contrainte. Autrement, comme pour Picard, le voyageur peut être pris pour un étranger vagabond, voire un sans-abri et susciter les peurs que ces formes de marginalité provoquent au sein des communautés sédentaires[31]. De son côté, Tesson a parfois du mal à faire comprendre que son choix du vélo ou de la marche est volontaire : «*Parfois les camionneurs me proposent de charger mon vélo dans leur remorque. Ils ne comprennent pas pourquoi je m'obstine. Difficile de faire comprendre qu'on prend plaisir à s'épuiser et que la perspective d'en finir vaut largement la peine endurée.* »[32]. On le constate, la lenteur n'est pas perçue de la même manière selon les cultures rencontrées[33]. Lorsque l'on vient de l'Occident et de ses richesses, la lenteur se donne comme la possibilité d'un choix qui s'oppose à des pratiques communes, elle est un privilège qui ramène à une forme d'oisiveté ; pour des sociétés plus pauvres la lenteur est une contrainte à laquelle on essaye d'échapper à tout prix. Ainsi la lenteur du voyageur est-elle une forme d'oisiveté qui n'est pas toujours bien comprise. Si elle a une dimension subversive pour les voyages de proximité dans le monde moderne, elle semble aller de pair avec une forme de complaisance vis-à-vis de lieux plus déshérités. On pourrait alors soupçonner cette lenteur de reproduire un certain néo-colonialisme en devenant le signe ostentatoire d'une forme de loisir dans un espace qui en est dépourvu.

Évidemment, définir l'étrangeté dans les lieux de transit, tels les arrêts d'autoroute, est beaucoup plus problématique dans la mesure où toutes les personnes qui s'y trouvent y sont *a priori* étrangères. Dans un monde où il n'y a que des étrangers, l'étrangeté disparaît. Une définition plus juste du "non-lieu" serait celle qui consisterait à le définir comme un espace où il est impossible d'être perçu comme étranger. Le texte de Bon dévoile que, paradoxalement, ce sont les formes de sédentarité qui s'installent dans ces lieux de transit qui deviennent étranges. La lenteur imposée par le jeu de Bon et de son ami sur l'autoroute implique un retournement : ce n'est plus le déplacement qui définit l'étrangeté mais l'immobilité. Ainsi ce personnage en pleine crise existentielle qui s'installe dans la station Total de Châlons pendant trois semaines. Son immobilité le rend reconnaissable, il devient une personnalité de la station ce qui permet de remettre en question l'aspect transitoire de l'autoroute.

Il y a plusieurs degrés de reconnaissance de l'étrangeté. L'une peut être instituée et comme ritualisée, comme dans les espaces touristiques où l'étrangeté est impliquée dans un ensemble de transactions économiques et culturelles préétabli. Dans ce type d'échanges le visité et le visiteur se renvoient chacun une image de l'autre convenue qui suppose la conformité à un modèle[34]. L'identité de l'un et de l'autre se trouve confirmée par cette reconnaissance. Et puis il y a l'étrangeté qui n'est pas immédiatement reconnaissable parce qu'elle apparaît dans des lieux où elle n'est pas habituelle. Le voyageur doit alors trouver les moyens de faire comprendre son activité et de parvenir à la faire accepter. Si le fait de ne pas avoir de destination précise participe à la poétique du voyage lent, cette absence rend difficile aux autres de l'identifier. Après tout, un voyageur sans destination est-il toujours un voyageur ? Picard, très souvent, se voit dans la nécessité de s'inventer des destinations pour atténuer la suspicion que sa présence provoque : « *En vérité, ne sachant pas moi-même où je vais, la tentation est grande de m'inventer des destinations saugrenues qui ne font que réamorcer la curiosité de l'auditoire. En temps de guerre, je serais pris pour un espion. Aujourd'hui, on me soupçonnerait plus naturellement de me livrer à quelque trafic d'hormones.* » (p. 34[10]). L'errance est suspecte parce qu'elle ne correspond pas à une forme usuelle de voyage. Or, pour celui qui découvre le voyageur, c'est sa destination qui définit son activité. Le voyageur doit donc trouver de nouvelles stratégies pour se définir mais aussi pour se faire reconnaître dans l'espace de l'autre. L'étrangeté n'est pas une forme d'identité qui serait fixée une fois pour toutes. Elle se construit à partir des échanges qui s'établissent entre le visité et le visiteur d'un lieu. En favorisant ces rencontres, la lenteur rend indécise la notion d'étrangeté.

*

Comme l'a bien analysé Forsdick la lenteur est une réponse contemporaine qui permet de contredire l'annonce maintes fois répétée de la fin des voyages. Face à la disparition des nouveaux espaces à découvrir, elle offre une manière de réinvestir des endroits de la proximité ou de s'investir dans les interstices des lieux lointains déjà parcourus. En ce sens, elle n'est pas productrice de nouveaux espaces mais permet de redéfinir des lieux. La lenteur n'est jamais innocente. Elle correspond toujours à une option délibérée du voyageur qui entend échapper à la suprématie contemporaine de la vitesse. Elle équivaut à un choix idéologique. Subversive ou prisonnière d'un certain conservatisme nostalgique, elle aboutit à une redéfinition de la notion de proximité. Ainsi le rapprochement qu'elle propose produit une forme de distance, celle de la prise de conscience de l'altérité de l'autre que l'on découvre, mais aussi celle du voyageur qui se retrouve dans la nécessité de constamment redéfinir son activité.

1. Michel DE CERTEAU, *L'Invention du quotidien* (Paris, UGÉ, « 10/18 », 1980), p. 193.
2. À ce propos, on lira entre autres : Paul VIRILIO, *L'Espace critique* (Paris, Christian Bourgois, 1984) ; *La Vitesse de libération* (Paris, Galilée, 1995).
3. Paul VIRILIO, *La Vitesse de libération* (*op. cit.*[2]), p. 23.
4. Jean BAUDRILLARD, *Amérique* (Paris, Grasset, 1986), p. 12.
5. David LE BRETON, *Éloge de la marche* (Paris, Métailié, 2000) ; Carl HONORÉ, *Éloge de la lenteur* (Paris, Marabout, 2005). On pourrait ajouter le chapitre de Jacques RÉDA dans *Recommandations aux promeneurs* (Paris, Gallimard, 1988), pp. 85–94 : « Éloge modéré de la lenteur ».
6. Carl HONORÉ, *Éloge de la lenteur* (*op. cit.*[5]), p. 66.
7. « *Le manifeste de Citta Slow comporte cinquante-cinq engagements, comme la réduction du bruit et de la circulation en ville, l'augmentation des espaces verts et des zones piétonnes, le soutien aux exploitants agricoles, mais aussi aux magasins et restaurants qui vendent leurs propres produits [...].* » (HONORÉ, *op. cit.*[5], p. 90).
8. Victor SEGALEN, *Équipée : voyage au pays du réel* (Paris, Gallimard, « L'Imaginaire », 1983), p. 40.
9. Philippe DELERM, *Les Chemins nous inventent* (Paris, Stock, 2007).
10. Georges PICARD, *Le Vagabond approximatif* (Paris, Corti, 2001).
11. Sylvain TESSON, *Petit Traité sur l'immensité du monde* (Mayenne, Éditions des Équateurs, 2005) ; *Éloge de l'énergie vagabonde* (Mayenne, Éditions des Équateurs, 2007). Pour Tesson, il s'agit aussi d'une réflexion sur le principe d'énergie.
12. TESSON, *Petit Traité sur l'immensité du monde* (*op. cit.*[11]).
13. Nicolas BOUVIER, *L'Usage du monde* (Paris, Payot, 1992 [Genève, Droz, 1963]).
14. Jean BAUDOT *et* Jacques SEGUELA, *La Terre en rond* (Paris, Flammarion, 1960). Pour tout l'historique et la mythologie propre au voyage en 2 CV, on lira

le chapitre de Charles Forsdick dans *Travel in Twentieth-Century French and Francophone cultures* (Oxford, U.P.O., 2005), pp. 106–35 : « Around the World in a 2 CV ». Pour une vision d'ensemble de l'utilisation de la lenteur dans les voyages contemporains, on lira, dans le même livre, pp. 156–96 : « Journeying Now: New Directions in Contemporary Travel Literature in French ».

15. François MASPERO, Anaïk FRANTZ, *Les Passagers du Roissy-Express* (Paris, Seuil, 1990).

16. Julio CORTÁZAR, Carol DUNLOP, *Les Autonautes de la cosmoroute* (Paris, Gallimard, 1983).

17. François BON, *Autoroute* (Paris, Seuil, 1999).

18. « *Il y a quelqu'un qui a voulu faire comme nous, il y a quinze ans de ça. Il s'appelle Julio Cortázar. Il part avec sa compagne, dans un vieux bus Volkswagen qu'il nomme Fafner, avec cette idée qu'ils respectent : s'arrêter à chaque parking, et dormir à un sur deux.* » (p. 25[17]).

19. « *Ce journal sera donc composé du récit de nos sept jours sur l'autoroute, et on trouvera en annexe les quelques documents qui prouvent qu'il ne s'agit pas ici d'un roman, mais d'un récit vrai, malgré sa fin surprenante.* » (p. 13[17]).

20. Que l'on pense à l'expérience de Nicolas Bouvier lorsque son grand voyage de 1955 s'est soudainement arrêté sur l'île de Ceylan, expérience qu'il relate dans *Le Poisson-Scorpion* (Paris, Gallimard, 1996 [Bertil Galland, 1981]).

21. Marc AUGÉ, *Non-Lieux, introduction à une anthropologie de la surmodernité* (Paris, Seuil, 1992).

22. Jacques LACARRIÈRE, *Chemin faisant* (Paris, Payot, 1992 [Fayard, 1977]).

23. « *Although not necessarily inspired by any narrow regionalism, the reflections of these travellers may nevertheless be associated with a nostalgic longing for a hazy "France profonde"* » (FORSDICK, *Travel...* [*op. cit.*[14]], p. 181).

24. Sylvain TESSON, *L'Axe du loup* (Paris, Laffont, 2004).

25. Sur la sémiologie du voyage, on lira l'excellent livre de David SCOTT, *Semiologies of travel from Gautier to Baudrillard* (Cambridge, Cambridge University Press, 2004).

26. Évidemment le touriste n'est jamais innocent et peut à tout moment détourner le sens que l'on veut lui donner d'un lieu qu'il visite.

27. Marc AUGÉ, *Un Ethnologue dans le métro* (Paris, Hachette, 1986).

28. On pourra penser ici aux poètes surréalistes et à la façon dont ils utilisent l'errance dans la ville pour changer les regards qu'ils portent sur un espace connu. Il s'agissait pour eux de subvertir le sens usuel accolé aux rues parisiennes pour y investir une vision subjective propre à transformer cette réalité urbaine. La lenteur permet aussi de désapprendre un espace ou plutôt de réapprendre à lire un espace connu.

29. « *J'ai découvert (si tard !) combien un homme seul était en bonne compagnie* », écrit Tesson dans son *Petit Traité* (*op. cit.*[11], p. 98).

30. Voir à ce propos l'article d'Alexandre DAUGE-ROTH, « Du non-lieu au lieu-dit : Plaidoyers de François Bon pour une urbanité contemporaine », pp. 237–66 in *Discursive Geographies, Writing space and place in French*, Jeanne GARANE ed. (Amsterdam, Rodopi, 2005).

31. Dans un autre passage, Picard nous dit essuyer le coup de feu d'un chasseur invisible qui s'amuse à lui faire peur. L'étranger est aussi celui qui suscite parfois une réaction de rejet violente de la part des habitants d'un lieu. Après cet épisode,

le patron du bistrot local répond à notre voyageur en ces termes : « *Dans le coin, il y a quelques drôles qui ne blairent pas les étrangers.* » (p. 143[10]).

32. Sylvain TESSON, *Éloge de l'énergie vagabonde* (*op. cit.*[11]) p. 55.

33. On lira à ce propos le livre de Rebecca SOLNIT, *Wanderlust: A History of Walking* (London, Penguin Books, 2000).

34. L'industrie du tourisme se fonde sur ce phénomène de reconnaissance sans évidemment se limiter à celui-ci.

2

LA MARCHE OU LA PASSION DE L'ORDINAIRE

DE QUELQUES MARCHEURS EN FRANCE
LACARRIÈRE, ROLIN, PICARD

par Philippe ANTOINE

L A marche favorise l'attention au détail, dans ce qu'il a de plus ordinaire. Le paysage du promeneur se construit à mesure du parcours et selon la succession des choses vues. L'inventaire ainsi constitué est éminemment personnel, puisqu'il dépend de la sélection qui a été prélevée sur le *continuum* des apparences. Il paraît dans le même temps aussi éloigné que possible d'une quelconque intériorité, car c'est après tout le réel qui est ici maître du jeu. Ce mode particulier d'attention au monde, chacun a pu en faire l'expérience, dans le laisser-aller nonchalant qui prévaut pour les déplacements que l'on entreprend à des fins de récréation personnelle et sans avoir de but particulier. Il est plus surprenant de lire sous la plume d'autrui la série à première vue insignifiante des détails qui ont été mis en mots et dont on suppose[1] qu'ils se sont auparavant imposés parmi une multitude de possibles avant de s'inscrire dans la mémoire. C'est de cette perplexité devant le caractère anodin de bien des notations qui émaillent le texte viatique que sont nées les quelques réflexions qui suivent. Pourquoi me dit-on cela qui n'a strictement aucun intérêt ? Est-il vraiment possible d'écrire pour ne rien dire, ou des choses si banales qu'elles ne valent assurément pas la peine d'être contées ou décrites ? Passe encore que des notes écrites pour soi accumulent ces broutilles qui valent pour le seul diariste ou qui sont simples aide-mémoire. À un livre, cependant, on demande un peu plus de (re)tenue ou de discernement dans les informations qu'il délivre.

Il est vrai, puisque nous parlons ici de Voyages, que le genre adopte volontiers la forme du Journal, au point qu'il est impossible de savoir (si tant est que la question ait un quelconque intérêt) dans quelle mesure un "journal de voyage" est un journal avant d'être un voyage, ou inversement. Le livre de voyage, entendons celui qui fut composé pour être publié et lu, garde ou imite quelques-uns des traits des écrits personnels dont il est à certains égards issu, et nous avons tous à l'esprit ces affirmations selon lesquelles il ne serait ni composé ni écrit : le désordre et le négligé de la façon procurent une impression de vérité aussi forte, sinon plus, que toutes les preuves positives destinées à accréditer la vérité du témoignage. En ce sens, la notation parcellaire et accessoire — autant dire le détail — a toute sa place dans un texte viatique qui se présente comme la collation des choses vues, des impressions les plus fugitives, des événements les plus anodins... qui ponctuent le trajet de celui qui n'a pas de véritable raison pour quitter son chez soi, ou qui n'est pas tendu vers un but ou l'obtention d'un profit quantifiable. Il faut considérer également que dans le cahier des charges de tels écrits figure cette règle selon laquelle il convient de narrer par le menu et sans souci de cohérence ce qui advient : on peut se rappeler le lointain modèle du journal de bord dans lequel se trouvent collectés les soins de la navigation et de la vie quotidienne, tous éléments qui échappent partiellement à l'interprétation puisqu'ils sont "enregistrés" à mesure et ne bénéficient pas de la lisibilité que confère la perspective ultérieure, seule à même d'établir les éventuels liens de causalité reliant les faits entre eux.

Paradoxalement, la volonté de consignation du moindre détail proviendrait du désir (évidemment illusoire) de tout embrasser, de ne rien laisser perdre. Songeons par exemple au projet de Perec exposé dans *Tentative d'épuisement d'un lieu parisien* consistant à produire un inventaire dont serait exclu tout ce qui vaut le détour et a déjà été enseveli sous un flot de considérations. Le livre débute par la liste de ce qu'il ne contiendra pas. Le regard se détournera volontairement du curieux et de l'intéressant et privilégiera l'accessoire :

> Un grand nombre, sinon la plupart, de ces choses ont été décrites, inventoriées, photographiées, racontées ou recensées. Mon propos dans les pages qui suivent a plutôt été de décrire le reste : ce que l'on ne note généralement pas, ce qui ne se remarque pas, ce qui n'a pas d'importance : ce qui se passe quand il ne se passe rien, sinon du temps, des gens, des voitures et des nuages.[2]

Précision quant aux éléments les plus menus et sélection de l'inessentiel guident ainsi la plume qui semble[3] dresser simplement la liste (nécessairement incomplète) de ce qui entre dans le champ de perception du descripteur. Cette logique de l'accumulation, dont l'ordonnancement très aléatoire ne se justifie que si l'on accepte que les mots sont dictés par les choses, est une fois encore le propre de l'écriture viatique dont on a dit, souvent, qu'elle privilégiait l'inventaire au détriment de l'aventure[4]. Pour autant, le fait de se détourner volontairement du remarquable ou du curieux semble assez peu conforme à ce que l'on attend d'un voyageur censé procurer au lecteur sédentaire des informations qui contrastent avec son quotidien.

On comprendra aisément qu'il y a là une posture, ou un projet que le même Perec définit avec prudence et humour dans un texte bref, « Approches de quoi ? » : « *Peut-être s'agit-il de fonder enfin notre propre anthropologie : celle qui parlera de nous, qui ira chercher en nous ce que nous avons si longtemps pillé chez les autres. Non plus l'exotique, mais l'endotique.* » (p. 11-2[5]). Il faut tirer toutes les conséquences d'une telle affirmation : ce qui est sous nos yeux et que l'on voit sans le regarder mène à une forme de vérité et aide à poser les questions primordiales. Nombre d'écrivains promeneurs pourraient faire leur ce programme et il n'est pas rare qu'ils l'explicitent dans les livres : l'essentiel gît dans le détail qui ramène à soi, permet de comprendre l'autre, de saisir la quintessence d'un lieu ou d'une atmosphère. En clair, il convient de réhabiliter le quotidien, de retrouver la signification des choses et événements que l'habitude et la trop grande proximité nous ont fait oublier. Dès lors se pose la question suivante :

> Comment parler de ces « choses communes », comment les traquer plutôt, comment les débusquer, les arracher à la gangue dans laquelle elles restent engluées, comment leur donner un sens, une langue : qu'elles parlent enfin de ce qui est, de ce que nous sommes. (p. 11[5])

Les voyages de la lenteur autorisent plus que d'autres ce type de quête, parce qu'ils se prêtent au libre jeu des impressions et des sensations, dans les temps morts de l'existence, alors que le corps n'est pas happé par l'urgence d'atteindre un but. La marche, en ce qu'elle favorise une immersion dans le paysage et une approche sensible de l'ailleurs, est propice à une saisie de la « *saveur du monde* »[6]. Le fait d'emprunter des chemins de traverse aboutit à se détourner des curiosités recensées dans les guides et donc à diriger l'attention du côté de ce qui est plus humble, moins spectaculaire et donc susceptible de ne pas être déjà "usé" par les multiples discours qui ont recouvert les monuments des hommes et de la nature. On voudrait observer d'un peu près quelques-unes de ces topiques, à l'œuvre dans des livres qui ont en commun de mettre au premier plan l'ordinaire en refusant cette fatalité qui pèse sur le récit de voyage et fait du relateur un anecdotier et un pourvoyeur de pittoresque, un descripteur consciencieux et un aventurier prompt à fabriquer des contes à partir de son expérience. Nous nous laisserons guider dans cette enquête par trois livres à la facture très différente mais qui ont en commun de mettre en scène des paysages rétifs à l'"artialisation", découverts lentement en un trajet ponctué de haltes dans des petits hôtels situés en dehors des circuits touristiques, et fréquemment semés d'obstacles pour un piéton exclu de certains espaces dévolus entièrement à l'automobile.

Chemin faisant, de Jacques Lacarrière, *Chemins d'eau*, de Jean Rolin et *Le Vagabond approximatif*, de Georges Picard relatent des voyages en France. Le constat est loin d'être anodin.

Effectuer un voyage dans son propre pays, à l'heure où les destinations lointaines ont cessé d'être inaccessibles, revient à exprimer des refus et à prôner, de manière symétrique, un "art du voyage" singulier d'où sont (à première vue, car ce n'est pas si simple) bannis exploits et aventures, exotisme et rencontres de l'autre... et tout autre frisson qu'est censé procurer l'inconnu. Il y a là, à n'en point douter, une "stratégie de distinction" que Jean-Didier Urbain a bien mis à jour dans *L'Idiot du voyage*[7] : dès lors que le touriste est partout, il reste à (re)découvrir l'étrangeté du même et les vertus du rien, et à se laisser aller au charme d'un quotidien qui ne se dévoile qu'à celui qui prend son temps et sait au besoin s'ennuyer. On peut aussi penser que nos relateurs ont tiré les leçons de la génération romantique : si c'est au pays du moi que se fait le véritable voyage, et dans le regard que gît la beauté des choses, la destination, au fond, importe peu. Rien n'empêche non plus de voir dans cette attention à l'ordinaire un geste politique ou un positionnement éthique dont le livre de Maspero, *Les Passagers du Roissy-Express*[8], fournit un bon exemple. On sait également qu'il existe une poésie des choses humbles... Bref les motifs ne manquent pas qui aboutissent à préférer les guérets aux cataractes ou les zones commerciales aux musées.

une curiosité débordante pour le monde

Chemin faisant, de Jacques Lacarrière, témoigne d'une « *curiosité débordante pour le monde* » (CF, 98)[9]. Il est vrai qu'elle est en premier lieu orientée vers le passé et se mue souvent en chant de déploration, ou en nostalgie d'un temps révolu rappelant le charme suranné des dictées de l'école primaire (29). En choisissant de relier les Vosges à la Méditerranée par des sentiers traversant la France profonde, en évitant autant que faire se peut les routes et leur bitume abhorré, le randonneur avait toute les chances de côtoyer des hommes et de voir des lieux en marge de notre modernité — quand il ne faisait pas le constat d'une disparition pure et simple de manières de vivre désormais révolues :

le bruit de la cognée dans les forêts est en effet remplacé aujourd'hui par celui des tronçonneuses (41). Le projet même qui sous-tend le voyage pédestre est à vrai dire assez fortement marqué par la volonté de réhabilitation de valeurs que la société contemporaine a rendues caduques. Le voyage de la lenteur, conjoint à la volonté d'emprunter des chemins buissonniers, est ici indissociable d'une forme de réaction impliquant un rejet du présent[10]. Il ne s'agit pas nécessairement, précisons-le, de parer le réel de toutes les vertus ni de l'embellir systématiquement. C'est également la « *laideur française* » (45) que fréquente Lacarrière. Il sait bien que la banalité, même rurale, est souvent affligeante ; il photographie une vache qui le regarde : « *Le résultat fut à l'image du sujet : un cliché terne, flou, inutile et absurde.* » (72). Reste cette indulgence quelquefois amusée et toujours généreuse, et la cueillette inlassable des détails les plus infimes qui est la raison d'être du voyage.

Le monde est pour l'écrivain digne d'être chanté et le livre devient un dictionnaire des curiosités :

Je voudrais que ce livre soit lui aussi comme un floraire, mais un floraire qui retiendrait, réciterait la longue litanie des mots, des visages, des sourires, des extases, des durées instantes ou séculaires, des minutes historiées de ce voyage. Une fois encore la démence me prend de vouloir tout inventorier, tout connaître.   (*CF*, 193)

Seule la marche — et encore, car Lacarrière regrette à maintes reprises d'être un « *passant pressé* » (81) — permet de voir et d'être au plus près des choses[11]. Elle autorise le détour, est ponctuée de haltes qui sont à la discrétion du promeneur et au cours desquelles il se laisse aller à la contemplation ou à la rêverie. Elle implique en outre une participation du corps et se prête à une approche polysensorielle du paysage[12]. À l'évidence, la tradition occidentale a privilégié la vue sur les autres sens et, en tout cas, le verbe s'est assez souvent mesuré aux images. Mais l'ouïe, le goût, l'odorat et le toucher sont constamment sollicités dans les voyages. On songera ainsi aux bonheurs d'ordre gustatif ou aux senteurs agressives ou délicates qui assaillent le marcheur. Ces sensations, souvent combinées entre elles, paraissent éphémères et peu essentielles. Pourtant, elles entrent, d'une part, dans la composition de tableaux plus vastes qui mobilisent les différents sens et, d'autre part, rappellent que celui qui parcourt le monde n'est pas un être désincarné : quoi de plus important que de trouver en route le gîte et le couvert, d'apprécier le réconfort d'une collation ou le moelleux d'une couche ? Les rencontres avec le sensible sont non seulement des occasions — qu'il faut savoir saisir — de comprendre et d'embrasser la totalité et la complexité des phénomènes, mais aussi des moments où le voyageur se sent exister au contact des choses. Elles obligent à prendre le parti du monde[13].

C'est ainsi qu'il est possible de « *reconnaître un filet d'eau selon son bruit* » (*CF*, 42) ou d'identifier le pays au goût de ses sources (42), ou encore de sentir les odeurs qui montent de la terre après la pluie (52). Cette disponibilité singulière qu'engendre le voyage de la lenteur permet d'embrasser les phénomènes dans leur diversité et de chanter le quotidien :

Qui dira, chantera, psalmodiera jamais l'ennui des petits hôtels-pensions de province. Petits hôtels avec leurs odeurs de chats incontinents, de poussière, d'encaustique rancie, de bouillon dix fois réchauffé, de poules au pot néolithiques. Avec leurs lits en fer aux ressorts épuisés et maussades grinçant au moindre geste, leurs lavabos où l'eau chaude ne fonctionne jamais, où l'eau froide geint à travers des canalisations atteintes d'une artériosclérose irrémédiable. Avec leurs salles à manger Henri II, leurs buffets garnis de salières dont les trous sont toujours bouchés, de pots où la moutarde durcie se craquèle comme le fond d'un marécage du Miocène. Oui, qui dira, chantera, psalmodiera la joie, l'exaltation, l'extase de passer ses vacances en un lieu pareil quand de surcroît il pleut ?   (*CF*, 37)

Le passage a tout de la "belle page" mais il exemplifie particulièrement bien un mouvement qui mène du détail à l'essence des choses. La liste des « *ingrédients osmiques de l'ennui des hôtels provinciaux* » (38) n'est qu'en apparence réductible à la somme des éléments qui la composent et c'est bien une sorte de modèle qui est ici défini, capable de rendre compte de tous les individus de la collection. De fait, la série des choses vues et senties se mue en signes à partir desquels il est possible de composer des poèmes d'un type particulier, écrits avec les phénomènes que le promeneur perçoit et interprète à mesure de son cheminement. Le voyage devient l'occasion d'inventer un lexique, fait d'impressions, de sensations, d'attitudes, de moments, de mots entendus et sortis de l'oubli... Ce qui semblait au départ simple chose curieuse et insolite, appelée à passer aussi vite qu'elle était advenue à la conscience, en vient à figurer une vérité d'une certaine façon immuable : « *Et c'est cet éphémère que je venais chercher dans la pérennité géologique des chemins ou la mouvance des visages. Cet éphémère égrené dans le fil des jours et qui se mue ainsi en petites éternités, à chaque instant recommencées.* » (147). En somme, la marche a permis de ressentir cette « *présence, juste et vraie, des choses quotidiennes* » (167), grâce à cette faculté que possède le voyageur de saisir les facettes du divers, fussent-elles parfaitement ordinaires, et de les convertir en autant de « *poèmes de terre et d'eau* » (120). La curiosité s'avère en fin de compte la qualité essentielle d'un promeneur qui sait prendre le temps pour parvenir à une meilleure connaissance des êtres et des choses.

ce que l'on néglige ou que l'on ne voit pas

Georges Picard l'affirme sans détour : « *Ma curiosité se porte de préférence sur ce que l'on néglige ou que l'on ne voit pas, faute d'y accorder une valeur quelconque.* » (VA, 16). La posture n'est pas neuve : Hugo, Nerval, Gautier... prétendaient déjà éviter avec soin les beautés convenues recensées dans les guides pour leur préférer des découvertes plus humbles. Il en va de même de l'impression du déjà vu ou d'un monde quadrillé en tous sens : on la trouve sous la plume de marins entreprenant des voyages de circumnavigation... à l'époque des Lumières. Enfin, le vagabondage, en ce qu'il implique un cheminement non orienté, se prête évidemment à de menues trouvailles qu'un itinéraire à l'avance balisé laisserait hors champ. Bref, *Le Vagabond approximatif* est un livre qui exemplifie — en le radicalisant quelquefois — un « art du voyage » qui est redevable à une riche tradition dont l'une des branches les plus vivaces est le *"voyage humoristique"*[14] où se mêlent excentricité, fantaisie ou, plus simplement, recherche à tout prix de cette originalité qui est l'un des devoirs du voyageur s'il ne veut pas simplement démarquer ses prédécesseurs. Il faut à tout prix éviter les lieux communs (même si c'est en en leur opposant d'autres stéréotypes). Le problème n'est pas résolu pour autant, car le penchant vers les petites choses dont témoigne le livre de Picard n'est pas réductible à une réaction ou à une moquerie un peu condescendante et facile dont le touriste serait la cible.

Il se trouve en effet que ce sont les détails qui nous font : « [...] *l'existence de la plupart des gens est faite de petites choses d'importance, comme faire des courses, garer sa voiture, téléphoner, poster une lettre, boire une bière, acheter et lire un journal...* » (VA, 98). Le vagabondage, en ce qu'il suppose une forme de marginalité et de distance, aboutit à une exotisation du quotidien : dans la mesure où le marcheur s'extrait de la norme, au risque de passer pour un fou[15], il parvient à retrouver l'humaine condition dans des gestes et des choses qui ne sont plus perçus par ceux qui les font ou les côtoient machinalement. En somme, l'accessoire devient essentiel pour celui qui se met en état de voir et de sentir autrement. Il n'est pas dit, bien sûr, que le romanesque soit incompatible avec de telles notations. C'est en observant deux amies discutant sur un trottoir que le relateur échafaude une intrigue balzacienne mettant en scène une coquette et une bourgeoise (99-100). Il est difficile d'oublier la bibliothèque. Mais c'est toujours avec distance et au conditionnel que Georges Picard soumet le monde au pouvoir des fables. L'enjeu de ces aperçus se trouve en effet ailleurs que dans la romanisation du réel... qui est assez fort pour se passer de ce type de subterfuges au demeurant assez peu acceptables pour notre époque, dans laquelle le roman ne joue plus le rôle de « *rattrapage de la réalité* » (100), tant « *[l']affabulation médiatique a colonisé le monde* ».

Il est donc possible de s'« *enivrer de réalités simples et concrètes* » (VA, 100) qui ne laissent jamais indifférent. On peut au besoin fustiger les «*foires cradingues du capitalisme marchand*» (*VA*, 73) — il s'agit des centres commerciaux qui s'imposent aux entrées des villes — ou déplorer un repas composé de «*frites rances*», de «*saucisses au goût de javel*» et d'une «*bière sans mousse*» (77). Reste que ces répulsions témoignent tout de même d'une attention au monde tel qu'il est, en prenant en compte ce «*devoir de contemporanéité*» (98) obligeant à interroger une échelle de valeurs qui érigerait «*[l']esthétisme nostalgique*» en idéal. Une belle séquence dans *Le Vagabond approximatif* (85-8) met en scène des bûcherons armés de tronçonneuses : ils font leur travail et leurs outils dégagent une odeur d'essence, rugissent, saccagent. Lorsque le promeneur s'éloigne, après avoir conversé avec ces hommes à l'allure de guerriers, il entend à nouveau le vacarme des engins. Mais «*ce bruit* [*lui*] *est devenu sympathique*» (88). En somme, il est parvenu à réévaluer un motif prosaïque et peu conforme à une vision préconstruite de la forêt (comme lieu essentiellement naturel et propice au recueillement) en lui conférant un degré d'existence et de vérité qui le fait accéder à une forme de dignité — et de poésie. Il s'agit bien de se mettre à l'écoute de la «*platitude du quotidien*» (153), voire des instants ratés ou insignifiants, pour mieux éprouver en soi cette «*réalité du réel*»[16] que la marche, comme «*appropriation du système topographique par le piéton*»[17], permet d'appréhender au plus près. Les paysages qui se déploient au fil du livre ont ceci de particulier qu'ils «*n'essaie*[*nt*] *pas d'épater le randonneur*» (106). Ce qui fait leur prix est paradoxalement la monotonie qu'ils engendrent, quelquefois l'ennui qu'ils suscitent. C'est au sein de cette nature un peu morne ou dans ces villages sans charme particulier, grâce également à des rencontres exemptes de romanesque et face à des événements dont on se demande s'ils valent la peine d'être vécus et racontés que le vagabond éprouve sa liberté, une liberté «*sans grandiloquence*», «*non déclamatoire et qui ne sert à rien*» (109). Il y a en effet une concordance entre ce cheminement sans objet[18] et ce qui s'offre aux sens et aux méditations du promeneur — décousues comme est incompréhensible son trajet.

42

L'une des questions que pose ce texte est formulée dans une section consacrée à la musique. Le vagabond assure tout d'abord que se priver des musiciens qu'il écoute quotidiennement est pour lui un véritable sacrifice et que, faute de pouvoir s'adonner à ce plaisir, il apprend à écouter les bruits du monde :

Il faut oublier les bons vieux répertoires de concert pour n'écouter que le vent, l'entrechoquement des branches, les sifflements de l'herbe qui se couche, le ruissellement de la pluie sur les feuilles, le roulement des cailloux. Le « ça » du réel n'est pas le « la » du musicien. L'homme est-il encore capable d'affronter le donné pur sans anthropomorphisme esthétique ? (VA, 129)

Cette tentative nécessairement vouée à l'échec, qui consiste à se départir de soi et de sa culture pour « *toucher le réel* » (129), est l'un des fils directeurs du livre. C'est ainsi que la marche, en ce qu'elle confronte nécessairement le promeneur à des paysages non choisis (puisqu'il n'est pas possible de "sauter" d'une vue admirable à une curiosité unanimement prisée), oblige à accueillir les « *interstices de la réalité* » (16) dont Georges Picard affirme qu'ils possèdent une « *qualité poétique supérieure à celle des objets domestiqués par le sens collectif* ». En clair, l'attention se portera vers ces choses vues qui n'offrent aucune prise à la mémoire. Rien n'est plus éloigné du vagabondage que le pèlerinage, consistant à retrouver sur place les traces d'actions mémorables et les revivre en esprit, voire dans sa chair. Le touriste également, cherchant à « *tout voir en une fois, pour gagner du temps et boucher hermétiquement un trou de culture* » (123) est peu sensible à la banalité et à ce qui, dans sa nullité même, échappe à l'interprétation. Le projet du vagabond[19] consiste à retrouver, sans être dupe totalement du caractère paradoxal et concerté de la posture qu'il adopte, la « *virginité des objets qui échappent à l'intérêt commun* » (49). Dès lors, l'accessoire est traité en détail et passe au premier plan. Une telle démarche est polémique en ce qu'elle récuse les manières communes de voir et de penser. Elle tend ensuite à réhabiliter l'ordinaire en lui donnant le rôle vedette. Mais elle implique également (et

43

peut-être surtout) une *quête*, au sens fort du terme, qui s'exerce en direction de ce qui se joue dans le face-à-face entre le moi et le monde. Les deux ordres sont l'un à l'autre irréductibles mais le dialogue est tout de même possible dès lors que l'on accorde à ce qui est en dehors de soi un véritable droit à l'existence. Mais il faut laisser à l'auteur le soin de formuler le *credo* du vagabond approximatif : « *Je ne serai jamais la rivière que j'écoute couler, elle ne sera jamais le promeneur qui l'écoute, mais elle et moi gagnons chacun à nous rencontrer.* » (130). De cette rencontre, il faut prendre le temps qu'elle se produise et ménager les conditions nécessaires à son avènement.

d'abord, vous ne remarquez rien

Jean Rolin choisit, dans *Chemins d'eau*, de relater les excursions qu'il a faites dans une France des canaux[20], parcourue à pied ou à vélo, en suivant les chemins de halage, ou sur des embarcations diverses. Dans tous les cas, la lenteur, à la fois voulue et subie, prévaut dans ces déplacements qui, à première vue, devraient se dérouler sans encombre et selon un itinéraire prévisible (puisque le propre du canal est de faciliter le transport des marchandises d'un lieu à un autre). On imagine alors aisément un trajet ponctué par le passage des écluses, entrecoupé de haltes pittoresques ou gastronomiques, effectué au sein d'une nature domestiquée. Il n'en est rien car la promenade est semée d'embûches : les chiens agressent le passant, la navigation s'avère périlleuse, le cycliste ne progresse qu'à grand peine... et il est par-dessus tout difficile de trouver le gîte et le couvert dans une France bien peu accueillante à celui qui voyage pour son seul plaisir, toujours suspect aux yeux des autochtones de nourrir des desseins plus ou moins avouables[21]. Le livre fourmille de situations cocasses et navrantes dont le touriste ne se tire pas toujours à son avantage. On y trouve, plus appuyées encore que chez Lacarrière ou Picard, des séries d'anathèmes contre la bêtise, l'inhospitalité, la méchanceté... il est vrai compensées par la liste tout aussi fournie des rencontres chaleureuses ou des

44

contemplations admiratives. La citation de *Par les champs et par les grèves* qui est mise en épigraphe au début de l'ouvrage[22] donne d'ailleurs le ton : ce voyage en France s'effectue en territoire "étranger", dans un espace partiellement illisible qui ne se laisse pas interpréter en fonction de grilles de lecture familières et rassurantes. Sans doute est-ce pour partie les modes de locomotion choisis qui sont responsables de ce qui précède. La lenteur favorise l'immersion dans un paysage au sein duquel il est possible de se perdre.

De fait, les canaux jouent des tours pendables au promeneur : la Sambre canalisée ondule « *si amoureusement, si capricieusement* [...] *qu'on a l'impression de tourner en rond* » (CE, 135). Qui plus est, le marcheur progresse au milieu d'une végétation bien souvent livrée à elle-même, encombrée de lianes ou de fougères (37), sur des chemins obstrués par des arbres abattus (19), quand il ne rampe pas « *dans la gadoue des berges* » (136). Comment s'orienter, d'ailleurs, dans cette nature brute qui refuse de devenir paysage : « *Tout cela est uniformément vert, d'un vert spongieux, moussu, proliférant, qui rampe, s'insinue, grimpe aux arbres, déborde des berges jusque sur l'eau,* [...]. » (44) ? Bref, il arrive que ce qui devait être une promenade d'agrément se transforme en cauchemar, comme en témoigne le morceau de bravoure suivant, démarquant sur le mode héroï-comique les errances des personnages de Conrad[23] :

De surcroît, une erreur dans la lecture de la carte [...] m'a fait sous-estimer considérablement la distance qui me reste à parcourir dans cette dernière étape. Comble d'horreur, les bornes plantées tous les kilomètres sur la berge, et indiquant apparemment la distance de Rennes, se mettent à déraisonner, donnant tantôt plus, tantôt moins de kilomètres, au gré de leur humeur singulièrement vagabonde pour des bornes de pierre. Tout cela contribue à me convaincre que je suis en train de devenir fou. Dérapant sur des berges gorgées d'eau, envahies de ronces et d'autres plantes malfaisantes, décrivant d'interminables sinuosités qui n'ont décidément plus le moindre rapport avec le tracé rectiligne porté sur la carte que j'ai sous les yeux (et que j'accable des plus grossières insultes), je m'imagine bientôt à tout jamais prisonnier de ce tunnel glauque d'où la lumière, peu à peu, se retire. Un canal qui ne suit pas le tracé indiqué sur les cartes, et, de ce fait, n'existe pas, est capable de tout, y compris de m'attirer loin de toute présence humaine, au cœur des ténèbres. (*CE*, 29-30)

La seule échappatoire possible est de trouver une route, de se laisser guider au bruit attendu d'un moteur afin de réintégrer une échelle qui redonne au territoire une forme de lisibilité. À se trouver au plus près des choses, en effet, on ne voit plus rien — ou des lieux et êtres si étranges qu'on pourrait se croire aux « *extrémités du monde* » (254). En d'autres termes, une trop grande proximité exotise le quotidien, empêche de voir et surtout d'interpréter ce que l'on voit.

C'est en effet un problème de lecture qui se pose — et de classement (nous retrouvons Perec). Il est inutile de chercher à trouver le principe de distribution de la liste des choses vues[24], ou même de nommer ce que l'on aperçoit « *êtres d'apparence humaine* [...] *le cul en l'air et le nez dans la vase* » (*CE*, 110), « *espèce de paquet fiasque* [d'où sort] *une chose couinante* » (125), bas-relief dont il est impossible de déterminer le motif (69), « *objets disparates et d'usage incertain* » (47)... Le désordre, omniprésent, est en grande partie responsable de cet état de fait. Il provient, au premier chef, de la nature elle-même, réticente à se laisser domestiquer[25], proliférante, quelquefois monstrueuse et anti-humaine. L'homme n'est pas en reste non plus, qui ajoute de la confusion à cet univers dépourvu de sens[26]. Gares désaffectées (99), friches industrielles (140), abords déstructurés des villes que l'approche piétonnière rend encore plus perceptible (33), débris flottant dans des eaux polluées (122), paysages saccagés (24)... le relateur prend soin de ne rien omettre. Ajoutons immédiatement que ces visions mêlées n'entraînent aucune déploration nostalgique. Bien plus, la « *vision kaléidoscopique d'un monde aux éléments indistincts* » (288) possède une beauté véritable, sans doute étrange et même un peu maléfique, mais très loin du faux pittoresque que ne cesse de condamner Rolin, plus sensible aux énigmes du réel qu'à la saveur artificielle des villages typiques et des points de vue obligés. Son texte est ancré dans une modernité paradoxale puisque c'est en marge des grands axes et agglo-

46

mérations que le promeneur saisit la prose d'un quotidien qui est encore celui de la France d'aujourd'hui, entre nature et culture — sans qu'il soit possible de distinguer ces deux ordres — et qui n'en finit pas de disparaître, comme ce canal à l'abandon dont les écluses sont mal en point, bordées de maisons menaçant ruine, hébergeant des « *éclusiers désabusés* [...] *Las d'attendre d'improbables bateaux*» (59).

Les "paysages" de *Chemins d'eau* sont des énigmes dont la solution n'existe pas. Que dire de ce « *lapin assis sur la route en bordure d'un champ de patates*» (CE, 156), seule rencontre intéressante au cours d'une marche si monotone que le randonneur a failli s'endormir en cheminant, sinon qu'il a existé, pour un instant éphémère. C'est le caractère irréductible du détail ordinaire, élément accessoire mais pourtant mis en relief du seul fait de sa sélection dans le *continuum* des apparences, qui est ainsi souligné[27]. Le texte comporte une série de hiéroglyphes dont la signification demeurera inaccessible aussi bien pour le relateur que pour son lecteur. Une photographie, « *énigme modianesque*» (54) accrochée au mur du restaurant de *Tante Germaine* ne délivrera que partiellement ses secrets. Mais les mystères qui entourent le canal sont bien plus insondables — comme l'est somme toute le chemin d'eau lui-même, cette création de l'homme qui cherche à ressembler à une rivière ou un fleuve. Du livre de Rolin on ne peut inférer nulle leçon. Et pourtant, le catalogue des images collectées et exposées est riche d'une histoire, celle de la rencontre d'un pays et d'un homme qui porte sur le réel dans toute sa diversité un regard souvent iconoclaste, quelquefois rageur, mais débarrassé des préconstruits culturels qui lestent l'ordinaire de significations qu'il n'a pas nécessairement. Reste qu'il a fallu bien sûr aller voir et raconter ce que l'on avait vu (puisque tel est le devoir du voyageur), et que le projet lui-même de suivre des canaux au rythme des pas ou de la navigation comportait en lui-même le désir d'attention au réel dont le texte témoigne.

*

Marcher, alors qu'on pourrait aborder un autre mode de locomotion, relève d'un choix délibéré, impliquant un positionnement éthique[28], une marginalité revendiquée qui se manifeste par le fait d'emprunter des chemins de traverse, par la préférence accordée à la lenteur ou encore par le refus de suivre des itinéraires dûment répertoriés. Préférer une destination commune et un univers de (relative) proximité — c'est le cas du voyage dans une France rurale — ajoute encore au caractère insolite de telles entreprises : le promeneur volontaire ne peut se targuer de nul exploit, il n'aura apparemment rien découvert. Qu'aura-t-il vu et vécu ? Le quotidien parfaitement banal de campagnes et de bourgs souvent monotones, des mésaventures très peu héroïques, quelques moments de grâce à la beauté discrète... Le fait de consigner et surtout de publier de tels voyages peut paraître surprenant. Il y a en effet une sorte de provocation à proposer un objet aussi pauvre que ce qui l'a suscité : on chercherait en vain dans ces relations (sauf sur un mode ironique) les somptueuses topographies ou les incroyables exploits qui ont fait la fortune du genre. Le relateur n'a même pas la ressource de soumettre la nature à son imagination : il ne peut mentir celui qui revient de terres aussi proches. Il se verrait aussitôt confondu par l'expérience de son lecteur qui viendrait immanquablement invalider des propos un peu fantaisistes. On pourra toujours admettre que la façon du livre rattrape ce manque à gagner. Ces récits font œuvre et valent pour autre chose que le référent dont ils traitent : il faut bien admettre en effet que s'y déploient des esthétiques singulières, soulignées par une mise en mots qui ne cache pas une forme d'intention d'art.

Mais c'est ailleurs que dans le "style" — au moins dans le sens restreint que l'on donne quelquefois à la notion — qu'il faut chercher l'intérêt de tels projets. Curiosité s'exerçant à tout va (LACARRIÈRE), valorisation de ce qui est habituellement négligé (PICARD) ou incompréhension devant les hiéroglyphes du réel (ROLIN), telles sont quelques-unes des postures que nous avons cru pouvoir trouver dans ces livres, au terme de parcours de lecture qui ont évidemment eu tendance à privilégier une ligne mélodique sur une autre — sans rendre compte de l'évidente polyphonie de ces textes. Il faut encore répéter que les partis pris dont il vient d'être question sont dus pour une part non négligeable à la volonté de prendre des distances avec des "arts du voyage" (l'expression désigne à la fois une pratique et le discours qui en rend compte) dont on peut à juste titre penser qu'ils ont atteint certaines de leurs limites. Pourtant, ce plaisir du monde (qui est un puissant moteur de l'envie de voyage), joint au désir de sentir, d'être et de comprendre, est à l'origine d'une "poésie" qui évite soigneusement de se dire telle — il ne s'agit certes pas de rivaliser par la plume avec les merveilles de la nature — en tentant de se tenir au plus près des choses, quelquefois pour mieux saisir leur secret, pour s'éprouver face à elles mais également pour dresser le simple constat, peut-être un peu inquiétant, qu'elles se passent très bien de nous et qu'il faut accepter (et respecter) leurs manières d'être.

SIGLES ET ÉDITIONS UTILISÉS

Jacques LACARRIÈRE
CF   *Chemin faisant. Mille kilomètres à pied à travers de la France* (Paris, Petite Bibliothèque Payot, « Voyageurs », 1992 [Librairie Arthème Fayard, 1977]).

Jean ROLIN
CE   *Chemins d'eau* (Paris, Petite Bibliothèque Payot, « Voyageurs », 2004 [Jean-Claude Lattès, 1992]).

Georges PICARD
VA   *La Vagabond approximatif* (Paris, Corti, 2001).

*

1. Rien ne permet de décider, à la lecture, si le détail est bien le fruit de l'expérience. On sait que la logique de l'écrit a ses propres règles. En d'autres termes, le détail peut n'être qu'un motif strictement textuel. Reste que nous y voyons une portion de réel dès lors que nous acceptons les clauses du pacte référentiel.

2. Georges PEREC, *Tentative d'épuisement d'un lieu parisien* (Paris, Christian Bourgois, 1976), p. 12.

3. Catherine Kerbrat-Orecchioni analyse ce texte dans *L'Énonciation. De la subjectivité dans le langage* (Paris, Armand Colin, « Linguistique », 1980), pp. 131–46. Elle le confronte à l'inventaire des unités linguistiques pertinentes pour la caractérisation de la subjectivité langagière et montre que l'œuvre de Perec, sous ses dehors apparemment "objectifs" ne peut prétendre à une quelconque exhaustivité ou neutralité : « *Voir tout ce qui se passe, dire tout ce qui se voit : l'entreprise est doublement utopique, car un filtre vient nécessairement s'interposer entre le référent extralinguistique et le signifiant verbal : celui du regard, qui sélectionne et interprète ; et celui du langage, qui classe, ordonne, analyse, évalue, présuppose, infère, explique — inéluctablement.* » (p. 145).

4. Voir par exemple Réal OUELLET, « Héroïsation du protagoniste et orientation descriptive dans le *Grand voyage au pays des Hurons* », *Papers on French Seventeenth Literature,* no. 17, 1984, pp. 219–33 (p. 219).

5. Georges PEREC, *L'Infra-ordinaire* (Paris, Seuil, « Librairie du XXe siècle », 1989), pp. 9–12 : « Approches de quoi ? ».

6. David LE BRETON, *Éloge de la marche* (Paris, Éditions Métailié, 2000), p. 17.

7. Jean-Didier URBAIN, *L'Idiot du voyage* (Paris, Payot & Rivages, 1993 [Plon, 1991]).

8. Voir, l'étude que Jean-Bernard Vray consacre à *Les Passagers du Roissy-Express* (*infra*, pp. 95–122).

9. C'est à propos de Rétif de la Bretonne, dont il évoque la figure en passant à Sacy, que Jacques Lacarrière emploie l'expression.

10. Voir à ce propos Charles FORSDICK, « Projected Journey's: Exploring the Limits of Travel », pp. 51–65 in *The Art of the Project*, Johnnie GRATTON and Michael SHERINGHAM *eds* (New York – Oxford, Berghan Books, 2005).

A number of projects — Jacques Lacarrière's *Chemin faisant* (1997), for example, as well as Jean-Claude Bourlès's *Une Bretagne intérieure* (1998) and Emmanuel de Roux's *On a marché sur la méridienne* (2000) — have [...] exploited the potential of walking in what many of them see as a postpedestrian age, to impose deceleration whilst also permitting access to element of French culture hitherto obscured, suppressed or ignored. A recurrent element of these pedestrian journeys (often explicit, otherwise nearly always implicit) is the denigration of motorised transport, [...].   (p. 56)

(« Un certain nombre de projets tels *Chemin faisant* de Jacques Lacarrière (1997), *Une Bretagne intérieure* (1998) de Jean-Claude Bourlès ou encore *On a marché sur la méridienne* (2000) d'Emmanuel de Roux a exploité le potentiel de la marche à une époque que nombre d'entre eux considère comme l'ère postpiétonne afin d'imposer une décélération tout en permettant l'accès à un élément de la culture française rendu obscur, ignoré ou supprimé jusqu'alors. Un aspect récurrent de ces voyages pédestres (souvent explicite, sinon presque toujours implicite) est le dénigrement du transport motorisé [...]. » [Trad.])

11. Voici ce qu'écrit à ce propos ALAIN, *Propos sur le bonheur* (1928) (Paris, Gallimard, « Folio essais », 1995), pp. 124-5 : « Voyages » : « *La vraie richesse des spectacles est dans le détail. [...] Pour mon goût, voyager c'est faire à la fois un mètre ou deux, s'arrêter et regarder de nouveau un nouvel aspect des mêmes choses. Souvent, aller s'asseoir un peu à droite ou à gauche, cela change tout, et bien mieux que si je fais cent kilomètres.* » (pp. 124-5).

12. Claude Reichler écrit à juste titre : « *La pratique romantique de la marche associe de manière intime et indissociable l'ensemble des sensations au corps en*

50

mouvement, et compose un paysage polysensoriel ; elle élargit la conception classique du paysage pour en faire une expérience phénoménologique.». («Chateaubriand et le paysage des Alpes», *Bulletin de la Société Chateaubriand,* n° 48, 2006, pp. 79–97 [p. 88]). La remarque s'applique pleinement au livre de Lacarrière qui, sur ce point comme sur d'autres, s'inscrit dans le paradigme du voyage romantique.

13. Même si c'est compte tenu des mots, Jacques Lacarrière est parfaitement conscient que seul le travail de rédaction est à même d'aboutir à une reconstitution du lieu : «*C'est pourquoi ce livre est avant tout un livre, je veux dire un travail construit, ordonné, réfléchi qui a trié, éliminé, conservé ou rejeté, en fonction des processus de la mémoire ou de ma propre volonté. Seule l'écriture, par ce pouvoir qu'elle a de séparer le temps (le temps vécu, le temps écrit) comme le sommet de certains monts sépare l'écoulement des eaux, peut en fait reconstituer un lieu, un visage, un instant essentiels, [...].*» (*CF*, 205).

14. Voir Daniel SANGSUE, «Le Récit de voyage humoristique (XVIIIe-XIXe siècles)», *R.H.L.F.*, juillet-août 2001, n° 4, pp. 1139–62.

15. Comme en témoigne cet échange (et le commentaire qui suit) entre une fillette et le vagabond approximatif : «— *Vous devriez prendre le train, ça irait plus vite.* — *Je ne suis pas pressé. Et puis, où veux-tu que j'aille ?* [...] — *Vous êtes con ! Aussi con que mon frangin ! J'aurais bien aimé connaître son frangin.*» (*VA*, 72).

16. «*J'appelle donc réalité du réel le caractère irréductible de ce qui est, irréductible à toute subjectivité et intention, à toute moralité et à toute pensée, à tout affect. En même temps, c'est la notion toute humaine que nous nous faisons de ce qui est.*» (Pierre CAMPION, *La Réalité du réel. Essai sur les raisons de la littérature* [Rennes, Presses Universitaires de Rennes, 2003], pp. 21-2).

17. Michel DE CERTEAU, *L'Invention du quotidien. I. Arts de faire* (Paris, Gallimard, «Folio essais», 1990), p. 148.

18. «*À la question : pourquoi marchez-vous ?, je pourrais répondre : pour aller plus loin, et je crois que j'aurais dit l'essentiel. Plus loin est la clé de ce mode d'être qui n'a pas besoin de prétexte extérieur, et encore moins de valorisation pittoresque, comme la toupie qui ne sait pas pourquoi elle tourne, sinon pour rester debout. Le marcheur que je suis marche pour ne pas s'arrêter, c'est une raison qui en vaut d'autres.*» (*VA*, 264).

19. Car c'en est bien un. Il faut souligner que l'errance, cheminement sans point de départ et sans terme, n'exclut pas, dans le cas qui nous occupe et à un autre niveau, l'existence d'une visée, clairement exprimée dans la section intitulée «Scrupules» (*VA*, 89–92). Georges Picard «*fai*[*t*] *un livre pour comprendre pourquoi* [*il*] *marche*» (90). Il revendique en outre explicitement un statut d'auteur en affirmant à propos de son livre : «*C'est un texte de confection, travaillé, mis en scène et visant à un effet artistique*». Cette dimension de l'entreprise interdit de projeter le caractère aléatoire du trajet sur la mise en mots du cheminement qui obéit à une quête proprement spirituelle. Comme l'écrit Jean-Didier Urbain, «*Avant d'être une réalité spatiale, accomplissement tangible d'un mouvement ou empreinte visible d'un itinéraire s'écrivant à la surface du monde, tout voyage n'est-il pas d'abord — idée, image, projet, songe ou théorie — une dimension de l'esprit [...].*» (*Secrets de voyage. Menteurs, imposteurs et autres voyageurs invisibles* [Paris, Payot & Rivages, «Essais Payot», 1998], pp. 61-2).

20. Il s'inspire ce faisant d'un projet mené à bien par Stevenson — souvent cité dans le livre — qui a donné lieu à un livre : *An Inland Voyage* (1866) (*Croisière à l'intérieur des terres*, 1878), dont le titre est traduit également par *Voyages sur les canaux et rivières*. L'entreprise et l'itinéraire suivis par Rolin sont très différents du texte source dont *Chemin d'eau* conserve cependant le ton humoristique. Il faut aussi remarquer qu'en revendiquant ce patronage Rolin souligne la dimension intertextuelle de son récit, émaillé constamment de références littéraires, picturales, cinématographiques... qui mettent à distance le référent, de manière assez souvent ironique : il n'est plus possible de poser un regard vierge sur le monde et c'est l'art, somme toute, qui parvient le mieux à dire l'inquiétante étrangeté de l'ordinaire ou le burlesque du quotidien.

21. Voici un exemple parmi d'autres possibles : « [...] *elle se détourne de moi sitôt qu'elle croit comprendre que je marche sans aucune nécessité.*» (*CE*, 136).

22. « *C'est une chose dont on ne peut se défendre que cet étonnement imbécile qui vous prend à considérer les gens vivant où nous ne vivons point et passant leur temps à d'autres affaires que les nôtres.* » (*CE*, 7).

23. L'échec du voyage est ici compensé par la réussite du récit, selon un mécanisme décrit par Jean-Didier URBAIN, *Le Voyage était presque parfait. Essai sur les voyages ratés* (Paris, Payot & Rivages, 2008), p. 17.

24. Ou lues. En lisant un avis réglementant la pêche fluviale, Rolin cherche à comprendre ce qui a présidé à sa rédaction... avant d'être dérangé dans sa réflexion par une « *meute de roquets hideux* » (*CE*, 19).

25. « *La nature* [...] *a mis dans cette affaire un peu de désordre,* [...] » (*CE*, 52).

26. « *Parmi la végétation confuse de la berge sont disséminées quantité de cabanes de tir construites de bric et de broc avec des joncs et divers matériaux de récupération, tels que sièges de 2 CV ou tronçons de "tubes" Citroën.* » (*CE*, 61).

27. Il ne fait aucun doute que le quotidien possède une réelle force subversive parce qu'il ne se laisse pas enclore dans un ordre théorique quelconque. En ce sens le livre de Rolin est une œuvre politique. Voir à ce propos Michael SHERINGHAM, « The Project and the Everyday: François Bon's Experiments in Attention », pp. 188–203 in *The Art of the Project* (*op. cit.*[10]), p. 190. L'auteur de l'article se réfère à l'analyse produite par Maurice BLANCHOT, *L'Entretien infini* (Paris, Gallimard, 1969), pp. 355–66.

28. Voir Pierre SANSOT, *Du bon usage de la lenteur* (Paris, Payot & Rivages, « Rivages Poches / Petite Bibliothèque », 2000) : « *On aura compris que la lenteur dont je traiterai dans ce texte n'est pas un trait de caractère mais un choix de vie : il conviendrait de ne pas brusquer la durée et de ne pas nous laisser bousculer par elle — une tâche salubre, urgente, dans une société où l'on nous presse et où souvent nous nous soumettons de bon cœur à un tel harcèlement.* » (p. 11).

EN ROUTE AVEC JACQUES LACARRIÈRE

OU LA REDÉCOUVERTE DE LA FRANCE À PIED

par JAN BORM

> « J'ai tourné mes pensées ailleurs, et j'ai vu
> que sous le soleil le prix n'est point pour
> ceux qui sont les plus légers à la course, [...] ;
> mais que tout se fait par rencontre et à
> l'aventure. »   Ecclésiaste IX, 11
> (Bible de Port-Royal)

« *RIEN ne me paraît plus nécessaire aujourd'hui que de
découvrir ou de redécouvrir nos paysages et nos villages,
en prenant le temps de le faire.* » (CF, quatrième de couverture) observe
Jacques Lacarrière dans *Chemin faisant*. Et de poursuivre :
« *Savoir retrouver les saisons, les aubes et les crépuscules, l'amitié des animaux et même des insectes, le regard d'un inconnu qui
vous reconnaît sur le seuil de son rêve. La marche seule permet
cela.* ». Nous sommes dans la double perspective de la lenteur et
de la marche à laquelle le poète rend hommage dès les premiers
mots de l'ouvrage — « *Avant tout, je chanterai les pieds.* » (15)[1]
— double périmètre qui doit permettre au poète de poser un
regard renouvelé sur ce qui apparaît à la fois comme proche et
lointain, par moments bien familier, à d'autres étrangement
exotique ou étrange, une France redécouverte au ralenti certes,
mais traversée d'un pas pressé parfois, tant le regard est celui

d'un pèlerin au cheminement intérieur dont la quête se révèle graduellement à la manière d'un message à décrypter. Cette décélération du pas laisse espérer d'entrevoir une autre France ou de la découvrir autrement, entreprise de prolongement de la focale non dépourvue de lenteurs, comme s'empresse de l'observer ici et là l'auteur. Ce faisant, Jacques Lacarrière s'inscrit dans une longue liste d'amateurs de cette route ouverte au marcheur qui a inspiré bien des réflexions. Nous les évoquerons dans un premier temps avant de nous engager dans la voie du poète et de contempler la mise en perspective de son propre itinéraire.

péripéties au ralenti

Qu'il nous soit permis d'abord de rappeler avec Angelika Wellmann que Platon a thématisé le mouvement du corps, le "peripatein", comme « acte productif du discours philosophique » (p. 195[2]). *Peripatein* : se promener ou marcher à pied comme les élèves d'Aristote, en route pour le *Peripatos*, lieu de rassemblement du lycée-gymnase dont l'enseignement était reçu de manière ambulante, les élèves se déplaçant dans le hall pendant la leçon (p. 13[2]). De même, le dialogue socratique se pratique au cours d'une promenade ou lors d'un voyage. Souvenons-nous que les satires d'Horace, bien que d'une tout autre veine, adoptent les codes du genre viatique.

Plus près de nous, le Romantisme s'est révélé être un autre âge d'or de la marche, comme le montre une étude de Robin Jarvis[3]. L'auteur y renvoie notamment à William Coxe dont le récit *Sketches of the Natural, Civil and Political State of Swisserland*, relatant des voyages entrepris dans les années 1776, 1779, 1785 et 1786, a été particulièrement apprécié par William Wordsworth. Coxe y évoque ce qu'il considère comme les avantages du piéton, à savoir une liberté totale de mouvement et l'inspiration que permet l'association du changement permanent des paysages avec un temps maximal d'appréciation ou de contemplation sous forme de ce qu'il appelle le « *regard* », à vrai dire la « contemplation mobile » (p. 7[3]). Marcher permet de se libérer de son éducation, de son milieu, des attentes de la famille, de l'étiquette et du jeu social, observe encore Jarvis. Bref, de se défaire, le cas échéant, d'un *moi* renfermé dans une identité prédéfinie et imposée par autrui (p. 28[3]). L'auteur propose ensuite une petite typologie du marcheur envisagé comme un être physiquement engagé, liste que nous proposons de rendre comme suit : le marcheur radical (ou faut-il dire un radical en route) (p. 33[3]), le pèlerin (p. 39[3]), le philosophe (itinérant) (p. 43[3]), l'esthète (déambulant) (p. 49[3]), éventuellement en quête du pittoresque (p. 53[3]). Le moteur privilégié de cette recherche tourne naturellement au ralenti, tant la vitesse réduite du pas du marcheur lui permet d'être en contact sensoriel pour ainsi dire immédiat avec son environnement. Le piéton serait ainsi en mesure de mieux saisir la variété des apparences et la spécificité des paysages contemplés. La marche peut donc permettre de lutter contre la tendance à vouloir transposer sur la nature une grille de lecture généralisante en termes esthétiques ou d'en limiter au moins l'effet déréalisant[4].

La question est complexe et notre objectif ne consiste pas ici à reprendre la réflexion sur la fonction ou dimension *mimétique* de l'écriture du voyage. Contentons-nous de citer ici une formule de Jacques Lacarrière que ce dernier emploie pour évoquer la prise de notes et l'opposer à l'écriture :

Noter ce que l'on voit, ce que l'on entend, ce que l'on ressent est une discipline nécessaire qui n'a rien à voir avec l'écriture elle-même mais qui permet d'exercer son regard et son attention, d'être davantage en éveil. C'est un peu la même chose que prendre des photos. Cela permet d'observer mieux et en même temps de prendre ses distances, de se détacher de l'objet, du paysage, de l'espace observés. L'écriture, elle, est exactement le contraire de ce décalque appliqué du réel. Elle est transformation, elle est transmutation du vécu et de la mémoire.   (p. 180[5])

Henry David Thoreau, dans un texte intitulé *Walking* repris en français sous le titre *Balades*, envisage la marche comme une expérience qui est bien loin de se réduire à un simple exercice physique : « *La marche dont je parle n'a rien qui l'apparente avec l'exercice qu'on prend, suivant la formule — comme les malades prennent leur remède à heure fixe — en faisant des haltères ou soulevant des chaises : elle est elle-même l'entreprise et l'aventure de la journée. Si vous voulez prendre de l'exercice partez en quête des sources de la vie.* »[6]. Jacques Lacarrière, dans la préface de *Chemin faisant*, tient un propos similaire :

> On nourrit sur la marche des idées souvent singulières. Ou elle n'est qu'un moyen pédestre de se rendre d'un lieu à un autre [...] ou elle devient un exercice forcené et un sport absurde et exténuant : la course Strasbourg-Paris par exemple. Entre ces deux extrêmes, la marche routinière et la marche routière, bée un grand vide : la marche buissonnière. C'est elle — elle seule — que j'ai pratiquée dans cette traversée pédestre de la France qui me mena en quatre mois des Vosges jusqu'aux Corbières. J'ai marché pour l'unique plaisir de découvrir au fil des jours et des chemins un pays et des habitants qu'au fond je connaissais fort peu.   (*CF*, 16)

L'auteur cherche ensuite querelle à la « randonnée » :

> [...] ces marches en groupe me laissaient sur ma faim. J'y décelai déjà cette déformation typique qui par la suite donna naissance aux randonneurs. Par curiosité, j'ai recherché l'étymologie de ce mot et ne fus nullement surpris de voir que randonner vient de *randon*, vieux mot français signifiant fatigue, épuisement. *Courir à randon* c'est courir jusqu'à épuisement et *randir*, se déplacer avec ardeur et impétuosité. Il y a dans tous ces termes une urgence de marcher, une impatience d'être ailleurs qui est tout le contraire de la promenade ou de la flânerie.   (*CF*, 16)

Son propre récit se lit par moments comme un éloge de la lenteur, même si le mode du ralentissement s'accompagne de temps à autre d'un sentiment d'ennui tant l'attente peut paraître durer parfois une éternité. Cet appel en faveur du pas mesuré est partagé par Lacarrière avec d'autres auteurs contemporains, comme le note Charles Forsdick dans son étude consacrée à la littérature de voyage francophone : « C'est la décélération qui devient l'élément central du potentiel de la marche en tant que façon alternative de voyager et mode de perception souvent microscopique de la diversité. »[7]. Cependant, le regard minutieusement rapproché n'empêche pas le risque que l'éloge de la marche se mue en un «discours anti-vitesse»[7]. Quoi qu'il en soit, l'auteur convient que la marche est souvent vue à l'époque contemporaine comme mode de perception alternatif, voire excentrique (que Pierre Sansot envisage comme une autre forme d'exister dans son ouvrage *Du Bon Usage de la Lenteur*).

lentement, mais sûrement

Dans un passage de *Chemins d'écriture*, Jacques Lacarrière revient sur son voyage à travers la France au début des années 1970 :

> Les chemins, je les ai pratiqués des années et surtout en 1971 quand j'ai traversé à pied une partie de la France [...] et tiré, deux ans plus tard, un livre de cette expérience improvisée : Chemin faisant. Là encore, il faut préciser que je n'ai pas entrepris cette marche pour faire un livre mais simplement, après tant d'années grecques, pour me réhabituer à mon pays [...]. (p. 180[5])

Le récit rend compte d'une traversée de la France en 120 jours, au rythme de la marche, commentée par un auteur qui n'a de cesse de s'interroger sur les modalités de son périple inscrit sous le signe d'une forme d'ascèse : « *Chemin faisant, j'ai allégé mon sac à dos de tout ce qui m'apparut inutile.* » (*CF*, 17). Il s'agit d'aller à l'essentiel ou du moins d'essayer de s'en rapprocher. Dans les Vosges, le poète s'entretient avec un bûcheron :

> Ces horizons — d'un azur délavé ponctué de sombre par les arbres, comme si le bleu profond des conifères déteignait insensiblement sur l'aquarelle du ciel — le bûcheron me les montre de la main tandis que son cheval expirant se repose un peu plus loin. « Toutes ces forêts, je les connais par cœur. [...] Ici, aucun tracteur ne peut monter. Il faut tout faire soi-même, abattre, écorcer. Le cheval fait le reste. Lui, il grimpe et descend partout. On a le temps. Les arbres, je les aime. J'en vis mais je n'aime pas les abattre. »
> (*CF*, 35)

Les différentes essences de la forêt permettent d'ailleurs d'établir un lien subtil avec l'Antiquité, avec cette Grèce quotidienne de quatre mille ans[8], terrain de prédilection de l'éminent helléniste

Lacarrière. Nous sommes dans les Causses du Midi : « *Les arbres que j'ai à mes côtés, ces pins sylvestres qui eux aussi murmurent dans le vent, sont les mêmes qu'aux temps anciens où les poètes les chantaient. Horace, Virgile, Sophocle, Homère les ont décrits, identiques, immuables, et par eux notre monde communique exactement avec le leur.* » (*CF*, 218). Ralentir le pas permet au poète de se placer dans le long temps et de retrouver cette Grèce tant admirée à laquelle l'auteur a renoncé de rendre visite, tant que le pays subissait le régime des colonels. Après la Grèce, temps mort ou hors temps, Lacarrière tâche de redécouvrir le pays de son enfance, tout en partant à l'aventure :

Au cours de ce voyage, je n'aurai pas seulement souvenir des gens, des centaines de gens rencontrés ni de leur vie si brièvement partagée, mais de tous les êtres aperçus, animaux et insectes [...]. ([...] marcher c'est d'abord savoir s'arrêter, regarder, prendre son temps — un temps bien différent du temps humain — savoir attendre, garder en soi cette patience de l'araignée ou ce sommeil sans rêves (?) des vipères), j'aurai souvenir de tout cela et retrouvé mes curiosités et mes passions d'enfant [...].   (*CF*, 61)

Cependant, nous ne nous trouvons pas face à une simple quête des temps révolus :

Et en ce jour plein de soleil où j'aborde le Gévaudan, je me dis qu'en marchant ainsi, on ne recherche pas que des joies archaïques ou des heures privilégiées, on ne fait pas qu'errer dans le labyrinthe des chemins embrouillés qui nous ramèneraient à nous-mêmes, mais qu'au contraire on découvre les autres et, avec eux, cette Ariane invisible qui vous attend au terme du chemin. Marcher ainsi de nos jours — et surtout de nos jours — ce n'est pas revenir aux temps néolithiques, mais bien plutôt être prophète.
                                                                          (*CF*, 190)

Notons l'insistance du poète sur l'expérience initiatique qui fut la sienne au cours de ce voyage. L'idée est reprise maintes fois. « *Qu'apprend-on véritablement sur les routes ?* » se demande-t-il (69). Et de répondre : « *La marche peut être plaisir ou corvée, promenade ou déplacement forcé mais peut-elle être aussi moyen de connaissance, connaissance des autres s'entend, de ceux que l'on rencontre.* ». Ces entrevues conduisent en même temps à une meilleure connaissance du moi : « *Ne fût-ce qu'à l'égard de soi-même, une telle entreprise est donc édifiante et même nécessaire. Affronter l'imprévu quotidien des rencontres, c'est rechercher une autre image de soi chez les autres, briser les cadres et les routines des mondes familiers, c'est se faire autre et, d'une certaine façon, renaître.* » (189). On reconnaîtra ici le thème du ressourcement sur lequel Lacarrière insiste également dans le livre d'entretiens déjà cité :

Quand je marchais, je n'avais aucune intention d'écrire un jour un livre sur cette expérience. J'ai cédé, trois ans plus tard, à l'insistance d'un éditeur, et en me mettant dans son écriture, je ne souhaitais pas transcrire les moments les plus ou moins ordinaires ou extraordinaires de cette aventure, mais essayer de fixer le changement intérieur, l'initiation née de ce long parcours. Le livre qui en résulta, *Chemin faisant*, ne veut pas enseigner ou démontrer quoi que ce soit, mais témoigner de la possibilité de réduire ses besoins, de vivre en se dépouillant de tout ce qui est superflu tout en s'enrichissant.   (p. 131[1])

L'idée de dépouillement se traduit également par un sentiment de libération : « *Marcher ainsi engendre peu à peu, dans les rapports humains, dans le regard qu'on porte aux moindres choses et surtout à l'égard du temps, un affranchissement, une disponibilité singulière qu'on ne peut soupçonner sans la vivre soi-même.* » (*CF*, 145).

Ce sentiment s'amplifie par strates successives, par l'effet d'une lenteur accumulée si l'on peut dire. Quel rôle joue la vitesse dans cette recherche des temps modernes au ralenti ? L'auteur s'empresse de préciser à plusieurs reprises que son mode de locomotion est quelque peu paradoxal. Le voyageur n'est que de passage, allant lentement mais sûrement d'un lieu à un autre, d'un pas certes peu pressé, mais à marche forcée tout de même, et peut-être malgré lui :

Partager la vie des autres, leurs travaux, leurs problèmes, côtoyer longuement chacun, sentir le temps de chaque village et ses saisons : rêve impossible. Une vie entière suffirait à peine à traverser la France ainsi. De sorte que même en marchant, en flânant comme je le fais, je ne peux m'empêcher de sentir que le temps me presse, qu'il est présent en chacun de mes pas et qu'il m'appelle sans cesse vers un autre horizon. (*CF*, 80-1)

Et pour cause, par moments le voyageur éprouve la sensation d'être face à l'infini : « *Une fois encore la démence me prend de vouloir tout inventorier, tout connaître. Mais cette minute, ici, adossé au socle de la Vierge des Montagnes — à la veille d'entrer en pays Gévaudan — cette minute restera comme fleur sainte des floraires, herbe de feu, rosée d'été avec ce soleil blanc qui m'éblouit, cette buse immobile et cloué sur l'azur.* » (193). Rassurons-nous : le poète n'est pas en extase, mais reste cloué au sol, même s'il vient de prendre de la hauteur verbalement grâce à l'herbier dont il énumère les spécimens et aux noms sacrés inspirés par le paysage au-dessus duquel planait son regard.

À d'autres moments, en revanche, le temps semble trop long. Son lent passage est parfois vécu sur le mode d'un mortel ennui, sorte de degré zéro de la lenteur, un temps mort somme toute, comme dans le buffet de la gare de Saint-Flour où le voyageur se retrouve seul, ou presque :

Pourtant, ce matin-là, en regardant cette nuit sombre, en écoutant la pluie qui tombe par rafales, dans ce buffet sinistre — modèle d'un enfer sartrien où seraient affichés au mur les horaires de l'éternité — ce buffet où je suis évidemment le seul à *consommer* avec devant moi une serveuse mal réveillée, à l'air hagard et qui doit m'en vouloir d'être là, ce matin-là, la marche ne s'annonçait guère comme un exercice exaltant. (*CF*, 203)

Ces moments semblent bien difficiles à supporter, mais l'écriture les sauve de l'oubli et les transforme même en instants mémorables en nous proposant de découvrir « *les horaires de l'éternité* ». Nous voici au cœur de la poétique de Jacques Lacarrière dont l'une des interrogations les plus insistantes porte sur le temps :

Le temps d'un livre n'a rien à voir avec celui d'une marche, car ces deux temps — le temps réel et le temps reconstruit — ne pourront jamais coïncider. C'est pourquoi — à part bien sûr dans le cas des journaux intimes — il m'a toujours paru absurde et même contre nature (je veux dire contre la nature même du temps) de publier des récits de voyage ou de marche comme un journal tenu au jour le jour. J'ai donc, dans *Chemin faisant*, entièrement supprimé toute référence temporelle, groupant la chronologie des jours et des événements en trois grandes parties. C'est que, tenant un journal de notes quotidiennes, je vis évidemment dans l'ignorance du lendemain. Mais, entreprenant un livre à partir de ces notes, je ne peux, sans tricherie ou sans naïveté, faire comme si j'ignorais au début du livre — en partant de Saverne — ce qui m'est arrivé par la suite. Bien au contraire, le livre opère dans un temps différent, permettant de revenir en arrière mais aussi de projeter dans le temps présent du récit des réflexions et des visions sur ce qu'il advint par la suite. Dans les notes, ce va-et-vient du temps est impossible. Dans un livre, il est non seulement possible, mais essentiel. Et c'est pourquoi *Chemin faisant* est devenu, autant que la relation d'une longue marche, celle d'une longue et féconde aventure temporelle. (p. 193⁵)

Le récit paraît comme ponctué par la réflexion sur le temps de la marche. La route peut nous permettre de nous libérer affirme l'auteur métamorphosé en animal pédestre avançant en dehors d'un temps dont l'agencement est pré-rempli par un agenda qui imposerait une identité :

Au fond, être nu, réduit à ce présent intense et misérable, avancer sans passé et sans avenir, sans justement cette aura ambiguë qui vous nébulise dans les relations citadines puisqu'on y est toujours celui qui a fait ça ou qui fera cela. Ainsi avance-t-on sur les routes mouillées, privé de temps, comme un bernard-l'ermite sans coquille, sans mémoire. (p. 196⁵)

Souvenons-nous : marcher, c'est renaître, même s'il s'agit d'une renaissance vécue parfois sur le mode du rejet, réserve qui se manifeste chez l'autre et que le marcheur-l'ermite s'attache à dissiper à tout moment : « [...] *on accepte très bien les vacanciers, les campeurs, voire les randonneurs, moins bien le vagabond, le solitaire marchant pour son plaisir en dehors des sentiers battus. Le plus révélateur pour moi, dans ce voyage de quelques mois, fut justement l'étonnement, l'incertitude, et surtout la méfiance que je lisais sur maints visages.* » (CF, 189). Lacarrière évoque différents types d'habitants de notre société hyperurbanisée à la recherche d'un temps-loisir bien circonscrit auquel s'oppose sa quête d'une France appréhendée au ralenti : «*La lenteur même de ma marche ne m'a fatalement confronté qu'aux vieillards et aux escargots.* » (259). Et le poète songeur de s'interroger : « *Les jeunes feront-ils eux aussi un jour de vrais vieillards ? Vivre vite, c'est aussi mourir vite. Trop souvent, j'ai vu, dans les fossés ou devant les garages leurs voitures écrasées,* [...]. » (260). Rappelons que Jacques Lacarrière écrit ces lignes dans les années 1970, à l'aube de notre ère marquée par la très grande vitesse et le haut débit. Vu sous cet angle, le récit se lit comme une invitation à chercher une voie plus réfléchie : « *Marcher ainsi de nos jours — et surtout de nos jours — ce n'est pas revenir aux temps néolithiques, mais bien plutôt être prophète.* » (190).

un chemin peut en cacher un autre

La métaphore religieuse retient notre attention, tout comme l'image de l'ermite. En filigrane du récit se découvre peu à peu une profondeur disons bachelardienne qui oriente l'itinéraire. Jacques Lacarrière est revenu lui-même sur le sens profond de son entreprise dans l'entretien déjà évoqué :

Le pèlerin est un marcheur spirituel. Moi-même, j'ai toujours beaucoup apprécié la marche, non comme ascèse ou épreuve physique, mais comme moyen de rencontrer vraiment le monde qui nous entoure et tous ceux qui l'habitent. C'est pourquoi, à mon retour de Grèce en 1968, je décidai de reprendre mes marches de jadis, aussi longtemps que cela me serait possible. J'étais alors sans travail précis ni contrainte familiale, ce qui m'assurait une liberté totale de décision. Je me suis dit qu'une telle chance, car pour moi c'était une chance, ne réapparaîtrait pas de sitôt dans ma vie. Puisque je n'avais rien, pas de domicile, pas de travail et pas de compagne, je décidai donc de vivre et réaliser mon rêve : marcher, marcher, marcher [...]. En fait, je m'étais fixé un but bien précis, qui était d'aller jusqu'à Peyrepertuse, un château cathare de Corbières. J'avais décidé d'aller passer une journée de méditation dans ce château à la mémoire d'Esclarmonde de Foix, la dernière « reine » des Cathares, en partant à pied de Saverne. Je ne l'ai jamais dit à personne, car cela était un vœu personnel et secret pour donner un sens à mon voyage. (pp. 126-7[1])

Pourquoi l'auteur cherche-t-il à rendre hommage à ces chrétiens qui se voulaient fidèles des premières heures ? Jacques Lacarrière s'explique : « *Les Cathares ont été victimes de leur rêve exigeant : éradiquer le mal sur cette terre. Ils étaient non*

violents par nature et ont dû subir la violence des autres. »
(p. 129[1]). Il s'agit donc d'un itinéraire à caractère hautement symbolique sur lequel l'auteur insiste ici, de manière rétrospective.
L'idée est effectivement thématisée en fin de récit sur un mode
assez subtil et souterrain, voir cryptique :

Adieu donc à ces sandwichs du nord, anémiques, arénuleux et aériens, adieu
aux mornes tenancières : depuis le Minervois, le paysage, le vent, les
visages, le peuple des cafés, tout est sourire. Ce soir, je suis arrivé à
Minerve, venant de Saint-Chinian, par une journée où le vent est tombé
quelque peu, où le ciel dès midi s'est chargé de nuages. Minerve. Capitale
symbolique du Minervois. Ici fut perpétré un des premiers massacres de
Cathares. Sur la petite place, près de l'église, 180 Parfaits furent brûlés, le
12 juillet 1210, ou plus exactement choisirent de se jeter eux-mêmes dans
les flammes plutôt que de renier leur foi.   (*CF*, 261)

Nous sommes passés de l'alimentation à la nourriture spirituelle.
L'auteur donne à son périple l'allure d'un pèlerinage, derrière ou
sous lequel se cache encore un autre rapprochement quelque peu
insoupçonné. Nous voici à présent dans les Corbières, presque au
bout du voyage :

Tout à l'heure dans les gorges de Nouvelle que j'ai empruntées de Tuchan
pour venir jusqu'ici (attiré sur la carte par une petite croix marquant
l'emplacement d'une chapelle dont le nom m'a ravi : Notre-Dame de
l'Olive), dans ces gorges où court un ruisseau bordé de cyprès, d'ifs, de
lauriers-roses et d'arbousiers (les arbouses sont mûres à cette saison, fruits
à l'écorce rugueuse, à la chair un peu rêche mais dont on fait en Grèce un
alcool délicieux), [...].   (*CF*, 274)

L'allusion à la Grèce contribue évidemment au fonctionnement
métaphorique de l'ensemble, tout comme le nom de la chapelle
qui renvoie à la notion de paix[9]. L'auteur n'a de cesse de songer
aux temps sinistres que la Grèce contemporaine doit traverser au
moment où il écrit son récit. « *Cette région des Corbières
rappelle étrangement la Grèce, [...].* » (275). Il observe quelques
lignes plus haut : « *Un paysage d'Arcadie comme ceux que j'ai
traversés — à pied également — entre Némée, le lac Stymphale
et les sources du Styx.* ». L'itinéraire français joue alors le rôle

d'un *ersatz*, une route remplaçant une autre tant aimée que l'auteur se refuse d'emprunter, par solidarité avec ses amis poètes grecs.

Nous retrouvons l'allusion à l'olive au terme de sa lente méditation. Face à la chapelle évoquée à l'instant, l'auteur écrit : « *Nous sommes le 28 septembre. Il m'a fallu près de quatre mois de voyage pour venir jusqu'ici. Sur mon carnet — qui comporte encore nombre de pages blanches — pages vierges d'un voyage que je voudrais inachevé — j'ai noté ce jour-là : "Je me sens plus que jamais disponible au voyage. Intense liberté, inassouvie." [...].* » (*CF,* 277). L'auteur se déclare disponible pour saisir le chant du monde dans sa dimension exaltante tout en rendant hommage à ceux dont la mémoire lui est chère. L'ultime regard est consacré à la Méditerranée : « *Déjà je sens, mer, ton eau claire et ton sable blanc, et j'entends une voix familière qui me dit : "Comme Ulysse, il te faut repartir puisque, dans le temps retrouvé, terme et seuil sont une même chose."* » (279). La perspective est grecque. L'objectif semble atteint : retrouver la Grèce et l'épopée homérique qui ont tant marqué l'œuvre de Jacques Lacarrière. Il s'agit naturellement d'un itinéraire toujours à recommencer.

SIGLE ET ÉDITION UTILISÉS

Jacques LACARRIÈRE
CF   *Chemin faisant. Mille kilomètres à pied à travers de la France* (Paris, Petite Bibliothèque Payot, « Voyageurs », 1992 [Paris, Librairie Arthème Fayard, 1977]).

*

1. Voici comment Jacques Lacarrière commente cet *incipit* dans un livre d'entretiens, nombre d'années après : « *Si les hommes avaient des racines, ils seraient des arbres, et les arbres, comme chacun sait, sont des sédentaires. Et même des sédentaires endurcis. Il y a trente ans, j'ai commencé mon livre* Chemin faisant *par un hymne aux pieds parce que je trouvais qu'ils étaient injustement*

oubliés, surtout dans les récits de voyages. S'il s'agit de méditer, de faire du yoga, les pieds ne sont pas essentiels, mais quand il s'agit de se déplacer, chose que l'homme fait depuis fort longtemps et continuera sans doute à faire encore longtemps, ils sont indispensables. D'ailleurs, c'est bien parce qu'il dut très longtemps se déplacer à pied que l'homme inventa des moyens plus rapides de se mouvoir. » (Jacques LEBRUN, *Mémoire vivante : Jacques Lacarrière. Entretien avec Jacques Lebrun* [Paris, Flammarion, 2002], pp. 11-2).

2. [Trad. de] Angelika WELLMANN, *Der Spaziergang. Stationen eines poetischen Codes* (Würzburg, Königshausen & Neumann, 1991).

3. [Trad. de] Robin JARVIS, *Romantic Writing and Pedestrian Travel* (Basingstoke, Macmillan, 1997).

4.

Because of the moderate pace of his/her itinerary, and the immediate sensory contact with the environment that walking presupposes, the pedestrian is more alert to the multiplicity of appearances and the particularity of actual landscapes. Walking, in other words, is capable of fostering resistance to any idealising aesthetic tendencies the traveller may start out with, and of countering the generalising and abstracting mentality inherent to all travel.   (p. 69[3])

(« Du fait de l'allure mesurée de son déplacement et du contact sensoriel immédiat que la marche suppose, le piéton est plus sensible à la multiplicité des apparences et aux particularités concrètes des paysages. En d'autres termes, la promenade est susceptible de renforcer la résistance aux tendances à l'idéalisation esthétique que le voyageur porte en lui et d'aller à l'encontre de la propension à la généralisation et à l'abstraction inhérente au voyage. » [Trad.])

5. Jacques LACARRIÈRE, *Chemins d'écriture* (Paris, Plon, « Terre humaine », 3e éd. avec une postface de Jean MALAURIE, 2005).

6. Henry David THOREAU, *Balades*, traduction de Léon BALZAGUETTE (Paris, La Table Ronde, « Les Petits Livres de la Sagesse », 1995), pp. 17-8. Faut-il voir ici une allusion à Kant qui se promenait tous les jours aux mêmes heures en empruntant toujours le même itinéraire ?

7. [Trad. de] Charles FORSDICK, *Travel in Twentieth-Century French & Francophone Cultures. The Persistence of Diversity* (Oxford, Oxford University Press, 2005) : « *It is the element of deceleration that becomes central to the walking's potential as an alternative means of travel and of often-microscopic perception of diversity.* » (p. 175).

8. Jacques LACARRIÈRE, *L'Été grec. Une Grèce quotidienne de quatre mille ans* (Paris, Plon, « Terre humaine », 1976).

9. Pour rappel, voici un passage de la Genèse où le rameau d'olivier annonce à Noé le retrait des eaux et un retour au calme ou la paix retrouvée : « *Il attendit encore sept autres jours, et il envoya de nouveau la colombe hors de l'arche. Elle revint à lui sur le soir, portant dans son bec un rameau d'olivier dont les feuilles étaient toutes vertes. Noé reconnut donc que les eaux s'étaient retirées de dessus la terre.* » (Genèse VIII, 10-11 ; Bible de Port-Royal).

4

BERNARD OLLIVIER

LE MARCHEUR EN POINT DE MIRE

par Gérard COGEZ

> « *Les hommes, au fond, ça n'a pas été fait pour s'engraisser à l'auge, mais ça a été fait pour maigrir dans les chemins, traverser des arbres et des arbres, sans jamais revoir les mêmes ; s'en aller dans sa curiosité, connaître.* » (Jean GIONO[1])

Parmi tous les diagnostics qui furent généreusement posés sur le *cas* pathologique nommé Gérard de Nerval, il en est un qui revient assez souvent, en particulier au XIXe siècle : celui de *dromomanie*. Il s'agit d'une des manifestations possibles de la *manie aiguë*, consistant en une irrésistible impulsion à marcher pouvant aller jusqu'à l'épuisement du sujet. Il est vrai que l'auteur de *Aurélia* fut un bourlingueur pédestre des plus persévérants, comme beaucoup de ses contemporains que l'impécuniosité obligeait à avoir recours à ce mode de déplacement. Il est vrai aussi que la marche fut souvent un choix délibéré de sa part — même lorsqu'il avait les moyens d'user des transports collectifs —, en particulier lorsqu'il parcourait les routes du Valois ou sillonnait en tout sens les rues des grandes villes où il a séjourné : Paris avant tout, mais également Vienne, Le Caire ou Constantinople, entre autres. Il semble bien en effet qu'il y ait eu de sa part comme un incoercible besoin de faire usage de ses pieds, notamment lorsqu'il n'était pas très fixé sur son itinéraire. Tous ses amis ont témoigné, d'une manière ou d'une autre, de sa difficulté à *tenir en place*. On peut donc dire que, d'une certaine façon, Nerval fut un *fou* de marche.

Et la conviction d'avoir affaire à un *détraqué* (c'est-à-dire à quelqu'un qui, étymologiquement, est sorti de la *trace* que tous les autres suivent) a dû également bien souvent venir à l'esprit des innombrables chauffeurs qui se sont arrêtés pour inviter Bernard Ollivier à monter dans leur camion, leur autobus, leur voiture, voire leur charrette, tout au long de la route qui l'a conduit d'Istanbul à Xi'an (en Chine) et dont pratiquement pas un seul des douze mille kilomètres ne fut effectué autrement que sur ses jambes. Car ces secoureurs compatissants se sont vus opposer, chaque fois, un refus aimable, mais ferme, de la part de l'opiniâtre piéton. Et ce, quel que soit l'état dans lequel il se trouvait lorsqu'une telle proposition lui était adressée et quelle que soit la tentation d'accepter qui l'envahissait. Compte tenu de la redoutable entreprise dans laquelle il s'était lancé — parcourir toute la route de la Soie sans « *jamais faire appel au moteur* » (*LM I*, 218) —, il savait que céder une fois eût été fatal à l'engagement qu'il avait pris envers lui-même. Il lui arrivera à quelques reprises, lorsqu'il sera vraiment obligé — forcé par des policiers ou courant un réel danger — de monter dans un véhicule pour un court trajet, de se faire ensuite raccompagner au point même où ses pieds ont dû quitter le sol et de reprendre son inlassable parcours sans autre secours que sa force musculaire. Interrompre ce fil fragile eût été, à ses yeux, ôter tout sens à la totalité de l'itinéraire. Si l'on excepte une poignée de dérisoires entorses, de quelques kilomètres chacune, le contrat sera tenu jusqu'au point d'arrivée.

Les hommes innombrables qui, pendant des siècles, ont accompagné les caravanes transportant le précieux tissu dans un sens, et les multiples marchandises contre lesquelles ils l'échangeaient dans l'autre sens, n'ont rien fait d'autre que marcher ; il fallait donc marcher pour se faire une idée, même lointaine, de ce que ces hommes vécurent : « *Le chemin... Y en a-t-il de plus fabu-*

leux, de plus mythique que celui que je suis ? Dans quel endroit du monde pourrais-je aussi bien faire corps avec tous ceux qui, durant plus de deux millénaires, m'ont précédé [...] ? » (LM I, 283). Quitte à passer, aux yeux des autochtones motorisés, pour un dément de la plus belle eau. Il en va ainsi, par exemple, lorsque pour se retrouver exactement à l'endroit où il a dû interrompre son cheminement pour cause de maladie l'année précédente, il s'efforce d'obtenir d'un chauffeur d'autobus qu'il le dépose au milieu de la steppe, alors qu'un quart d'heure de trajet les séparait de la ville la plus proche de Dohoubayezit, dernière cité turque avant la frontière iranienne. Mais l'intraitable voyageur veut redémarrer, au mètre près, là où il s'est effondré l'année précédente, terrassé par une dysenterie amibienne. Il va ainsi accomplir son itinéraire en quatre étapes de quelque trois mille kilomètres chacune, parcourus en quelques mois chaque année, de 1999 à 2002. À force d'être regardé comme un énergumène, en proie à un dérangement mental plus ou moins marqué, par les autochtones de toute culture et de toute appartenance sociale qu'il croisera en chemin, le doute naîtra, à plus d'une reprise, dans l'esprit du voyageur, à propos de ce qu'il s'est mis en tête de réaliser.

Au cours de son périple il connaîtra quelques brefs épisodes de « *mélancolie ontologique* » (LM II, 190) et se posera la question qui finit toujours par affleurer, sous une forme ou une autre, chez les voyageurs de longue haleine : « Qu'est-ce que je fais là ? ». Vers la fin de sa première grande étape par exemple (Istanbul–Dohoubayezit), Bernard Ollivier se demande s'il a été bien inspiré en se lançant dans cette aventure, quelques expériences néfastes lui ayant donné à penser qu'il pouvait ne pas en revenir vivant. Aucun voyageur, recru de fatigue par exemple ou atteint par l'une de ces déprimantes maladies que l'on peut contracter en chemin, qui ne soit sujet à ce type d'effondrement temporaire, où il trouve généralement l'occasion de vérifier — une fois remis sur pied — la solidité de son désir de poursuivre la route.

C'est aussi le moment où un *second souffle* mental devient indispensable. Et le fait d'être le point de mire des autochtones croisés en chemin, de devenir pôle de curiosité et d'attraction pour la plus grande partie des villageois de tous les pays qu'il a traversés, n'a pas manqué d'exercer sur le marcheur un effet très roboratif. Cette relance régulière de l'entrain s'est d'ailleurs transmise au récit, et ne contribue pas peu à maintenir le lecteur en haleine, par les formes variées qu'elle aura prises tout au long de la route, malgré une procédure par ailleurs répétitive, d'une culture à l'autre, de l'intérêt qui est porté au voyageur. Dans les villages, il se trouve souvent un personnage, un peu plus entreprenant, plus déluré, voire plus titré que les autres, qui prend en charge le nomade et improvise ensuite un semblant d'organisation pour que toute la population puisse exercer son droit de visite et vienne contempler de près l'étrange pèlerin qui s'est arrêté chez eux. Ainsi en va-t-il dès le début du chemin, en Anatolie ; le marcheur essaie de trouver le repos dans un local où on l'a accueilli, mais il doit d'abord se prêter au rituel de l'observation : « *Je parie que Mostafa est au bas des marches, organisant la visite des retardataires et les envoyant par fournées. Quel bonheur de donner du plaisir aux gens rien qu'en existant ! Pas à dire, j'y prends goût.* » (*LM I*, 71). C'est de toute façon le prix à payer pour bénéficier d'une hospitalité qui, en certaines contrées comme la Turquie, reste encore très vivace en ce début de XXIᵉ siècle.

Et cette curiosité active à l'égard du marcheur se maintiendra jusqu'au bout de son énorme périple. Ainsi en 2002, à Fengshenbao, village chinois, un enseignant du collège, alerté de sa présence par « le tam-tam local », aura à cœur de le présenter à ses élèves. Ceux-ci se bousculent pour figurer « à côté de l'étranger » sur la photo qui clôt la rencontre. Réflexion d'Ollivier : « *Peut-on imaginer cette scène dans une petite ville... d'Auvergne par exemple ?* » (*LM III*, 260). La plus belle découverte du marcheur ce fut peut-être cela : l'appétit de savoir que sa présence a suscité, l'intérêt qu'il a éveillé en tant que représentant d'un ailleurs inaccessible pour la plupart de ses observateurs. À cet égard, l'ébahissement, parfois teinté d'incrédulité, que son exploit provoque, cède assez vite la place au désir de profiter de l'aubaine qu'offre le marcheur à ses interlocuteurs : ceux-ci peuvent contempler à loisir un Occidental qui leur offre tout le temps de le faire en détail. Il existe encore, dans certains villages retirés de Chine, des habitants qui n'ont jamais vu un « long nez » (surnom donné aux Occidentaux) en chair et en os. Et ils ne se privent pas de l'examiner sous toutes les coutures, en commentant abondamment le moindre de ses gestes. Les ablutions du voyageur sont ainsi l'objet d'une observation fascinée, à laquelle il ne peut se soustraire, de la part de personnes animées non pas tant par le voyeurisme que par la soif de savoir de quoi est faite son altérité, en quoi consistent exactement ses usages : « *Avant de me coucher je peux constater qu'ils n'ont — leurs rires édentés en sont la preuve — jamais vu quelqu'un se laver les dents. Pour eux le spectacle est si extraordinaire que tous les six, alertés par le plus jeune, s'alignent devant moi lorsque je commence à me les brosser.* » (*LM III*, 130).

Il est vrai que parfois l'étonnement engendré par le voyageur puise à une autre source que la curiosité. La stupéfaction des autochtones peut provenir par exemple de leur confrontation à un accoutrement trop ouvertement contraire aux habitudes du lieu. Se promenant en short dans une rue de Pazar, en Turquie, Ollivier comprend qu'il doit modifier sa tenue, dans la mesure où elle contrevient, jusqu'à atteindre l'irrespect, à la coutume qui veut qu'un homme n'exhibe pas ses jambes en public. En des contrées où la température estivale se révèle caniculaire, on admet qu'un allègement vestimentaire puisse constituer un confort appréciable pour le marcheur ; mais en territoire urbain, l'habillement retrouve toute sa portée signalétique et symbolique. Ce qui constitue un détail (seulement soumis au jugement esthétique, éventuellement), pour les uns, peut devenir une marque importante pour les autres. Même s'il en désapprouve le puritanisme, le visiteur — et le marcheur y sera tenu davantage que les autres, parce qu'une fois encore sa visibilité est plus grande — peut aisément se plier aux habitudes d'une population, surtout lorsqu'elles ne remettent nullement en cause sa liberté de circuler. Le marcheur optera définitivement pour le pantalon, afin d'éviter à l'avenir tout malentendu de cette nature.

Le fait d'être ainsi presque constamment en *représentation* a constitué pour le voyageur le sel de son entreprise, et lui a valu une multitude de réactions encourageantes de la part de ceux qui le regardaient passer. Ce sont ces innombrables manifestations d'approbation et de réconfort qui lui ont sans doute transmis une bonne part de l'énergie sans laquelle il n'aurait pas atteint son but. Le récit parvient à transmettre la qualité spécifique, la singularité, de la plupart de ces témoignages de curiosité à l'égard du nomade, qui vont de la contemplation muette jusqu'aux marques les plus démonstratives et les plus loquaces de la joie d'accueillir un voyageur. Ce sont de ces descriptions dont celui-ci ne se lasse pas et qui transmettent au lecteur le sentiment intime de participer au voyage et d'être lui-même, par identification, celui que l'on regarde.

Il est advenu cependant que certains épisodes vécus en chemin furent des plus néfastes et ont conduit parfois le marcheur à penser que sa visibilité était aussi une manière de *s'exposer*. La peur accompagne le piéton pendant la majeure partie du chemin ; il finit cependant par s'habituer à cette présence qui devient comme la *basse continue* de son trajet : « *Le voyageur solitaire porte la peur dans son bagage. Elle s'insinue sans bruit dans le silence de la forêt ou de la nuit, elle est d'abord présente dans chaque rencontre. Marcher seul, sac au dos, c'est se livrer entièrement aux dangers et aux hommes.* » (LM I, 165). À la fin de la plupart de ses étapes quotidiennes, il se dit qu'une fois de plus il aurait pu s'épargner l'appréhension, mais en certaines circonstances particulièrement mémorables, elle n'était que trop justifiée. Et puis le marcheur doit savoir reconnaître la vertu de la peur : sans elle, la plupart des bourlingueurs solitaires ne termineraient pas leur périple vivants. Le voyageur s'est assez rapidement avisé qu'il devait se montrer discret et ne plus exhiber certains objets — appareil photo, montre, etc. —, trop ostensiblement : ce fut surtout sur quelques-uns de ces ustensiles inaccessibles pour eux, que certains regards fascinés se focalisèrent. Dans certains pays, dans la quasi-totalité d'entre eux à vrai dire sur la route de la

Soie, le prix de ces marchandises représente, pour la plupart des gens, plusieurs années de salaire. Certains ne peuvent donc pas résister à la convoitise. Et il arrive que la violence soit au rendez-vous.

Le marcheur n'a dû son salut, en certaines circonstances, qu'à une chance proprement inouïe. Il ne peut savoir comment se serait dénouée telle ou telle agression en vue de le voler, puisque chaque fois, elle fut interrompue à temps, mais l'agressivité indiscutable lui laissa craindre le pire à plusieurs reprises. Notons aussi un nombre non négligeable de tentatives d'extorsion de fonds ou de rackets de la part de membres des diverses forces de police auxquelles il eut affaire sur la route. Le nombre de contrôles policiers subis par Ollivier fut sans doute incomparablement plus élevé que ceux auxquels il eût été soumis en parcourant le même itinéraire en voiture. Tant il est vrai que le marcheur solitaire est un individu éminemment suspect aux yeux de tous les régimes en ce début de XXIe siècle : il dépasse la mesure du tolérable en ce qu'il se donne les moyens de voir d'un peu plus près que tous les motorisés ce qui se passe réellement dans le pays.

Mais incontestablement l'épisode le plus dangereux auquel il fut confronté s'est produit dans un village nommé Alihadjeu, à l'est de l'Anatolie. Rien de plus redoutable en effet qu'une population en proie à la peur collective ; dans cette région du monde, les gens regardent chaque étranger comme un « terroriste » kurde potentiel. Et le voyageur connaît en cet endroit une légitime frayeur, puisque la mésaventure aurait bien pu tourner au lynchage. Il est vrai que sur la question des risques qu'il court en suivant la route de la Soie à pied, notre marcheur, âgé de soixante et un ans au moment de son départ à Istanbul en 1999, a une conception très nette : « *Si je tenais à mourir dans mon lit, il ne me fallait pas partir. Mais là-dessus, j'ai une idée bien arrêtée. Ceux qui veulent mourir dans leur lit et ne s'en éloignent jamais sont déjà morts.* » (*LM I*, 209).

Mais au fur et à mesure que le voyageur progresse, c'est la marche elle-même, thérapie d'une efficacité croissante, qui effacera tout ce que la route lui fait parfois subir comme difficultés, voire comme raisons de désespérer de l'être humain. Il trouvera toujours assez rapidement de quoi essuyer une avanie, soit par l'accueil qu'il reçoit à l'étape suivante, soit par la beauté stupéfiante et très tonifiante de certains paysages, que la lenteur de son déplacement lui permet de goûter à leur juste valeur. Car cette "longue marche" nous donne à comprendre qu'un paysage n'est pas qu'une vue arrêtée que l'on découvre en passant, comme une photographie. Un paysage est fait aussi, et surtout, d'une approche progressive, de tous les obstacles qu'il aura fallu franchir pour qu'il se dessine enfin dans toute sa splendeur. Pour voir vraiment un paysage, il faut aller vers lui à pas comptés, il faut le pressentir, avoir l'intuition qu'on l'aura bientôt sous les yeux, le laisser s'installer à sa guise et le découvrir enfin comme une récompense qui dépasse largement le prix des efforts accomplis pour l'atteindre.

À partir de Téhéran, le marcheur deviendra d'autant plus visible qu'il a décidé, pour se soulager du poids de son sac, de le poser sur une sorte de petit chariot de sa fabrication. Il appellera d'abord EVNI (étrange véhicule non identifié) ce compagnon sans lequel il n'aurait peut-être pas eu la force d'aller jusqu'au bout de son voyage. Ce petit équipement aiguisera encore davantage, s'il en était besoin, la curiosité des populations ; c'est à qui essayera de tirer au clair la signification de cet outil, de l'examiner attentivement, d'en apprécier les qualités et les défauts. Cet objet, rebaptisé plus tard Ulysse, deviendra au fil des kilomètres un véritable vecteur de rencontres, un excellent motif pour les autochtones d'entrer en contact avec le marcheur — ne serait-ce qu'à cause des nombreuses réparations et améliorations rendues indispensables par le rude traitement qui lui sera infligé. Le voyageur s'est depuis longtemps habitué à être observé comme un martien et, bien qu'il ne se laisse plus désarçonner par un semblable traitement, les « *mille paires d'yeux épatés* » (*LM III*, 264) qui le vrillent au passage, à Fengle, village chinois, alors qu'il approche de la fin de son voyage, le remuent encore. D'autant que le jeune homme qui le conduit à l'auberge voisine, ne peut

74

supporter davantage ce soudain vedettariat et disparaît sans prévenir. C'est que, commente Ollivier, « *notre culture ne nous a pas habitués à être ainsi dévisagés, examinés sans retenue. La curiosité, ici, est naturelle et assumée* » (264).

Le marcheur est animé d'une véritable volonté de convaincre, au meilleur sens du terme. C'est peut-être ce qui lui a permis de tenir bon, de surmonter les très nombreuses occasions où il aurait pu tout aussi bien jeter l'éponge, où d'autres à sa place l'auraient fait sans hésiter. Sa démarche fut stimulée, relancée par une véritable ardeur démonstrative ; transmissible non par slogans, conseils ou recommandations en tout genre, mais par l'exemple et la pratique. Il s'agit pour lui de faire la preuve que la marche est la condition *sine qua non* de tout voyage. Tous les modes mécaniques de déplacement que nous interposons entre le monde et nous — et qui l'opacifient de plus en plus — finiraient par nous faire oublier cette vérité, si de temps à autre le récit d'un de ces intrépides piétons ne nous réveillaient à son urgence. Dès le premier jour d'une marche qui en comportera des centaines, le voyageur est confronté à ce qui sera jusqu'au bout son ennemi principal : la machine motorisée sous toutes ses formes. « *Il faut être démuni du plus petit sens de l'observation* [écrivait Giono], *pour croire encore que l'homme se sert de l'automobile. Regardez bien, observez et observez-vous, vous allez être stupéfait de constater que c'est l'automobile qui se sert de l'homme pour se balader, qui se sert de vous.* »[2]. Bernard Ollivier a expérimenté des centaines de fois la profonde vérité de cette apparente boutade. Combien de fois en effet n'a-t-il pas été exposé dangereusement aux camionneurs, vrais bons compagnons pour la plupart, une fois sur leurs jambes et bavardant avec le marcheur, l'œil admiratif et hospitalier, mais qui, installés au volant, l'auraient écrasé sans sourciller et sans prendre la peine de s'arrêter, parce qu'à la lettre, ils ne le *voyaient* pas. Leur œil enregistrait sa présence, mais ils n'en déduisaient aucunement qu'il s'agissait là d'un être humain entraînant que l'on doive tout mettre en œuvre pour éviter de le réduire en bouillie.

Un piéton qui avance sur une route n'a plus guère d'existence.

Il n'aura pas affaire à des hommes mais à des machines. Et les machines ne sont pas faites pour se préoccuper des hommes. On dit que l'espérance de vie d'un piéton sur une autoroute française est de quarante minutes. Et cependant les chauffeurs montrent parfois, le temps d'un signe, le désir de s'émanciper de leur asservissement. Les gestes de mépris à l'égard du minus qui n'a d'autre recours que ses pieds pour se déplacer existent, bien entendu, mais furent sans doute dépassés en nombre par les mimiques approbatives : « — *Coup de klaxon main levée, paume tournée vers moi à la romaine : "salut collègue". — Coup de klaxon et salut militaire : "chapeau, mec".* » (*LM I*, 100). De sorte qu'au fil « *des paysages, de la réflexion et des rencontres* » (*LM III*, 132) le voyageur a pu enfin apporter une première réponse à la question récurrente de sa présence sur cette route de la Soie (il se trouve cette fois dans le désert du Taklamakan, aux conditions particulièrement éprouvantes) : « *Il est bien vrai que je cherche à m'extraire de la folie qui semble envahir nos sociétés. Notre monde va trop vite, comme un fou. Il est donc urgent de ralentir. [...] Et la marche freine cette course à la mort — que l'on confond avec la vie — qui s'est emparée de nos sociétés dites civilisées.* » (132-3). L'hostilité à laquelle est parfois confronté le marcheur est à la mesure de son émancipation à l'égard de tout véhicule. Sa ténacité rebelle le fait apparaître comme un reproche vivant à l'égard d'un monde totalement inféodé aux véhicules à moteur. Sa *résistance*, à tous les sens du terme, frappent de stupeur les *assis* qui se déplacent, vrais « *culs-de-jatte motorisés* » (*LM I*, 95). Au point que certains s'efforcent par tous les moyens de faire cesser le scandale, en insistant pour qu'il monte dans leur véhicule, comme s'il s'agissait d'une faveur à leur accorder. Les chauffeurs d'autobus soulignant souvent la gratuité dont il bénéficiera en l'occurrence.

Mais rien n'y fait. Le marcheur sait qu'il viderait son voyage de toute valeur, en se privant du meilleur de la grande aventure de sa vie, s'il se mettait en peine de ne pas désobliger ses interlocuteurs. Il est de fait que le voyageur expérimente suffisamment vite les immenses gratifications qu'il retire de la lenteur pour ne plus se laisser séduire par les sirènes qui voudraient lui rendre le prétendu service d'abréger son périple. À tous ceux qui s'étonnent de le voir refuser l'offre, Ollivier renonce rapidement à répondre directement. Il le fera dans le récit, à destination cette fois du lecteur : toute la saveur de ce qu'il a vécu en chemin — et elle a tenu dans les innombrables rencontres, dans les dialogues et les liens d'une force surprenante noués parfois en quelques phrases —, tout le sel de son itinéraire est la résultante de la persévérance dans l'option prise au départ. Marcher encore et toujours, parce que « *les moteurs confisquent la parole* » (*LM I*, 95).

Le nomade aura eu le privilège de dormir très souvent chez l'habitant, dans la mesure où sa condition de piéton aura déclenché le réflexe ancestral de l'hospitalité due au pèlerin. Il aura pu être mis ainsi au contact direct avec les conditions de vie — souvent difficiles — des habitants, partageant leur repas et leur logis, bien placé pour observer les relations existant par exemple entre les différents membres de la famille : «*Amitiés d'un jour, et pourtant fortes et solides comme si le temps les avait affermies. Je n'avais jamais éprouvé cela auparavant : que l'amitié, l'amour ne sont pas affaire de temps mais le résultat d'une secrète alchimie.* » (*LM I*, 283–4). Turquie, Iran, Turkménistan, Ouzbekistan, Kirghizistan ou Chine, pas un pays où le marcheur n'ait eu de nombreuses occasions de vivre cette mystérieuse alchimie, recevant des témoignages d'accueil, d'ouverture et de confiance incomparablement supérieurs aux manifestations d'hostilité et ce, quel que soit par ailleurs le régime politique en place, à ne surtout pas confondre avec la majeure partie des habitants. Lesquels sont avant tout des individus, qui vivent comme ils le peuvent, qui n'attendent plus grand-chose, pour la plupart, de leurs gouvernants, qui s'efforcent, par leurs propres moyens, de trouver leur mode d'accès au bonheur. Même si certains, peu nombreux, sont tentés d'aller voir ailleurs si la chance ne leur sourirait pas davantage sous d'autres cieux. L'humour du récit est souvent lié à toutes les occasions où la sollicitude à l'égard du voyageur s'est révélée, envers et contre tout, tellement chaleureuse qu'il a parfois éprouvé quelque difficulté à reprendre la route.

Pourtant il s'est toujours remis en marche selon son *tempo*. Car on a beau avoir opté pour la lenteur, on n'en a pas moins des délais à respecter, ceux qui sont liés par exemple à la date d'expiration d'un visa. Et cela force parfois notre homme à accélérer notablement la cadence. Mais ces impératifs administratifs ne l'ont jamais empêché de goûter à sa juste valeur chaque spectacle qui s'offrait à lui, comme, par exemple, les enchantements que lui ont fait connaître les paysages du Kirghizistan, et tant d'autres. Il a pu voir, autant qu'il le souhaitait au départ, les vestiges de quelques-uns des caravansérails — très peu ont été préservés — qui parsemaient la route de la Soie. Il a fait ainsi provision d'une multitude d'images inoubliables dont heureusement *Longue marche* ne fournit aucune photographie. Il paraît qu'un certain nombre de lecteurs s'en sont plaints. Sans s'aviser que c'est l'absence même d'illustrations qui fait de ce récit de voyage ce qu'il est : un impressionnant vecteur de rêve et un puissant déclencheur d'imagination.

C'est la lenteur même de la marche qui impose son rythme au récit, qui lui confère cette stupéfiante richesse due à une diversité que l'on a le temps d'apprécier à sa juste valeur. La marche est un instrument d'optique qui rend au langage toute sa puissance d'évocation — sans qu'il soit aucunement besoin d'y ajouter la moindre illustration. La photographie n'est pas en soi à dédaigner : c'est un autre mode d'expression, une autre approche du monde. Bernard Ollivier a donc bien fait de ne pas ajouter cette fâcheuse diversion à son propos — cela en eût considérablement réduit la portée —, et d'en rester au parti pris de la narration seule. C'est certainement grâce à cette économie de moyens que son récit a pu produire tous les effets escomptés sur lui-même et sur le lecteur. Et puis, comme il le constate lui-même au marché de Kashgar, l'image est un trop faible moyen pour donner une idée de la richesse parfois foisonnante du monde : « *Aucune photographie ne pourra jamais rendre l'effervescence mercantile, le grouillement humain, le tourbillon de couleurs, de bruits et d'odeurs qui peu à peu enfle et vous emporte.* » (LM III, 108). La lenteur, c'est la capacité offerte au voyageur de découvrir un lieu grâce à l'usage retrouvé de ses cinq sens. L'écriture de ses notes, le soir, a dû souvent lui tenir lieu des échanges qu'il aurait pu avoir avec ses compagnons de voyage s'il n'avait pas décidé de partir seul. Il est ainsi parvenu à dire ce qu'aucune image ne peut rendre : « *Le voyage à pied, solitaire, place l'homme face à lui-même, le libère de la contrainte du corps, de l'environnement habituel qui le maintiennent dans une forme de pensée convenue, convenable et conditionnée.* » (*LM I*, 144).

Le récit nous montre, presque jour après jour, ce *déconditionnement* à l'œuvre ; et le processus se donne à lire de manière croissante dans la formulation même : comme si le narrateur — qui semble en effet se détacher de plus en plus de l'homme social qu'il fut en France — avait mis au point une forme de disponibilité qui le rend accessible à tout ce qui s'offre. Et à la générosité du marcheur répond vraiment une générosité du monde. Celui-ci ne se donne qu'à ceux qui prennent le temps de l'accueillir. Le voyageur délaissera aussi souvent que possible les nationales — commodes quant aux repères qu'elles proposent, mais où l'on ne rencontre par définition que des voitures — pour les petits chemins, que le règne du moteur n'est pas encore parvenu à déshumaniser. Chaque fois que le voyageur fera l'expérience de parcourir un même trajet en voiture et à pied, sa constatation sera sans ambiguïté : depuis un véhicule, on ne voit rien, le monde est opaque ; seule la marche en rétablit la visibilité. Elle seule donne accès à l'évidence des lieux, elle seule aiguise la conscience de leur immense diversité et des liens innombrables qu'il est possible de nouer avec toutes les réalités offertes en chemin.

Deux ans après avoir achevé sa "longue marche", l'idée est venue à Ollivier de refaire en voiture la totalité des douze mille kilomètres de son parcours. Pour répondre, prétexte-t-il, à la sollicitation des centaines de correspondants qui lui ont réclamé des « images ». Il ne fait aucun doute, cependant, pour les lecteurs attentifs de *Longue marche*, qu'il ne s'est donné cette *bonne raison*, outre le plaisir de revoir des visages chers, que pour avoir l'occasion de vérifier la justesse d'une conviction qui n'a pourtant fait que s'affermir tout au long de son trajet initial : un tel itinéraire ne pouvait prendre son sens véritable qu'effectué à pied. Le bilan de cette vérification est sans appel. Qu'est devenu le monde inépuisable qui s'était déployé, comme sans limites, aux yeux du marcheur, lorsque ces douze mille kilomètres ont été refaits à pas de géants, sans la frousse et sans la solitude ? Il a considérablement rétréci, s'est amenuisé jusqu'à pratiquement disparaître :

> Je hais les véhicules à moteur, je hais les stations-service, la mécanique, la vitesse, le bruit, les grandes routes où circulent l'indifférence et l'anonymat. [...] Ce n'est tout simplement ni mon rythme ni mon monde. J'ai besoin, pour respirer et donc pour vivre, de lenteur, de pouvoir prendre la mesure des choses, d'aller nez au vent, la tête dans les nuages, sur les chemins buissonniers.[3]

L'expérience de découverte de soi qui n'avait été possible sur la route de la Soie, que parce que le voyageur pouvait presque chaque jour s'appréhender dans le regard d'un nouvel interlocuteur, ne s'est évidemment pas renouvelée. La lenteur seule produit cet effet de miroir décisif. Ollivier affirme que la marche de longue haleine est un « *extraordinaire fabricant d'avenir* » (*LM III*, 175) ; et cette fabrication en passe, selon lui, par trois étapes. La première allège l'intéressé d'une grande partie de ses souvenirs. Il prend alors quelque distance avec les usages de sa culture d'origine, parce que ce qui se produit sur la route demande souvent que l'on y réponde dans l'immédiat. La seconde est celle de la découverte proprement dite, lorsque le corps, habitué à effectuer presque sans douleur ses quelques dizaines de kilomètres quotidiens, laisse toute latitude au marcheur de se repaître du monde, de se prêter à d'autres façons de faire, de goûter à de nouvelles saveurs. Dans la troisième, le voyageur prend conscience que son périple l'a aussi conduit vers une interrogation décisive sur lui-même, sur sa façon de hiérarchiser les réalités importantes de sa vie et les transformations que peut subir ce classement. Cette troisième étape, préparée par les deux autres, est une ouverture sur l'avenir, sur les retombées du voyage.

Un peu d'optimisme donnerait à penser au lecteur que l'expérience d'Ollivier peut être porteuse, en effet, d'un avenir, d'une transformation sans équivalent depuis peut-être des siècles — dont il serait en quelque sorte le Christophe Colomb. Pourquoi ce trajet ne serait-il pas annonciateur d'un futur, qui verrait un nombre croissant d'êtres humains se mettre en devoir d'accomplir sur leurs pieds, au moins une fois dans leur vie, leur propre "route de la Soie"; laquelle ne s'inscrirait pas forcément dans les traces d'Ollivier — à chacun son parcours, en fonction de ses capacités —, mais produirait les mêmes effets? C'est en tout cas le rêve auquel la lecture de ce récit conduit presque inévitablement.

SIGLE ET ÉDITION UTILISÉS

Bernard OLLIVIER
LM I, II, III Longue marche, I. Traverser l'Anatolie, II. Vers Samarcande, III. Le Vent des steppes (Paris, Phébus, « libretto », 2000, 2001 et 2003).

*

1. Jean GIONO, *Que ma joie demeure* (Paris, Grasset, 1935).
2. Jean GIONO, *Les Terrasses de l'île d'Elbe* (Paris, Gallimard, « L'Imaginaire », 1976), p. 84.
3. Bernard OLLIVIER, François DERMAUT, *Carnets d'une longue marche. Nouveau voyage d'Istanbul à Xi'an* (Paris, Points, 2009), pp. 150-1.

5

QUAND LA LENTEUR DU VOYAGE
MÈNE À LA PROFONDEUR

UN ESCARGOT SUR L'AUTOROUTE DU SOLEIL

par Olivier HAMBURSIN

le xxᵉ siècle, la vitesse et la lenteur

En matière de vitesse, le xxᵉ siècle présente deux visages assez distincts. D'un côté les "hommes pressés" qui découvrent, chantent et revendiquent avec bonheur la griserie du déplacement rapide comme les possibilités accrues de connaissance qu'il offre : « *Nous déclarons que la splendeur du monde s'est enrichie d'une beauté nouvelle : la beauté de la vitesse. Une automobile de course avec son coffre orné de gros tuyaux tels des serpents à l'haleine explosive... une automobile rugissante, qui a l'air de courir sur de la mitraille, est plus belle que la* Victoire de Samothrace. »[1]. De l'autre, de très nombreux marcheurs qui revendiquent, eux, le droit et le plaisir de prendre le temps de se déplacer, de flâner, de s'arrêter parfois longuement, conscients, « *surtout à l'issue de la Seconde Guerre mondiale, et plus vivement qu'avaient déjà commencé à le faire au siècle précédent Gautier, Baudelaire et quelques autres, des limites géographiques rendues sensibles par le franchissement rapide des distances et des menaces d'uniformisation générale consécutives au rapprochement des hommes et des cultures* »[2]. La lenteur peut alors être considérée comme une "bonne façon" de rendre au voyage une dimension "sérieuse", sincère, qu'il aurait perdue. Rapidité devient en effet, pour nombre de voyageurs, synonyme de superficialité, ainsi que le rappelle Jean-Didier Urbain :

Le progrès introduit la vitesse dans l'univers du voyage et réduit les distances. Le voyageur perçoit cet événement cinétique comme la pathétique abolition du temps véritable du voyage. Ce mouvement accéléré provoque à ses yeux la dissolution d'une durée traditionnelle et, par-delà, la sensation d'anéantissement d'une authenticité.[3]

Pour s'opposer aux voyages pressés, à cette triste impression d'un monde fini qui en découle parfois, on peut donc privilégier la marche, tout comme l'approche modeste de lieux plus communs, considérés comme moins exotiques, ainsi qu'une certaine forme de disponibilité, de liberté d'esprit qui consisterait en l'absence de programme strict. Un voyage à pied à travers la France, des Vosges aux Corbières, comme celui que relate Jacques Lacarrière dans *Chemin faisant* (1977) en est l'exemple type : « *Rien ne me paraît plus nécessaire aujourd'hui que de découvrir ou redécouvrir nos paysages et nos villages, en prenant le temps de le faire* [...]. *La marche seule permet cela. Cheminer, musarder, s'arrêter où l'on veut, écouter, attendre, observer.* »[4].

Mais on peut encore, double "résistance", choisir de détourner un lieu et un mode de locomotion *a priori* exclusivement consacrés à la vitesse[5], privilégiant en cela ce que Jean-Didier Urbain appelle le voyage de l'« *insu* », qui permet précisément d'« *échapper, par la bande, aux prérogatives d'un ordre collectif : une morale, une norme, un contrôle du voyage* »[6]. C'est ce que proposent Cortázar et Dunlop, en 1982, à travers leur voyage relaté dans *Les Autonautes de la cosmoroute*. Le projet est simple : partir de Paris pour rallier Marseille par l'autoroute, sans jamais la quitter, et en s'imposant entre autres règles de s'arrêter dans tous les parkings rencontrés, à raison de deux par jour, en dormant systématiquement dans le deuxième.

Ce qui revient bien à « *prendre ce monstre de la vitesse et [à] en faire une croisière de détente en toute liberté* » (AC, 29). Pied de nez, donc, contrepoint[7] manifeste qu'atteste entre autres le titre donné au récit : « *Cosmonautes de l'autoroute, à la façon des voyageurs interplanétaires qui observent de loin le vieillissement rapide de ceux qui sont encore soumis aux lois du temps terrestre* [...]. *Autonautes de la cosmoroute, dit Julio. L'autre chemin, et cependant le même.* » (40).

la lenteur dans tous ses états

Approchée le plus souvent par la négative — *Le Robert*[8] définit le mot en terme de *manque* : « manque de promptitude, de rapidité, de vivacité » —, la lenteur traverse ici le livre et en constitue le fondement. Tout, en effet, y est opposé à une quelconque forme de célérité ou d'empressement.

À commencer par le lecteur lui-même. S'il était pressé, en effet, de se lancer sur l'étrange autoroute esquissée par le titre, il se voit contraint de ralentir, confronté qu'il est à de longs préliminaires, relatifs à l'origine du projet, à la présentation des protagonistes.... Les auteurs, conscients d'imposer leur rythme, font dès lors d'incessants appels à sa « *patience* » (AC, 18, 24, 33, 40, 191, 270, etc.) : « *Où le patient lecteur assistera à la présentation successive des protagonistes de l'expédition, et prendra connaissance de leurs caractéristiques les plus notables.* » (18).

Le projet, lui aussi, est l'œuvre d'un mûrissement, d'une lente maturation, imposée en partie par les aléas de l'existence. Certes, à l'automne 1978, « *les bases de l'expédition étaient déjà jetées* » (AC, 30), mais le voyage ne sera réalisé finalement qu'en mai 1982. Longue gestation, donc, gage, selon les auteurs, des plus grandes découvertes : « *Combien de temps mit Colomb avant d'appareiller ? Et Magellan ? Et pourtant le lecteur n'a qu'à penser aux résultats de leurs voyages ; un nouveau continent au lieu des Indes, et une immense boule au lieu d'une table rase.* » (31).

Le principe du voyage, forme de « *reptation imperceptible* »

(*AC*, 67), qui contraint les auteurs à passer l'essentiel de leur voyage à l'arrêt dans différents parkings, est intimement lié, lui aussi, à une confrontation avec la lenteur, la leur, comme celle des autres puisqu'en effet, dans ces parkings qu'ils habitent, « *les camions et les voitures entrent lentement, presque délicatement, pour s'arrêter avec d'extrêmes précautions les uns à côté des autres* » (68). Depuis ces aires de repos, parfois dominantes par rapport à l'autoroute, tout semble donc ralentir, y compris l'incessant flux rapide des véhicules : « *La vitesse même, dans ce silence, ne reste que le lent mouvement harmonieux, infini, de ces formes anonymes et cependant parfaitement discernables.* » (132).

Pas étonnant dès lors que le véhicule choisi pour le voyage soit associé, au détour d'une description, au symbole même de la lenteur, du déplacement à toute petite vitesse (« [...] *nous voilà escargots réfugiés dans un escargot qui voyage sur le dos d'un oiseau sans ailes,* [...]. » (*AC*, 217)) ni que la moindre des activités, celle de se nourrir par exemple, soit elle aussi pratiquée avec calme et sérénité : « [...] *nous nous empiffrons sans honte, lentement ; ensuite ce sera le café, la sieste, et la dame à la 2 CV jaune aura été remplacée par une petite Ford, puis par un poids lourd, puis nous perdrons le compte.* » (239).

Ainsi, même s'ils s'en défendent et prétendent œuvrer par ailleurs de manière tout à fait sérieuse, les voyageurs affichent une nette prédilection pour l'observation, la contemplation, davantage que pour l'action, attitude typique d'une inclination à la lenteur, telle qu'elle est entre autres définie par Pierre Sansot :

Ce qui est nouveau, c'est que l'agir (qui dépasse les frontières du travail) apparaît aujourd'hui comme une valeur supérieure, comme si, faute d'agir, un individu s'exténuait et disparaissait. De ce fait, les rêveurs, ceux qui contemplent ou prient, qui aiment silencieusement ou qui se contentent du plaisir d'exister, dérangent et sont stigmatisés. Les penseurs, les idéologues reconnus ont opéré un glissement considérable. D'un exercice nécessaire à la constitution de notre personne, ils sont passés à un éloge de l'action, quelle qu'en soit la nature.   (pp. 19-20[9])

Dérive, « *cabotage* » terrestre (AC, 95), ce voyage ne serait qu'un itinéraire parmi d'autres s'il n'était que lenteur. Or c'est l'usage de la lenteur, les mondes sur lesquels elle ouvre qui en constituent tout l'intérêt.

À travers les oppositions vitesse / lenteur, c'est le temps qui semble ici approché et saisi au plus près. D'une dérive spatiale qui, concrètement, mène de fait les protagonistes de Paris à Marseille, on passe en effet à un voyage dans le temps, non celui des autres, mais le leur :

— Ne me parle pas du temps !
Mais si, parlons-en, nous qui ne sommes pas des enfants ; nous sommes, nous sommes dans le temps comme dans ce voyage, dedans. Ne vois-tu pas qu'il n'y a plus quatre ni trois ni deux temps ?   (AC, 218)

C'est cette approche du temps, née de la contrainte, la façon de « *laisser couler ce temps hors des horloges* » (AC, 121) qui conduit à habiter le présent, à le saisir pleinement : « *Peu à peu nous apprenons non seulement à regarder l'espace* [...], *mais à l'être avec tout ce que nous sommes.* » (113). Le temps pris pour soi, dégagé de toute contrainte, devient alors un mois de voyage « *hors du temps* » (272), un véritable « *mois intérieur* ».

Voyager lentement offre ainsi à Cortázar et Dunlop le plaisir de ne plus voir seulement la surface du monde, mais de découvrir des pans insoupçonnés de la réalité qu'un trajet rapide dissimulerait. L'autoroute n'est pas « *seulement cette bande d'asphalte faite pour la vitesse* [...]. [...] *elle cachait autre chose, et* [*nous*] *étions bien déterminés à le découvrir* » (AC, 29).

Au premier abord en effet, les parkings sont dénués d'intérêt : « *Selon la carte officielle de l'autoroute, dans ce parking il n'y a rien, il n'est que "zone de repos".* » (AC, 66), mais l'installation patiente, l'attention des voyageurs font naître « *une présence pleine de vie et de richesse : les gens, les haltes, les épisodes vécus sur des scènes plus ou moins ombragées, les actes successifs d'une comédie qui* [...] *fascine* » (67).

Prenant, « *grâce à l'entremise lente et patiente de tous [leurs] sens* » (*AC*, 112), le temps de « *cesser de voir selon l'habitude* » (87), Cortázar et Dunlop font des découvertes inédites : « [...] *petite chenille qui, à partir d'une feuille, a lancé dans le vide son échelle de soie* [...].* » (84), « [...] *file de grandes fourmis noires* [...].* » (85), « [...] *scarabée bleu qui avance en une lente spirale* [...].* », « [...] *armée d'énormes limaces* [...].* », libellule, « [...] *roses de forme parfaite et de couleurs étourdissantes* [...].* » (136), cieux emplis « [...] *d'oiseaux qui grimpent et grimpent en chantant* [...].* » (222), inscriptions diverses sur les camions, capsules de bière (179), abreuvoir pour chiens, toilettes, boutiques, ouvriers au travail... Depuis l'espace restreint des aires de stationnement, un monde vaste, infini, « *sans limites* » (110) s'ouvre à qui sait y prêter lentement attention, au point que l'observateur peut alors faire partie intégrante de la réalité présente :

Il suffit d'être-en-l'arbre pour le connaître d'une autre façon [...]. [...] je suis l'arbre comme un pays aux limites inimaginables, superposition de villes flottantes reliées par un système de chemins, ponts-levis, humides canaux de sève, plates-formes de décollage et atterrissage, lacs de lumière bleue, mares vertes, déserts de sable solaire, circuits fermés ou routes principales menant jusqu'au plus haut, finissant à la frontière frémissante entre les dernières feuilles, là où commence le ciel.   (*AC*, 87)

On se dit alors que Cortázar et Dunlop, au terme de leur lente dérive, ont développé « *une plus grande acuité* » (*AC*, 225) dans leur manière de percevoir « *la façon dont se découpent les choses et les événements* » et appartiennent ainsi à cette catégorie rare de personnes à qui il est donné « *de découvrir que les choses et les êtres existent* »[10].

Si la lenteur offre cet accès privilégié au monde, elle ne limite pas pour autant l'expérience des voyageurs. À force d'aiguiser leurs sens, ils s'ouvrent aussi aux joies de la rêverie, de l'imagination. Observer le monde, vivre dans le présent, c'est entre autres refuser de s'en contenter. Les protagonistes développent ainsi un jargon très personnel et poétique : leur camionnette Volkswagen devient "Fafner", les fauteuils pliants les « *Horreurs-*

fleuries » et eux-mêmes s'affublent de surnoms étranges (le Loup, pour Cortázar ; l'Oursine, pour Dunlop), preuve, parmi d'autres, de l'installation d'«*une conscience crépusculaire mais alerte, sensible* » (p. 12[9]) :

> [...] je n'ai presque jamais accepté le nom-étiquette qu'on colle aux choses [...]. Je ne vois pas pourquoi il nous faudrait invariablement tolérer ce qui nous vient d'avant et du dehors et c'est ainsi que j'ai donné aux êtres que j'ai aimés et que j'aime des noms qui naissent d'une rencontre, d'une coïncidence entre des clefs secrètes, et alors des femmes furent des fleurs, des oiseaux, des animaux des bois. (*AC*, 18-9)

À partir du présent, de la réalité auscultée avec patience et rigueur, dans cet état d'esprit de veille, naissent des «*ouvertures parallèles*» (*AC*, 231) et les événements les plus étranges leur sont donnés «*avec le même naturel que les autres instants du voyage*» (233). Des individus repérés à plusieurs reprises deviennent de véritables espions, susceptibles de faire échouer leur mission, des avions et hélicoptères semblent volontairement les «*survoler à basse altitude*» (151), les structures en bois, destinées aux jeux d'enfants, apparaissent comme des lieux où «*on juge et condamne les sorcières*» : «*gibets, piloris, échafauds et autres carcans*» (245).

Si l'imagination s'empare de la sorte du réel, elle en contamine aussi la description. La combinaison du récit et des extraits du journal de bord tenu pendant l'expédition n'est ainsi pas seule à rendre compte du voyage. On trouve en effet, séparées du corps du texte, par une police différente, une série de lettres, rédigées par une femme qui, à plusieurs reprises, est amenée à prendre l'autoroute et à y observer l'étrange présence d'une camionnette et de ce couple «*installé comme s'ils étaient déjà arrivés là où ils allaient passer des vacances*» (*AC*, 55). Autre regard, imaginaire, ou aussi réel que celui du récit. À cela s'ajoutent, nouvelle interprétation du voyage, différents dessins des aires d'autoroutes, réalisés par le fils de Carol, à qui, au retour, les aventuriers ont relaté leur itinéraire, mais encore une sorte de nouvelle policière (196–201), à la manière de Chandler (à qui le texte est entre autres dédié).

Parmi les mondes auxquels la lenteur du voyage donne accès, il y a certainement le livre, le texte que le lecteur tient entre ses mains. Le voyage n'est en effet pas envisagé sans son prolongement livresque puisque dès le départ, parmi les règles que s'imposent les voyageurs, figure le projet d'« *un livre à écrire comportant d'une part tous les éléments scientifiques, toutes les descriptions topographiques, climatiques et phénoménologiques sans lesquels un tel livre n'aurait pas l'air sérieux; et, de l'autre, une partie en quelque sorte parallèle, à écrire selon les règles d'un jeu de hasard dont il [...] restait à établir les modalités* » (*AC*, 29). Mise en abyme classique, le livre publié donne à voir de nombreux moments d'écriture, qu'atteste une des attitudes rituelles des voyageurs, l'installation des machines à écrire, par ailleurs souvent présentes sur les photos qui émaillent le récit.

[...] je suis allée jeter un coup d'œil à l'intérieur de leur voiture. Je ne sais pas trop quoi penser du mélange de choses que j'y ai vues : [...] les machines à écrire (oui, il y en a deux, toutes petites, et ils les rangent côte à côte entre le siège du conducteur et celui du passager ; [...]).   (*AC*, 189)

En moins de rien, grâce à l'expérience acquise en cours d'expédition, le soufflet est levé, le frigo mis à niveau, les chaises longues étalées à côté de la table la plus ombragée, et ladite table occupée de façon pas du tout ambiguë par des machines à écrire, des livres, des bouteilles, des verres, un appareil photo et un siphon (pour épater les incrédules).   (*AC*, 131)

Il est intéressant de considérer ces passages relatifs à l'écriture en voyage comme des invitations à y lire une première image de l'élaboration du récit. Par cette présence de l'écriture, l'œuvre révèle sans doute « *son besoin de se fonder en raison en justifiant sa présence ici et maintenant. Comment se fait-il qu'elle existe, et qu'elle existe sous cette forme ? Quelle est son histoire et son "arrière-histoire" ? Ce passé qui mène jusqu'à elle, n'est-il pas sien et, à ce titre, digne d'être remémoré ? Peut-on même la comprendre sans qu'elle en fasse état d'une manière ou d'une autre ?* »[11]. Cette mise en scène nous apprend ainsi que la lenteur, qui traverse le voyage, se trouve également à l'origine du récit, qui se doit, lui aussi, de prendre son temps, de privilégier la lenteur : « *Écrire, mais peut-être pas directement ; il faut toujours un petit temps à l'événement pour se faire parole. Comme si son sens et même sa forme devaient passer par un long chemin intérieur avant de trouver leur cohésion.* » (AC, 44). Il s'agit alors de *tout dire*, de raconter le voyage, la vie à deux, non pas « *dans le but de "tout dire", mais de donner, en écrivant, la liberté au tout* » (104). La composition des lettres, du carnet de bord, du récit lui-même sont autant de facettes qui, petit à petit, permettent aux narrateurs-voyageurs de s'approcher, de se connaître, de « *ne pas "se louper" durant toute une existence* » (p. 93⁹).

À travers cette découverte du monde, du sensible, du rêve, de l'écriture, c'est enfin l'être qu'ils approchent tous deux, notamment grâce au temps laissé à cette découverte. La lenteur, ainsi que le rappelle Pierre Sansot, peut être conçue comme une « *volonté de ne pas brusquer le temps, de ne pas se laisser bousculer par lui, mais aussi d'augmenter notre capacité d'accueillir le monde et de ne pas nous oublier en chemin* » (p. 12⁹).

Pratiqué à un rythme d'escargot, le voyage se décline sur le mode du bonheur, du bien-être :

Ou la folie s'aggrave, ou nous entrons réellement, peu à peu, dans cet espace sans limites qui fait qu'au-delà des apparences premières se dessine une deuxième réalité qui nous permet de dire, rompus et fatigués et heureux, alors que Julio nous verse du Bourgogne blanc bien frappé à cinq heures de l'après-midi, nous regardant avec un sourire plein de sérénité : — Qu'est-ce qu'on est bien ici ! (*AC*, 110)

L'impression de plénitude domine au point que souvent s'impose le sentiment que, finalement, « *rien d'autre ne manque* » (AC, 184). Le couple prend le temps de vivre, de s'observer, le voyage devient « *une interminable fête de la vie* » (132) qui confère aux voyageurs un « *air un petit peu plus heureux que la normale* » (186). Le lecteur découvre en effet au fil du texte deux êtres que la vie n'a pas épargnés (les souffrances, maladies, doutes évoqués en filigrane au début du récit ne sont pas cachés) mais qui, en voyageant, en mettant, par la lenteur, hors de vue le point de départ comme l'arrivée (113), atteignent un but, celui d'être là, et d'y être bien, comme nés à nouveau : « *Nous sommes là de nouveau, entiers, comme deux corps lumineux à peine nés de l'obscurité, prêts à tendre les mains, [...].* » (194).

ouverture : au terme du voyage

Parce qu'il est conçu et vécu, « *en ce siècle de vitesse obligatoire* » (AC, 23), comme une « *lente avancée de septentrion à "méridion"* » (117), le voyage donne à Cortázar et Dunlop l'occasion de développer l'acuité de leur regard, de découvrir les facettes inédites d'une autoroute *a priori* sans attrait, de «*forcer le déchirement d'une réalité trop souvent superficielle et peut-être même trompeuse si le regard n'est que coup d'œil nonchalant et passager* » (241), de rêver, de vivre heureux. L'intérêt de cet usage de la lenteur est indéniablement qu'il les conduit donc à la profondeur, à la découverte du « *bonheur absolu* » (272), à une conscience pleine de leur destinée : « *Nous nous étions trouvés nous-mêmes et c'était cela notre Graal sur terre.* ».

C'est en ce sens, sans doute, qu'il faut entendre cette réflexion sur la lenteur que propose un autre grand voyageur du XXᵉ siècle, Nicolas Bouvier : « *[...] prendre son temps est le meilleur moyen de n'en pas perdre.* »[12]. Le *post-scriptum*, rédigé par la seule main de Cortázar, qui relate la suite du voyage et, surtout, la mort de l'Oursine — texte dans lequel toutefois « *la douleur n'est pas, ne sera jamais plus forte que la vie* » (AC, 274) — confirme ce sentiment. Ainsi comprise, la lenteur est bien éloignée du simple manque de promptitude ou de rapidité, elle devient en effet « *la tendresse, le respect, la grâce dont les hommes et les éléments sont parfois capables* » (p. 12⁹).

Julio CORTÁZAR *et* Carol DUNLOP
AC   *Les Autonautes de la cosmoroute ou Un voyage intemporel Paris-Marseille* (Paris, Gallimard, 1983).

*

1. Filippo Tommaso MARINETTI, « Manifeste du futurisme », *Le Figaro*, 20 février 1909.

2. André LABARRÈRE, « Le Thème du voyage dans la littérature », *L'École des Lettres*, n° 5, nov. 1983, vol. 75, pp. 39–46 (p. 42).

3. Jean-Didier URBAIN, *L'Idiot du voyage. Histoires de touristes* (Paris, Payot, 1993), p. 126.

4. Jacques LACARRIÈRE, *Chemin faisant. Mille kilomètres à pied à travers la France* (Paris, Payot, 1992 [Fayard, 1977]), 4ᵉ de couverture.

5. On trouve à cet égard, au cœur d'une des lettres citées dans le texte, des propos significatifs : « *Ton père, évidemment, a tenu à prendre l'autoroute pour arriver au plus vite* » (*AC*, 54).

6. Jean-Didier URBAIN, *Secrets de voyage. Menteurs, imposteurs et autres voyageurs invisibles* (Paris, Payot, 1998), p. 95.

7. L'aspect matériel du livre brouille lui aussi les pistes : pages de type « journal de bord », lettres manuscrites, photographies légendées et cartes dessinées alternent, composant ainsi un récit étrange et déroutant, mais offrant aussi un véritable second voyage, un espace graphique à part entière que le lecteur, devenu voyageur à son tour, parcourt avec bonheur.

8. Tout comme le TLF : « manque de rapidité d'une personne, d'un animal à effectuer une action, un mouvement ».

9. Pierre SANSOT, *Du bon usage de la lenteur* (Paris, Payot, 1998).

10. Simone WEIL citée in Nicole BHATTACHARYA, *Joë Bousquet. Une expérience spirituelle* (Paris, Droz, 1998), p. 325.

11. Lucien DÄLLENBACH, *Le Récit spéculaire. Essai sur la mise en abyme* (Paris, Seuil, 1977), p. 119.

12. Nicolas BOUVIER, *L'Usage du monde* (Paris, Payot, 1992), p. 305.

6

LES PASSAGERS DU ROISSY-EXPRESS

DE FRANÇOIS MASPERO ET ANAÏK FRANTZ

« LAISSER COULER LE TEMPS »

par Jean-Bernard VRAY

François Maspero écrit dans *Les Abeilles & la guêpe* : *« La première chose qui compte, pour ne pas seulement voir mais comprendre, c'est la lenteur du voyage. »*. Il ajoute que *« la seconde, c'est l'accord avec le compagnon de voyage »*[1]. Il mentionne deux livres qui procèdent de voyages de lenteur et d'accord dans le compagnonnage : *Les Passagers du Roissy-Express* et *Balkans-Transit*[2] co-signés avec les photographes Anaïk Frantz pour le premier, Klavdij Sluban pour le second.

C'est le premier de ces deux récits qui m'intéressera. Le *"Roissy-Express"* du titre doit être lu en référence aux noms de trains prestigieux, tel le célèbre *Orient-Express*. Il y a intention de procéder à quelque passe un peu magicienne pour parer d'atours romanesques les banals et prosaïques wagons du R.E.R. parisien de la ligne B dont il sera question. On peut penser au jeu similaire du très beau livre de Julio Cortázar et Carol Dunlop, *Les Autonautes de la cosmoroute*[3]. À bord de leur camping-car Volkswagen Combi (surnommé "Fafner"), équipé de tout le nécessaire, ils se sont arrêtés *« sur les 65 parkings de l'autoroute à raison de deux par jour, c'est-à-dire en mettant un peu plus d'un mois pour faire le trajet Paris-Marseille sans quitter* jamais *l'autoroute »*, dans l'intention *« d'écrire au fur et à mesure du voyage un livre qui raconterait d'une façon tout à fait littéraire, poétique et humoristique, les étapes, événements et expériences divers que va nous offrir sans doute un voyage aussi étrange »* (p. 15³).

Les Autonautes de la cosmoroute initie une ligne d'écriture narrative viatique. À partir du constat énoncé en ouverture de *Tristes tropiques* (1955) par le titre « La Fin des voyages », une riche série d'œuvres[4] entreprend non pas d'abandonner le voyage, mais d'opérer une conversion de l'exotisme à l'"endotisme"[5], en une sorte de « post-exotisme »[6].

Dunlop et Cortázar se réfèrent, dans une démarche phatique ludique, aux récits de "vrais voyages" ou de voyages fictionnels en choisissant de présenter le contenu succinct de chaque chapitre nouveau en une phrase qui introduit une complicité intertextuelle humoristique avec son lecteur (*« Où le patient lecteur assistera à la présentation successive des protagonistes de l'expédition, et prendra connaissance de leurs caractéristiques les plus notables »* (p. 18³)). Maspero présente quant à lui une chaîne de séquences, procédé fréquent dans les récits de voyage : *« I - La station Châtelet et le fantôme de l'Opéra. — Traversée d'un désert de plusieurs millions d'habitants ? — Naissance d'un projet. — Roissy-béton et Roissy-village »* (PRE, 7). Les points communs entre les deux ouvrages sont nombreux : il s'agit de voyages de la lenteur, qui agencent textes, photographies (et dessins pour *Les Autonautes de la cosmoroute*). Mais m'intéresse aussi la revendication de l'étrangeté du voyage, soulignée par la dédicace qui ouvre le livre de Cortázar et Dunlop : *« Nous dédions cette expédition et sa chronique à tous les cinglés du monde et tout spécialement au gentleman, dont nous avons oublié le nom et qui, au XIXe siècle, a parcouru la distance qui va de Londres à Edimbourg en marchant à reculons et en chantant des hymnes anabaptistes. »* (p. 7³).

L'écriture de *Les Passagers du Roissy-Express* met la lenteur dans son jeu de plusieurs façons. Et d'abord parce que, écrivant son texte, Maspero découvre que l'incubation en fut lente : « *L'idée de ce voyage, c'est lui*[7] *qui l'avait eue. Bien sûr elle était là, tapie en lui* [...].» (*PRE*, 12). Trois ans auparavant, l'idée de cet « *itinéraire de proximité* »[8] l'avait effleuré « *au fin fond de la Chine* » où il se trouvait avec deux compagnons « *à se traîner, à traîner nagra, micros et bandes magnétiques, à traîner une escorte d'accompagnateurs-interprètes-flics* » afin de réaliser une émission pour le compte de Radio-France :

[...] tu peux toujours prendre l'air compétent et professionnel pour annoncer qu'à Shangaï il y a deux mètres carrés de logement par habitant, mais que sais-tu de la manière dont on vit à une demi-heure des tours de Notre-Dame ? Tu te moques de tous ces gens qui vont faire un tour en Chine et en rapportent un livre, mais toi que serais-tu capable de rapporter de La Courneuve ou de Bobigny-Pablo Picasso où mènent les métros que tu prends tous les jours dans le pays où tu vis ? Toi qui en bon Français parles tant de tout et de rien, est-ce que tu es jamais descendu, rien que pour voir, à Sevran-Beaudottes ou aux Baconnets, des stations où tu passes si souvent depuis tant d'années... (*PRE*, 12)

L'idée s'était estompée. Puis elle fit retour : « [...] *l'idée précise de ce voyage-là, il sait bien quand elle lui est venue. Il peut en dire l'année, le jour, l'heure et presque la minute (il suffirait de consulter un vieil annuaire du R.E.R., ligne B, heure d'hiver) : un 2 janvier, à 15 heures 30, entre Parc des Expositions et Villepinte.* » (*PRE*, 12). Il avait reçu un appel de Roissy, une amie chère avec qui il avait envisagé de vivre, de voyager, était là, « *en transit entre deux avions* » (13). Ils avaient déjeuné ensemble, François l'avait accompagnée jusqu'au dernier contrôle, avant le départ de l'avion. Puis dans un wagon vide du R.E.R. de la ligne B, dans la tristesse et la grisaille du retour par temps pluvieux, « *il avait eu soudain, comme une évidence, l'idée de ce voyage* » :

Assez de grands voyages intercontinentaux, assez de distances parcourues, sans rien voir de plus qu'à travers les vitres embuées du Transsibérien, assez de ciels sillonnés au-dessus des nuages et des océans. Tous les voyages ont été faits. Ils sont à la portée de quiconque peut se payer le charter. Tous les récits de voyages ont été écrits. [...] Les étendues secrètes à découvrir, elles étaient là, sous ses yeux, inconnues de ceux-là même qui les traversaient quotidiennement et souvent de ceux qui les habitaient : incompréhensibles espaces désarticulés de ce qui n'était plus une géographie et qu'il faudrait bien essayer de réécrire. Bien inconnues, ces contrées, et secrètes, oui vraiment. C'était autre chose que le forfait Lima-Titicaca-Machupichu ou les châteaux de la Loire.   (*PRE*, 13-4)

La lenteur est associée à ce qu'il faut appeler désormais un projet. Il me semble important que ce soit par le biais d'une lecture, dans ce wagon du R.E.R., celle d'un article de Maurice Nadeau dans *La Quinzaine littéraire* parlant d'un « *récit de voyage à la fois sentimental et initiatique, une découverte, un enchantement* » (*PRE*, 13). Cet article, et cela nous permet de situer en l'année 1988 l'idée du voyage dans son évidence, qualifie la manière du livre en question de « *nonchalance étudiée* », ce qui le place sous le signe de la lenteur. Il est publié chez un éditeur dont le « *si joli nom* » connote activité et lenteur : l'Arpenteur. Ce maître-livre de Claudio Magris — que Maspero a lu et dans l'admiration duquel *Les Passagers du Roissy-Express* est composé — s'intitule *Danube*[9]. Le fragment d'article cité dans le livre contient le canevas du futur livre de Maspero, auquel il reste à entreprendre d'abord le voyage. Remplaçons, donc, Danube par ligne B du R.E.R. et modifions les toponymes (*Les Chardons du Baragan* est un récit de Panaït Istrati) :

Le projet est un peu celui qu'on nous donnait à réaliser en géographie, dans la classe de primaire supérieur : suivez le cours du Rhin, ou du Mississippi, ou du Danube, et parlez de ce que vous rencontrez en route. Un travail plein d'agrément, mais qu'il fallait faire de tête, avec nos pauvres connaissances. Claudio Magris, lui, l'effectue sur le terrain... Avec en sus la couleur du ciel, l'atmosphère du Café central à Vienne, la largeur du Danube à Budapest, une chevauchée (en voiture) dans les putzas hongroises ou emmi les chardons du Baragan...

Prenez un atlas. Pays que traverse le Danube ou auxquels il sert de frontière : ...   (*PRE*, 14)

Je relève le mot *projet*. *Danube*, comme *Les Autonautes de la cosmoroute* renvoient à un « art du projet », anticipant ce que

Michael Sheringham nomme « la récente prolifération d'ouvrages ayant un projet pour base [...] liée à un trait essentiel du post-modernisme : l'accent mis sur ce qui est local, à portée de main, par opposition à ce qui est distant, exotique »[10].

Après avoir consulté une carte Michelin « Environs de Paris » pour constater que la ligne B part de la plaine de France pour rejoindre le cœur du Hurepois (comme le Danube de la Forêt Noire rejoint à son Delta la mer Noire) puis le plan du R.E.R. ligne B pour découvrir que cette dernière compte trente-huit gares, et qu'en escamotant celles de Paris et quelques petites, il faudrait un mois de voyage ; adoptant pour contrainte l'interdiction de revenir à Paris pendant le voyage ; François s'était posé la question de l'hébergement du soir : logerait-on à l'hôtel qu'il faudrait chercher, ou chez des amis ? Au terme du voyage aller, il pourrait « *gagner la vieille maison familiale de son enfance, à Milon la Chapelle. Et vivre enfin aussi heureux qu'Ulysse* » (PRE, 15). Notons cette bizarrerie : Ulysse fait retour à Ithaque pour y rester ; dans le périple de Maspero, il y a retour à Paris. Après quoi, il avait téléphoné à Anaïk Frantz pour lui demander ce qu'elle pensait de cette idée « un peu bizarre ». Elle avait acquiescé : « *"Je suis ton homme"*, [...]. » (16).

Le projet ne sera mis à exécution qu'un an et demi plus tard puisque c'est le 16 mai 1989 qu'Anaïk et François commencent leur voyage. Ils en parlent tous deux, tâtonnent dans l'élaboration du projet. Ils décident de partir en mai « *parce qu'à cette époque les jours sont plus longs et qu'ils n'avaient nulle raison de se priver des plaisirs de la douceur printanière* » (PRE, 20). Ils décident que « [c]*e serait une balade le nez en l'air, pas une enquête : ils n'avaient nullement l'intention de tout voir, de tout comprendre et de tout expliquer* ». Pas une enquête. Juste un regard, le leur. Une règle de conduite : « *ne pas faire semblant* » (23), ne pas « *tricher* », ne se « *déguiser en rien* », ne jouer ni aux « *spécialistes* » ni aux « *touristes innocents* ». Ils ne poseraient pas de grandes questions, laissant cela aux organes d'informations, aux livres savants : « *Ils laisseraient les questions venir se poser d'elles-mêmes : [...].* ». Regarder donc, « *En y mettant ce quelque*

*chose de particulier qu'un ami de François, Michel Benasayag,
a défini dans un joli livre sur le bonheur : "Plutôt que de regarder, dire : ça me regarde."* » (22).

Ils envisagent d'en faire une série d'émissions pour la radio,
en diptyque printanier avec l'émission-enquête dans la Chine
hivernale (PRE, 22). Ils abandonnent ce projet pour se limiter à
« *noter et photographier* » (23). La consultation tâtonnante des
guides se révèle décevante : « *Allez donc chercher dans les guides
d'aujourd'hui, bleus ou verts, Aubervilliers, La Courneuve,
Drancy ; et si Le Bourget y figure, lequel vous dira jamais qu'y
coule la Molette ?* » (22). La raison en serait qu'« *on ne voyage
plus, en région parisienne, on se déplace. On saute d'un point à
un autre.* ». L'espace est morcelé, il est dur de prendre repère
dans les interstices : « *Ce qu'il y a entre, c'est l'espace-temps
indifférencié du trajet en train ou en voiture ; un continuum gris
que rien ne relie au monde extérieur.* ».

L'apparente nonchalance du propos (« *Ils ne forceraient rien.
Ils ne feraient rien que de très ordinaire. Ils laisseraient couler
le temps, celui de tous les jours, et ils suivraient son rythme.
Ils ne couraient pas le Paris-Dakar. Ils ne cherchaient rien
d'exceptionnel. Ils ne cherchaient pas d'événements.* » (PRE, 22))
me semble appeler deux remarques. La lenteur est mise en avant
sur le mode de la douceur : « laisser couler le temps », et de
l'humour plaisant. « ne pas courir le Paris-Dakar ». Mais, ne nous
y trompons pas, ce voyage, dont l'idée est depuis longtemps tapie
en François est en train de devenir voyage à projet. La lenteur
est devenue une dynamique, une force vectorisée ; elle est
programmatique, stratégique. Insistons aussi sur l'opposition de
l'« ordinaire » revendiqué — à quoi s'opposent les refus de
l'« exceptionnel », de l'« événement ».

Enfin, c'est « *timidement* » (PRE, 23) qu'ils entreprennent d'entretenir des amis de leur projet, étonnés d'être pris plutôt au sérieux
là où ils attendaient un accueil narquois. On évoque Cendrars,
Doisneau, Prévert, Queneau ; d'autres pensent que « *dans la
réalité, [ils vont] faire cela en voiture* » (24) ; d'autres encore leur
conseillent de rechercher subvention ou sponsorisation. On leur

100

demande sans cesse ce qu'ils ont « derrière la tête » au point qu'ils se sentent presque « *suspects* » de vouloir un tel voyage « *nez au vent* », « *voyage promenade, voyage pour le plaisir* ». Ils découvrent que pour une majorité de Parisiens, la banlieue était un « *magma informe* » : « *Un terrain vague. Un terrain pour vague à l'âme. Un paysage livré en vrac, un peu déglingué, en perpétuelle recomposition.* » (24) ; que beaucoup de gens « *ne s'occupaient que de ça, du remodelage des banlieues* ». D'autres amis, qui vivaient en banlieue, les prenaient au sérieux, évoquaient la diversité des banlieues où « *en un kilomètre de distance, on passe d'un monde à un autre* » (25).

Il me semble que cette promenade « *nez au vent* » (PRE, 24) — ce qui n'exclut nullement, nous l'avons vu, l'élaboration d'un projet de longue haleine et, comme c'est le cas plus massivement encore dans *Danube*, des développements dans le texte résultant de lectures d'ouvrages spécialisés (géographie, urbanisme) — est fructueuse aussi bien dans le domaine de la connaissance d'un univers (il ne s'agit pas seulement de voir mais aussi de comprendre) que dans celui de l'invention d'une forme de récit de voyage.

François Maspero insiste sur l'importance pour cette démarche de connaissance de l'accord avec le compagnon de voyage. Anaïk, écrit Maspero qui la connaît depuis des années, « *passait sa vie aux frontières* » (PRE, 17). « *Cheminer avec Anaïk dans Paris, c'était toujours, à un moment donné, se faire arrêter au détour d'un trottoir par M. Marcel ou Mlle Louise. Des gens bizarres, la plupart du temps, de ceux qu'on appelle marginaux, asociaux ou même clochards, et c'est encore ainsi aujourd'hui.* » (18). Souvent, ses photos avaient déplu ou irrité : « *Pourquoi photographier ça ? Ça, c'était justement ce monde qu'on a sous les yeux et qu'on ne voit pas : ce monde des frontières, qui, à chacun de nous, fait un peu peur. Ou même très peur.* ». Anaïk avait exercé quantité de métiers différents, liés ou non à la photographie (de mode, de plateau) y compris des métiers « *qui n'en sont pas tout à fait, qui sont eux-mêmes aux frontières : modèle dans les ateliers de la Ville de Paris, fricoteuse de hamburgers de fast-foods, démonstratrice de grande surfaces»* (19). On voit que ce n'est pas par hasard si François lui propose cet «*étrange voyage en notre pays même»*[11].

Anaïk, dans leurs déambulations en banlieue, imposera sa lenteur. Pas de prise de vue à la dérobée, ni même immédiate. Un protocole qui comprend une négociation de la permission de photographier, la participation à la discussion, et la remise à chacun des sujets photographiés du tirage, Anaïk revenant donner la photographie. Une seule infraction à cette règle de lenteur, une photo prise de loin, trop vite, à l'entrée d'un immeuble de Rougemont, lui vaut le refus des Maliens à qui elle demande la permission de photographier : «*Moi qui aime prendre le temps de discuter d'abord, de faire connaissance, depuis le début de ce voyage, à photographier comme ça, à tout bout de champ je me sens devenir un robot. C'est idiot : cette photo, prise de si loin, n'avait de toute façon aucun intérêt.»* (PRE, 128).

Les scènes de prises de vue relatées se déroulent tout autrement. Ainsi Anaïk rafraîchit-elle la mémoire de François au sujet d'une photographie prise aux 4 000 de La Courneuve : «[...] *tu te souviens bien de ce visage-là, ce couple de retraités penchés à la fenêtre du rez-de-chaussée, face au soleil, je leur ai demandé la permission de photographier, nous avons bavardé longtemps, et la femme s'est mise à pleurer ?»* (PRE, 202). Ce qui frappe dans cette démarche de lenteur, c'est la disponibilité des voyageurs. La lenteur, que nous avons présentée comme revendiquée et programmatique se conjugue à une autre lenteur, subie. Les deux voyageurs ont sans cesse la contrainte de «*subir la loi des banlieues lointaines : attendre, toujours attendre»* (44), difficulté de circuler aux heures creuses où les bus sont rares ; sans cesse aussi la lenteur subie provient de la difficulté à s'orienter. Ainsi, le bus 350, qui part de la gare de Roissy pour les emmener à Garonor, «*tournicote interminablement sur les courbes hélicoïdales qui entourent les satellites de l'aéroport. Difficile de s'orienter.»* (30). Ils font sans cesse l'expérience de la lenteur subie pour construire un itinéraire dans ces paysages de «*juxtaposition de morcellements horizontaux et verticaux»* que le

102

regard a de la peine à embrasser, au milieu des « *voies de raccordement opérant parfois de long virages à bien plus de 180°, presque circulaires* » ; au milieu de « *bâtiments qui se dressent çà et là, bouchant les perspectives, cubes, tours, peu identifiables, presque anonymes, inutilisables en tout cas, à première vue, comme repères à quoi on puisse se fier* », avec « *les pistes qui vous passent sur la tête, la voie du chemin de fer, les autoroutes que l'on coupe et recoupe* » :

> [...] ce sont, merci Perec, des *espèces d'espaces*, des morceaux d'espaces mal collés, avec toujours cette impression qu'il manque une pièce du puzzle pour que cela prenne, reprenne un sens. Mais qui vous demande de donner du sens à tout cela qui n'est fait que pour être traversé ? Et vite. En voiture. Quitte à s'y perdre et à tourner, tourner, tourner. Espaces provisoires.
>
> (*PRE*, 30)

Tel guide qui fait autorité sur la banlieue de Paris et prétend renseigner en offrant plans et indications d'autobus, concernant Villepinte, n'indique dans son édition la plus récente « aucun *autobus* » (*PRE*, 68). Se renseigner sur place est encore plus problématique, il apparaît que les autochtones questionnés n'ont « *aucune idée de l'endroit où se trouve la destination qu'on leur indique* ». François et Anaïk constatent sans cesse qu'en ces lieux « *il n'y a vraiment de tourisme raisonnable qu'automobile* ». Ainsi trois heures à pied et en bus leur sont nécessaires pour aller de Garonor à Villepinte, soit un trajet de dix à quinze minutes en voiture. Ils découvrent que tel trajet « *n'est pas fait pour être suivi à pied* » (60) qui amène à circuler sur « *une nationale à double piste sur laquelle ils retrouvent les camions et l'absence d'êtres humains* ». Ailleurs c'est la découverte d'un « *paysage compliqué et interdit* ». Ils découvrent que leur itinéraire initial, à partir du plan de la ligne B du R.E.R. et de cartes et guides, est impossible à tenir. En effet « *les communes sont singulièrement imbriquées et ils peuvent être amenés à se retrouver par inadvertance, comme la veille aux 3 000 d'Aulnay, sur le territoire de telle ville qu'ils ne devaient aborder que plusieurs jours plus tard* » (64). Si bien qu'ils conservent le principe du parcours quotidien d'une gare à l'autre mais doivent l'assouplir, « *quitte à opérer des sauts, des rebonds* ». En tel point du parcours, leur chambre n'étant plus disponible, la solution sera de revenir loger à l'avant-dernière étape : « *Ils ont avancé d'une case et reculé de deux.* » (150). La phrase suivante expose un croisement de deux difficultés pour circuler qui entraîne un surcroît de lenteur passive :

[...] ils avaient été reprendre le R.E.R. à la gare d'Aubervilliers, qui est loin du centre d'Aubervilliers, pour descendre à la gare de Drancy, qui est loin de Drancy. Et encore avait-il fallu qu'ils changent de train au Bourget, car en vertu du principe déjà exposé du *saute-mouton*, un train qui s'arrête à Aubervilliers ne s'arrête jamais à Drancy, et vice versa.   (*PRE*, 190)

Des imprévus viennent encore grever la rapidité (relative) de leur circulation :

Pour se rendre à Pavillon sous Bois, ils prennent le train de la ligne Aulnay-Bondy, qui raccorde le réseau du Nord à celui de l'Est. Dans la gare d'Aulnay, impossible de trouver trace de ce train sur les panneaux d'affichage électroniques. Il faut chercher longtemps pour découvrir près d'un guichet fermé un bout de papier collé où figure, manuscrit, l'horaire de la ligne.   (*PRE*, 104)

Ils découvrent une des difficultés de la vie dans les 3 000 à Aulnay : « [...] *à l'écart. Sans train ni métro. Loin du reste d'Aulnay comme de tout. Isolés des autres quartiers, des autres cités, du reste du monde par l'autoroute comme par un fossé. Butant sur une autre autoroute. Avec une seule voie d'accès.* » (*PRE*, 49). Une habitante de Villepinte leur dit la difficulté d'aller à Paris (en bus plus R.E.R. plus métro) mais encore plus de se rendre de banlieue à banlieue : « [...] *elle a une copine qui habite à Ville-pinte et travaille à Bondy, ce n'est pourtant pas bien loin, et cela fait une heure et demie dans chaque sens.* » (68). On découvre l'intérêt de cette lenteur subie devenue expérimentale : voyager à pied et en métro ou bus c'est expérimenter effectivement une part de la vie quotidienne des banlieusards, en ce qui concerne leur rapport à l'espace, au déplacement.

Cette expérience de la lenteur subie renvoie à un choix et va de pair avec l'expérimentation libre d'un voyage « nez au vent », qui consiste d'abord en une disponibilité, une curiosité, un accueil des sollicitations. J'en donne quelques exemples. Un premier quelque peu drolatique. Partant à pied de Villepinte à Tremblay Vieux pays, ils estiment "à visiter" le cimetière des animaux. « *Voici le cimetière où, ont-ils lu dans une monographie, "reposent chiens, chats, singes, oiseaux, lapins, etc.". Ils auraient voulu connaître un peu le détail de ces etc.* » (PRE, 73). Cette attente plaisante dit la disponibilité joyeuse des voyageurs, qui se verra opposer l'« *aboiement* » du gardien : « *On ferme à midi. Revenez à deux heures. En attendant, vous n'avez qu'à aller voir le cimetière des hommes. C'est en face et c'est gratuit.* » (74). Une égale disponibilité les amène, dans des banlieues peu propices au tourisme culturel, à visiter le musée de l'air du Bourget ; à honorer une célébration républicaine du bicentenaire de 1789, et un banquet où l'on boit, mange, danse et chante, entonnant *La Carmagnole, La Butte rouge* ou *Le Temps des cerises*, le retour s'effectuant à une heure du matin dans la voiture de Gérard, leur hôte, dont la grand-mère entonne *Sous le soleil de Pantin*, « *avec des paroles que, même ici, on ne peut reproduire* » (302) : « *Une soirée comme celle-là justifie à elle seule tout le voyage.* » (304).

La même disponibilité les conduit à s'enquérir — sur la recommandation avant leur départ d'Yves Lacoste, géographe — de l'existence de roselières qui auraient « *poussé à l'emplacement des gazomètres de la Plaine Saint Denis* » (PRE, 24), la roseraie étant à distinguer de la roselière « *qui pousse, paraît-il, sauvage, avec flore et faune complémentaires, sur le site d'anciens gazomètres* » (221). Hélas, il n'y a « *pas de temps mort* » (164) dans leur voyage, même s'ils conservent leur disponibilité pour arpenter les paysages humains et, dans une troisième et dernière référence aux roselières (lenteur et détours du récit !) s'exprime ce regret :

Ils n'ont rien vu à Aubervilliers. Ils n'auront pas téléphoné à l'homme aux roselières, ils n'auront pas exploré avec lui la faune et la flore sauvages qui s'épanouissent sur les ruines des gazomètres préhistoriques, où peut-être niche le héron butor et font halte aux équinoxes, sur la route de la Norvège, la grue trompette et le macorlan accordéon. *(PRE, 265)*

La lenteur et la nonchalance viennent aussi s'inscrire dans cette mention canularesque de l'espèce du « *macorlan accordéon* » *(PRE, 265)*. Ils admirent encore à Sceaux le musée de l'Île de France (196) et le musée de Saint-Denis (244), honorent d'une soirée le Théâtre de la Commune à Aubervilliers (247), cherchent en vain un musée des Cultures potagères, s'entretiennent longuement avec un jardinier dans un jardin ouvrier des Vertus d'Aubervilliers (207-11) réalisant le vœu d'Anne qui leur a recommandé avant leur départ de « *s'enquérir du sort des jardins ouvriers* » (25).

La disponibilité des voyageurs est d'abord une écoute au sens propre. Un dispositif de rencontres, limitées, a été mis en place avant le départ. Le géographe Yves Lacoste, ami de longue date de François Maspero est très présent en filigrane dans ce récit. Outre la recommandation de s'enquérir des roselières, il leur a proposé de rencontrer deux anciens étudiants, grands connaisseurs du « pays » où ils vivent. Gilles est facteur, et géographe « *même s'il récuse ce titre* » *(PRE, 101)* et a rédigé un « *monumental mémoire de maîtrise* » intitulé *Géographie de la banlieue nord-est de Paris* consacré à un paysage qu'il connaît bien pour y être né, y vivre, et l'étudier. Les quinze pages consacrées aux explorations entreprises à son initiative (101-7 ; 111-20) disent son importance dans la découverte du lieu. Il en va de même pour Gérard, autre ancien étudiant en géographie d'Yves Lacoste dont, « *comme de Gilles, celui-ci a dit à François que s'il n'y avait qu'une personne à voir sur tout le trajet de Paris à Bourg-la-Reine, c'était Gérard. Qu'il savait tout sur la région, et davantage encore* » (283). Quinze pages du récit narrent le récit des découvertes que les voyageurs lui doivent et la fête républicaine pour célébrer le bicentenaire de 1789 où il les a amenés (283-95 ; 299-302). Typique de la disponibilité des voyageurs sont ces rebonds dans la relation : Gilles les adressera à Benoît, préposé des P.T.T. lui aussi. Trois pages du récit sont consacrées à la

106

reprise de discussions avec lui. Ce dernier habite la tour Alice à Rougemont. Il est « *vietnamien, chinois par sa mère* » (125). Son point de vue sur d'autres immigrés et sur son environnement est spécifique. Le hasard mettra sur la route de François, en compagnie de Gérard, à la mairie d'Arcueil, Robert Clusan « *qui se souvient d'avoir monté la garde à la librairie La Joie de lire*[12] *pendant la guerre d'Algérie, quand elle était la cible d'attentats. Ce souvenir et d'autres établissent aussitôt quelques liens fraternels entre François et lui. On va déjeuner et arroser ça.* » (287). Robert Clusan vit à Arcueil. Cinq pages sont consacrées à ce qu'il explique d'Arcueil et de son histoire (287-92).

D'autres discussions rapportées procèdent de rendez-vous pris : avec Karin, « *une amie qui travaille à Bondy* » (PRE, 166), avec Akim qui leur avait parlé avant le voyage « *de la diversité des paysages, des structures, des gens qu'ils allaient rencontrer* » (194). Il est régisseur et metteur en scène à la maison du peuple Guy Môquet de La Courneuve, les emmènera dans le petit café qu'il fréquente (195-6), dans la cité des 4 000 (196-7). Là encore, la relation « rebondit » puisqu'Akim les invite chez son père dans la cité des 800 où il est né (214-7). François et Anaïk sont accueillis autour d'un couscous « *de la même manière que s'ils étaient des cousins débarquant après un long voyage* » (216). Encore une façon de « laisser couler le temps ». Anaïk va retrouver Daoud, vingt-cinq ans, homme des frontières lui aussi qui, après une vie aventureuse, est devenu animateur à La Courneuve où il vit aux 4 000. Deux rencontres encore par rendez-vous : avec Rachid Khimoune, à Aubervilliers dans la cité de La Maladrerie (252-9). Il est « *sculpteur de la nature : la nature sauvage de la rue, des cités, des villes* ». Il transforme les plaques de fonte des égouts en têtes de guerriers, en boucliers, « *une barbarie superbe et tendre sans aucune dérision : la barbarie de notre civilisation* » (256). François et Anaïk rencontrent aussi M. Marin, venu à huit ans, orphelin, des Asturies, en 1937, à Arcueil où il est resté. À la quasi-fin du voyage, et c'est façon de boucler une boucle, l'ami Yves Lacoste et sa femme Camille les accueillent à Bourg-la-Reine où ils vivent.

L'écoute est le plus souvent issue de rencontres au hasard du voyage et non de visites programmées. Elles donnent lieu à des séquences de longueur variable qu'on pourrait définir comme des "vies brèves"[13] ou à de simples dialogues rapportés. La présence forte de ces personnes, sollicitées ou rencontrées par hasard, « leste » le récit. On pense à ce sujet au très beau chapitre de *Danube* intitulé « Mémé Anka ». C'est sous l'impulsion de cette femme de quatre-vingts ans que s'effectue la visite du Banat à partir de la ville natale yougoslave (en 1986) de cette femme : Bela Crkwa (nom serbe d'une ville qui fut hongroise, roumaine).

L'espace urbain est un palimpseste. Michel de Certeau a parlé de la « stratification des lieux » : « *Les révolutions de l'histoire, les mutations économiques, les brassages démographiques s'y sont stratifiés et demeurent là, tapis dans les coutumes, les rites et les pratiques spatiales.* » (p. 294[14]). Le palimpseste de ces espèces d'espaces mal collés qu'on nomme banlieue est le référent de ce livre de voyage, qu'on pourrait nommer aussi, avec de Certeau « récit de lieux » ou encore, pour reprendre Maspero, récit de paysages humains. *Les Passagers du Roissy-Express* me semble l'agencement ingénieux d'une chambre d'échos où s'entrecroisent polyphoniquement les voix de la ville-palimpseste : « *Les récits de lieux sont des bricolages. Ils sont faits avec des débris de monde.* » (p. 160[14]).

Nous avons suggéré comment une structure ricochante crée une dynamique de voix rapportées qui émanent de tel ou tel point de ce tissu urbain de banlieue, ou comment le livre agence sériellement ses "vies brèves" collées en tel ou tel point du récit. Il faudrait montrer comment le récit ausculte les discours de la banlieue. Ainsi sont collés de manière récurrente, ces micro-discours (écrits ou sonores) que sont slogans, affiches, annonces, textes des publicités ou des panneaux indicateurs, chansons, annonces radiophoniques des nouvelles de l'actualité, etc. Sans cesse sont relevées sur les murs des références à la célébration du bicentenaire de 1789. Ainsi, à Roissy :

Dans les salons de l'hôtel Ibis
L'association « Les cheveux blancs » organise un
GRAND CONCOURS DE BELOTE RÉVOLUTIONNAIRE
(*PRE*, 37)

Un fil de références minuscules (*PRE*, 37, 88, 101, 115, 144, 194, 220) ou plus longues[15] parcourt le livre, façon de relier la ville à l'histoire de son pays en même temps qu'à son actualité. De même, la mention des informations (journal, radio) sur les événements de la place Tienanmen (94, 107, 123, 163, 238, 299, 310) inscrit le microcosme du tissu urbain de la banlieue visitée, qui fête le bicentenaire de la Révolution fondatrice de sa République, dans le "labyrinthe du monde". Le travail contrapunctique d'entretissage des deux séries mosaïques de référence à un événement national glorieux et à un événement international désastreux (les deux renvoyant à la question du progrès ou de l'espoir) structure discrètement mais puissamment le livre. Un effet remarquable est obtenu par la conjonction des deux séries. C'est en effet au début de la joyeuse commémoration républicaine à Arcueil de 1789 qu'une voix citadine, celle de Gérard « *leur annonce que l'armée chinoise a envahi la place Tienanmen, qu'on se bat dans Pékin, que les chars écrasent la foule et qu'il y a des centaines de morts* » (299).

Parfois, le texte nous rend contemporains d'une perception qui n'est pas dénuée d'ironie :

Sur le talus, une explosion de fleurs des champs à la Sisley, coquelicots, bleuets et pissenlits, et de maigres acacias. C'est la campagne pour les élections européennes : diverses affiches écœurantes et indifférenciées, clament, en gros, que pour assurer un avenir radieux aux enfants de France il faut que ceux-ci (l'avenir et les enfants) soient européens. Et se détachant sur elles des papillons réconfortants :

VOTEZ LES CRAIGNOS
VU : LE CANDIDAT   (*PRE*, 141)

Une attention constante est portée à la désignation des lieux. Aux Beaudottes, l'hôtel où ils logent est rue Gagarine. « — *ici on fait dans le cosmonaute* — » (*PRE*, 86), note en incise Maspero. Michel de Certeau écrit :

[...] Il n'y a de lieu que hanté par des esprits multiples, tapis là en silence, et qu'on peut « évoquer » ou non. On n'habite que des lieux hantés ? schéma inverse de celui du *Panopticon*. Mais telles les sculptures royales gothiques de Notre-Dame, emmurées depuis deux siècles dans le sous-sol d'un immeuble de la rue de la Chaussée-d'Antin, ces « esprits », eux aussi brisés, ne parlent pas plus qu'ils ne voient. C'est un savoir qui se tait. De ce qui est su mais tu, ne passent « entre nous » que des demi-mots.

Les lieux sont des histoires fragmentaires et repliées, des passés volés à la lisibilité par autrui, des temps empilés qui peuvent se déplier mais qui sont là plutôt comme des récits en attente et restent à l'état de rébus, — [...].   (pp. 162-3[14])

Le livre de Maspero et Frantz sait superbement déplier ces temps et ces histoires, et faire lever les histoires en attente. Plus loin, à Blanc-Mesnil, Gagarine est à nouveau honoré par un Centre municipal de la jeunesse Youri Gagarine, entouré d'un cinéma municipal Louis Daquin, d'un stade Jean Bouin. Curieusement, observe Maspero « *il* [...] *manque quelque chose, à ce commissariat. Ils trouvent quoi ; ce commissariat est le seul édifice public de Blanc-Mesnil à ne pas porter de nom. Pourtant, "Commissariat de police Sacco et Vanzetti", ça n'aurait pas fait mal.* » (PRE, 149). Cette remarque plaisante agit comme une caricature qui, « *à se promener comme ça à la surface des choses* », souligne le légendaire communiste qui hante le tissu urbain de ces banlieues qui ont été dites "rouges". Le même légendaire se dit dans la mention des objets vus dans une vitrine d'exposition en mairie de Blanc-Mesnil, « *les pieux souvenirs des délégations étrangères, presque tous des pays de l'Est : samovar, poupées, fanion de la RDA, de vraies pièces de collection* » (145). Aucune analyse de « spécialiste », le mot *internationalisme prolétarien* n'est pas prononcé. Simplement, dans ce décor « *la vie de la mairie bourdonne comme celle d'une ruche aux abeilles efficaces* ». « Laisser couler la vie ».

Dans le dédale du Landy, à Aubervilliers, François et Anaïk évoquent le film d'Eli Lotar[16]. Pensant au commentaire de Prévert : « *Gentils enfants d'Aubervilliers / vous plongez la tête la première / Dans les eaux grasses de la misère* » (PRE, 232), ils se demandent ce que sont devenus les enfants qui y figuraient, et notamment deux adolescents dont le commentaire donnait le nom : « *Izzi, est-ce bien l'orthographe ? Si oui, c'est un nom italien.* » (233). Les voilà partis dans une enquête sur ce jeune apprenti-typographe et ce jeune postier de quinze et seize ans, ce qui leur ferait dans l'aujourd'hui du récit cinquante-sept et cinquante-huit ans. Sans les retrouver, ils recueillent les récits de gens qui « *se souviennent bien d'une famille Izzi du Landy* » :

Ainsi, Mme Marie-Josée, rencontrée et photographiée par Anaïk : une cousine de son mari avait épousé un Izzi. Il est mort depuis longtemps, tué dans un bal. Était-ce le typographe ou le postier ? Elle, qui est arrivée à Auber en 1950, se souvient de ce qu'on racontait alors de ces journalistes qui étaient venus faire un reportage, des journaux de Paris qui avaient titré quelque chose comme « Aubervilliers, les enfants de la misère » : les gens, à Auber, avaient été écœurés par ce ton méprisant.   (*PRE*, 233)

En un paragraphe de vingt lignes, dans un flux textuel très maîtrisé où viennent laisser leur trace la parlure et la fierté populaires, des strates de discours sur Le Landy et ses habitants légendaires se superposent qui déplient des strates de temps : le film *Aubervilliers* de 1945, le discours contemporain de Mme Marie-Josée, qui renvoie à son arrivée en 1950 et aux échos que suscitait encore le film, aux discours journalistiques « écœurants » et aux protestations indignées des autochtones. Le livre sait susciter ces savoirs qui se taisent, parce qu'il était dans son projet de prendre son temps, et parce qu'il a su trouver une forme à la fois continue (récit de voyage) et discontinue (agencement mosaïque de séquences).

Le livre sait admirablement réveiller les hantises des lieux visités. Par exemple, un homme rencontré dans un cimetière du Bourget parle de sa vie, demande ce qu'ils viennent voir : les souvenirs des combats de 1870 ? Le récit de vie se déploie alors en récit historique.

Il parle de l'histoire des combats de 70 comme si elle faisait partie de sa vie. Quand il est arrivé en 1910, c'est-à-dire trente-cinq ans plus tard, les témoins oculaires vivaient toujours : c'était beaucoup plus proche que ne l'est aujourd'hui de nous la Seconde Guerre mondiale. Son enfance a

111

été imprégnée de cette histoire ; ce n'était pas une histoire parmi d'autres, pour les enfants du Bourget : c'était leur histoire. *(PRE, 151-2)*

Là encore, dans le dépliement des strates temporelles, c'est une voix et une mémoire à la fois individuelles et collectives qui se déploient, une autre de ces histoires qui viennent voix sur voix prendre leur place dans la partition des histoires enfouies de la ville. De la même manière, le récit consacré à Rachid Khimoune, évoque sa vie, présente et passée, à Aubervilliers. Il en vient à dire que son père s'est d'abord installé au 15 de la rue de l'Union, comme des milliers d'autres :

C'était dans les années 50 et 60, c'était en fait « l'adresse » du plus grand bidonville, avec celui de Nanterre, de la couronne parisienne. François l'a connu : pendant la guerre d'Algérie, il avait des camarades qui y habitaient. C'est de là qu'est partie l'une des colonnes de la grande manifestation du 17 octobre 1961. *(PRE, 256)*

En ce point du récit, deux mémoires, deux voix entrent en conjonction, que le récit assume pour relater la manifestation des Algériens, très lourdement réprimée, du 17 octobre 1961, en n'attirant que de faibles protestations en France. À la date du 1ᵉʳ juin, le récit du départ d'Aubervilliers convoque une autre mémoire, une autre voix : « *François voulait faire la connaissance de Didier Daeninckx qui vit à Auber, l'auteur de* Meurtres *pour mémoire, le seul livre à mettre en scène la manifestation du 17 octobre, [...] mais il n'a jamais osé lui téléphoner.* » (PRE, 265). Ce fantôme historique, qui hante Aubervilliers, hante aussi le livre et la mémoire de Maspero qui a ajouté quelques pages avant : « *Quand, quelques mois plus tard, le 8 février 1962, les mêmes corps de police se lancèrent à Charonne sur une manifestation pour la paix [en Algérie] ; française bon teint celle-là, et firent neuf morts, la protestation horrifiée fut, cette fois, générale.* » (258).

Un des passages les plus forts du récit de Maspero est la relation en quinze pages *(PRE, 173–88)* de son passage par la cité de la Muette à Drancy le 26 mai 1989. Un panneau, dont le texte est reproduit, collé dans le texte, indique la réhabilitation de la cité de la Muette (369 logements) par l'O.D. H.L.M.. Ce qui ordonne l'évocation, c'est la stratification de l'histoire de cette cité. Construite en 1935 par les architectes Marcel Lods et Eugène Beaudoin, c'est l'une des plus grandioses tentatives de logement social de l'entre-deux guerres (175) inspirée par la tradition des « cités-jardins ». Mais on ne réalisa pas les équipements collectifs et en 1939, à l'abandon, les Tours de la Muette se dégradaient. Alors, la Muette, à l'initiative du gouvernement Daladier, la guerre déclarée, devint un camp de concentration pour parquer les ressortissants allemands, et notamment ceux qui, juifs, avaient fui l'Allemagne. À l'arrivée des Allemands, la cité devint le *Front-stalag III*. On y accueillit jusqu'à 7 000 juifs raflés dans des bâtiments prévus pour 700 habitants. En 1946, la France libérée y interna des collaborateurs. Après quoi Drancy devint une H.L.M., décrépite, logeant 400 personnes en 1989 : « *La cité de la Muette, pièce en trois actes. Cité radieuse. Cité de la mort. Cité banale.* » (175). La Muette a ses fantômes, Maspero évoque entre autres celui du poète Max Jacob qui y trouva la mort. Il évoque la destruction des graffitis de détenus : « *On a effacé les graffitis. On a tout effacé.* » (185). En 1976, à l'entrée de la Muette, note Maspero, est édifié un monument « *énorme, rose et hideux* » (188). Le proviseur du lycée de Drancy, avec ses élèves, consacre à la mémoire de Drancy « *un monument qui n'est pas de pierre mais de papier, en rédigeant avec ses élèves un livre-album qui a été imprimé au Bourget. C'est le monument le plus simple, le plus émouvant, et le plus efficace contre l'oubli. Mais le vrai monument, c'est la cité de la Muette tout entière.* » (189).

Dans *Danube*, Claudio Magris ne cesse de lire sur les bords du fleuve les traces de l'histoire de l'Europe Centrale avec une insistance signifiante sur celles du nazisme et du communisme. Maspero, ne cesse de scruter dans les paysages humains qui longent la ligne B du R.E.R. les traces de notre histoire : histoire sociale, guerres de 1870, de 39–45, d'Algérie. Il scrute « *un siècle de conception successives d'habitat* » (*PRE*, 113) en visitant Aulnay avec Gilles, il met en relation l'habitat et le travail (la cité des 3 000 à Aulnay mais loin d'Aulnay, construites parce que Citroën a installé une usine en 1971). Il radiographie Aubervilliers pour y retrouver la présence des chiffonniers, biffins et chineurs qui stockaient leur récolte « *dans la zone, au pied des fortifs* » (223). Il lit les mutations du paysage ferroviaire dans ce qui s'y affiche :

> Jadis, il n'y a pas si longtemps, le paysage ferroviaire clamait ses convictions politiques et sociales. Vers Blanc Mesnil une antique inscription affirme encore qu'unis les travailleurs ne laisseront pas mourir une usine dont le temps a effacé jusqu'au nom. Aujourd'hui les clameurs du paysage ne sont plus que publicitaires, [...] Mais il y a, pour leur répondre, les tags. Ou les grafs. Qui, parfois, vous pètent à la gueule. Partout : sur les murs, les ponts, les abris des quais. Dans le train même. Un peu trop souvent sinistres. Parfois beaux. *(PRE*, 10)

S'il faut prendre en compte le *"macorlan accordéon"* qui fait halte sur les ruines des gazomètres préhistoriques d'Aubervilliers, je propose d'y lire une survivance, une hantise : « Longtemps après que les poètes ont disparu / Leur âme légère court encore dans les rues. »[17].

Les promeneurs-flâneurs sont attentifs aussi à l'onomastique qui s'affiche sur les surfaces urbaines. Ainsi, parcourant une zone frontière entre Aulnay et Sevran, ils suivent une rue Louise Michel : « *Pour les premiers élus populaires des villes populaires, donner à des rues les noms des réprouvés — Blanqui —, de communards — Louise Michel, Varlin —, c'était une revanche sur l'histoire officielle, un défi aux notables qui les avaient précédés.* » (*PRE*, 124). La revanche, lorsqu'en 1939 fut mis hors la loi le parti communiste, survint ; à Aulnay où le conseil municipal fut dissous :

> [...] finies les places Camélinat et Henri Barbusse, les rues Jules Vallès, Roger Salengro et vingt autres. La rue Louise Michel devint avenue de Soissons, la rue Romain Rolland avenue de Gourgues, et la rue Degeyter la rue Brunetière. Œuvre parachevée en 1941 : la place de la République se retrouva place du maréchal Pétain. Rude époque pour les facteurs.
>
> (*PRE*, 124)

Dans le même temps, précise Maspero, le maire et le député

communistes furent déportés en Algérie en 1939 ; moins chanceux, deux conseillers municipaux, arrêtés en 1940 furent emprisonnés, livrés aux Allemands avant la déportation et la mort dans un camp de concentration allemand (124). En vingt-cinq lignes sobres qui résultent d'un travail de lenteur, d'un « voyage en zigzag »[18], d'une démarche qui vise à regarder en pensant : « ça me regarde » ; c'est une ville stratifiée dans ses discours et ses légendaires, c'est l'onomastique en tant que discours de positionnement socio-politico-historique qui est montrée sans discours de « spécialiste ». Vertus de la littérature et de la « *nonchalance étudiée* ».

D'autres entretissages contapunctiques subtils s'élaborent entre l'évocation de la mémoire des villes et de la mémoire individuelle de Maspero ; et dans le jeu de l'intertextualité entre son texte et la mémoire des textes littéraires qui viennent alors l'habiter. Très souvent les choses vues appellent en ricochets des souvenirs. C'est ainsi que, flânant devant les pelouses de la mairie de Blanc Mesnil, les voyageurs voient des roses, dont celle-là, étiquetée :

ROSE RÉSURRECTION
Créée pour le 30e anniversaire de la libération
Des camps de la mort
Souviens-toi
« Je le connais, ce rosier, dit François. Il a été lancé par Vilmorin ou Truffaut, je ne sais plus. Ma mère en a acheté un, et toutes ses vieilles camarades de camp aussi. C'est ce qu'on appelle un *marché captif*. Malheureusement il a crevé tout de suite. »   (*PRE*, 145)

Là encore, mémoire collective et mémoire individuelle viennent se conjoindre. Avec une rare économie, un souvenir vient s'inscrire en six mots : « *ma mère en a acheté un* ». Les flux d'intensité ont leurs fleuves cachés et leurs résurgences. Cette brièveté est à mettre en relation avec l'épanchement (tout relatif) ailleurs dans l'œuvre[19]. Je parle des quinze pages dédiées à la cité de la Muette. Dans un livre où les prises de position (sur la vie politique, l'histoire, l'urbanisme) sont discrètes (notamment par la modalisation ironisante), on ne peut que remarquer la séquence qui fait alterner en montage parallèle trois extraits du décret par lequel Philippe Pétain instaure « *la surveillance des camps établis pour la garde des Français et des étrangers groupés par mesure administrative* » (*PRE*, 176), que le même décret désigne comme « *indésirables* » et trois suites (15 lignes, 20 lignes et 30 lignes) de textes violemment paratactiques :

Vous êtes juif étranger. Ou juif dénaturalisé. Vous êtes l'ordure de l'Europe. À la poubelle. Camps pour indésirables. Camps français. Pithiviers, Beaune la Rolande, Compiègne, Gurs, Les Mille, et trente autres. On va vous renvoyer d'où vous êtes venu. Ou à Madagascar. En Poméranie. C'est-à-dire nulle part. Ce n'est pas notre problème. On va vous apprendre à travailler. On va vous apprendre à vivre. Dehors, les immigrés.

(*PRÉ*, 177)

Il est remarquable et symptomatique qu'en ce point du texte se produise cet « écart ». On passe du document, du collage, à un discours reconstitué, sans guillemets, qui renvoie à une posture éristique de l'énonciateur. En intertextualité interne, les passages que nous commentons rentrent en résonance avec la petite centaine de pages, publiées en 2002, intitulées « les Abeilles » dans *Les Abeilles & la guêpe*. Y sont rapportées la mort de son père, déporté au camp de Buchenwald, celle en 1944 de son frère aîné, jeune résistant âgé de 20 ans. Et puis il parle des mains de sa mère, qui avait acheté ce rosier *Résurrection*. Il est bon de lire, intertextuellement, comme en louchant, en même temps que les six mots qui parlent d'un rosier et leur entourage textuel qui évoque la Poméranie, ce texte :

Mains de ma mère, mains de pianiste également, que j'ai tôt connues définitivement déformées par la pioche en Poméranie, dans son Kommando de travail où elle et ses compagnons terrassaient un terrain d'aviation de la Luftwaffe. Elle déchiffrait toujours Schubert, elle le chantait aussi, mais ses doigts trop raidis manquaient des accords. Elle avait pourtant gardé la main verte et m'a appris qu'il faut parler aux arbres et aux plantes. Il y a encore aujourd'hui, dans son jardin qui est devenu le mien, des arbres et des plantes qui me parlent d'elle. (p. 69[1])

L'intertextualité induit une stratification, et introduit dans le livre une dimension de hantise.

116

On pourrait mentionner bien des passages où, à partir de choses vues dans les villes, le souvenir vient affleurer. Je pense notamment à la visite du Musée de l'Air du Bourget où ils restent des heures, émerveillés, à admirer des Morane, Spad, Bréguet, Caudron, De Havilland, ainsi qu'une nacelle du premier Zeppelin. L'évocation de ce qui est vu fait alors place aux souvenirs d'enfant, et au rêve de retrouver « *les grandes nefs aériennes fabuleuses de son enfance* » (PRE, 159) et notamment « *le Zeppelin de 1930 qui emmenait de Hambourg à New York et à bord duquel, dit la légende, on donnait des concerts de piano* » ou le Latécoère 631, « *le plus grand hydravion du monde* » dont il a visité l'immense carlingue à l'exposition de 1937. L'enchaînement se fait alors sur le souvenir du premier avion pris, un DC4, trouvé bien « *étriqué* », puis sur le « *Tupolev à six moteurs et douze hélices de l'Aeroflot* » qu'il avait emprunté ensuite, dont on avait enlevé la moitié des sièges pour de longs trajets :

[...] il y avait de la place pour jouer aux dominos [...] sur des vraies tables et bavarder par petits groupes. Les lustres ringards descendant du haut plafond, les rideaux, l'escalier mystérieux orné d'une rampe en cuivre, qui plongeait on ne savait où, où tout donnait l'impression d'être dans un décor de Jules Verne, un *Nautilus* où l'on n'aurait pas fait le ménage depuis des années, ou le wagon-salon du tsar tel qu'on peut le voir sur les images des vieilles *Illustration*. (PRE, 160)

Je pense encore (car, dans ce voyage de lenteur et de disponibilité on peut être aidé par le hasard objectif) à ce moment émouvant, presque à la fin du voyage, où le narrateur évoque la branche sud de la ligne B appelée autrefois « ligne de Sceaux ». L'évocation de cette ligne met en avant son caractère légendaire : « *de quoi remplir un volume de* Contes et Légendes de la ligne de Sceaux » (275). Maspero est au plus près de ses souvenirs en tant qu'« *enfant de la ligne de Sceaux* », « *né l'année de son électrification* » et parce que son grand-père paternel, un égyptologue, avait acheté une maison en vallée de Chevreuse pour ses séjours en France. Il croisait dans ce train « *d'autres messieurs bedonnants à chapeau melon* » ; le train était surnommé « *le petit train de la Sorbonne»* ou «*le train des professeurs*» (276). «*L'histoire et la légende*» s'accordent pour faire remonter aux années 1840 la construction de la ligne. François raconte qu'il la connut en 1944 pour aller et venir de la maison de Milon la Chapelle devenue sienne bien plus tard. On voit quel écheveau d'histoires individuelles et collectives, de récits et de légendes sont liées à cette ligne de Sceaux, ne serait-ce que parce que l'adolescence de François a été rythmée par ses voyages sur cette ligne, qu'on appelait au printemps «*le train des lilas*» (283) parce qu'on revenait vers Paris les dimanches avec ces fleurs. Le 6 juin 1944 François vit le train mitraillé à la sortie de Saint-Rémy. Il évoque l'aqueduc d'Arcueil visible du train et le rêve impossible «*de [se] promener sur son étroite crête*» (279). Or, ce rêve se trouve exaucé. Gérard lui propose de venir y accrocher trois drapeaux tricolores, bicentenaire oblige. Le livre, on l'a compris est composé linéairement comme un récit de voyage, il est structuré aussi polyphoniquement et mosaïquement ; mais encore circulairement puisqu'il s'agit d'un retour vers un lieu originel :

[...] François pense à la tête que fera Lacoste, demain, à Bourg la Reine, quand il lui annoncera, faussement modeste : « Je suis monté sur l'aqueduc d'Arcueil. » Il y a aussi un garçon de quatorze ans qu'il a bien connu, dont il sait qu'il en baverait d'admiration, s'il pouvait lui dire ça ; malheureusement, c'est trop tard : il faudrait retourner plus de quarante ans en arrière, pour le retrouver, ce François-là, qui rêve derrière la vitre du wagon, au passage d'Arcueil-Cachan.   (*PRE*, 294-5)

Dans ce texte qui ne cesse d'intriquer récits individuels et collectifs, la référence intertextuelle littéraire ou non littéraire, dont j'ai donné quelques exemples mériterait une étude spécifique. J'ai suggéré de voir en *Danube*, explicitement mentionné, une matrice de *Les Passagers du Roissy-Express*. Au fil du voyage, les paysages s'avèrent hantés littérairement : par Nerval (*PRE*, 8, 29), par Perec (30), par Alexandre Dumas (40-1), par Italo Calvino (94), par Didier Daeninckx (265), par Max Jacob (184), par Jacques Prévert (224, 332), par Jules Verne (160, 316). Une référence à Julien Gracq s'établit par l'intermédiaire d'Yves Lacoste qui retrouve chez Julien Gracq « *tous les secrets mêlés des plisse-ments de l'écorce terrestre et des inquiétudes humaines* » (309).

Un jeu intertextuel discret et humoristique ponctue le roman, qui consiste allusivement en un jeu sur les codes des récits de voyage ou pour magnifier en souriant l'épopée viatique prosaïque du R.E.R. ligne B. Ainsi au début du livre lisons-nous :

> François aime, dans les récits des grands voyages transatlantiques, le moment où l'auteur hume pour la première fois l'odeur des terres inconnues : c'est ainsi que dans un petit livre bleu qu'il vient de lire, Jean-Louis Vaudoyer, en route voici soixante ans vers La Havane sur un joli paquebot, raconte que « le Cancer franchi, l'haleine des Antilles chargea l'air d'un parfum organique ». Mais nul besoin pour cela de franchir un tropique : l'arôme organique flotte en permanence dans la station Châtelet-Les Halles. (*PRE*, 8)

La seule utilisation distanciée de l'expression stéréotypée « *Nos voyageurs* » (211) renvoie à ce jeu sur les codes. Par exemple, à la fin d'une discussion dans les jardins ouvriers d'Aubervilliers (le jardinier a raconté que son père était marin et lui a exercé dix ans durant le métier d'officier mécanicien de marine), s'opère une métamorphose de leur errance banlieusarde en grande aventure maritime :

> Du coup voici nos voyageurs bien loin des jardins ouvriers, des Courtillières, d'Auber et du R.E.R. : ils voguent, ils sont sur les bancs d'Islande, ils redescendent vers le sud, Gibraltar, Alger la blanche, et pourquoi pas, plus tard, la mer des Sargasses... Non, soyons sérieux, empannons, virons de bord arrière, et lofons, un ris dans la grande voile, étarquons bien, bordons le génois à fond, remontons au pré serré, à la limite de la gîte, sans craindre les paquets de mer, lames courtes, vagues en marmites, cirés ruisselants, remontons encore, toujours, et regagnons le fort d'Aubervilliers amarré à une encablure de Paris, samedi 27 mai, ciel clair, vent force deux, visibilité dix milles : petit temps, très petit temps. (*PRE*, 211)

À la page 94, en regard d'une photographie d'Anaïk Frantz (vue de dos : quatre enfants, cartable au dos, avançant dans un terrain en friche ; au fond du paysage la forme de quatre tours et d'une haute cheminée) ; un paysage périurbain décrit est métaphorisé oniriquement (« *tourelles de cuirassés géants ou forteresses de science-fiction* ») et se métamorphose en vision d'Italo Calvino : « *Apparition incertaine et flottante d'une de ces villes invisibles que, dit Italo Calvino, Marco Polo racontait au Grand Khan.* » Suit une citation : « *Quatre tours d'aluminium s'élèvent de ses murs flanquant sept ponts-levis à ressort* [...]. ». La référence par citation aux *Villes invisibles* crée la magie que nous annonce le "*Roissy-Express*" du titre.

Vers la fin du livre, une erreur de lecture d'un affichage lumineux et un incident conduisent les voyageurs à la Gare du Nord : « [...] *ils décident de remonter à la surface, histoire d'acheter les journaux du jour et de humer l'air du large du côté des grandes lignes.* » (PRE, 266). Ils vont voir si « *les deux wagons russes du Paris-Moscou de 16h14 sont à quai* », chacun en proie à des « *souvenirs nostalgiques* » pour avoir emprunté cette ligne. Ils recherchent des prospectus qui traîneraient et leur apporteraient « *un précieux horaire du Transsibérien, une épaisse brochure où l'on se perd dans la succession des jours et des fuseaux horaires* » (267). Notons, dans la nonchalance étudiée de ce récit cet effet de boucle ; le livre s'ouvre sur l'odeur des terres inconnues dans les récits de grands voyages et se clôt sur une échappée belle avortée à partir des horaires du transsibérien. Le texte, assujetti aux rails de la ligne B, esquisse des rêveries sur les dirigeables, les avions, un TGV flambant neuf surclassé pourtant malgré sa magie par l'aérotrain de l'ingénieur Bertin dans *Michel Strogoff* de Jules Verne (316).

Il me semble que le récit de Maspero, sur le mode référentiel, opère de la même manière que certains récits romanesques. Je pense à *Tigre en papier* d'Olivier Rolin. Il s'agit de la ville de Paris pour ce dernier, de sa banlieue pour Maspero ; mais le défi à relever est une forme vive capable de dire la vertigineuse complexité, la « matière inextricable » de la ville, « *la pelote en quoi se nouent et se serrent des millions de fils, vies présentes et passées, vécues et rêvées* »[20].

Dans la série d'ores et déjà riche qui renverse l'exotique en

« endotique » pour dire l'étrangeté de voyager « en notre pays même », après *Les Autonautes de la cosmoroute* et *Danube*, avant *Zones*, *La Clôture* ou *Paysage Fer* ; *Les Passagers du Roissy-Express* est un livre exemplaire d'une littérature narrative française qui, quoi qu'on en dise parfois, subit d'autres tropismes que celui de l'égotisme et sait conjuguer l'extime et l'intime en renouvelant le récit de voyage.

SIGLE ET ÉDITION UTILISÉS

François MASPERO *et* Anaïk FRANTZ
PRE   *Les Passagers du Roissy-Express* (Paris, Seuil, « Fiction & Cie », 1990).

*

1. François MASPERO, *Les Abeilles & la guêpe* (Paris, Seuil, 2002), p. 255.
2. François MASPERO, *Balkans-Transit* (Paris, Seuil, 1997).
3. Carol DUNLOP, Julio CORTÁZAR, *Los Autonautas de la cosmopista. Viaje attemporel Paris-Marsella* [1983] (Barcelone, Muchnik Editores, 1983) ; traduction française, Laure GUILLE-BATAILLON et Françoise CAMPO : *Les Autonautes de la cosmoroute ou Un voyage intemporel Paris-Marseille* (Paris, Gallimard, 1983).
4. Mentionnons par exemple : *Chemin faisant* de Jacques LACARRIÈRE (1977), *Les Passagers du Roissy-Express* de François MASPERO (1990), *Zones* (1995), *Traverses* (1999), *La Clôture* (2002) et *Terminal Frigo* (2002) de Jean ROLIN, *La France fugitive* de Michel CHAILLOU (1997), *Paysage fer* de François BON (2000), *Le Vagabond approximatif* de Georges PICARD (2001), *L'Éblouissement des bords de route* de Bruce BÉGOUT (2004), *Paris, musée du XXIe siècle, Le dixième arrondissement* de Thomas CLERC (2007).
5. Georges Perec écrit dans *L'Infra-ordinaire* (Paris, Seuil, 1989), pp. 9–13 : « Approches de quoi ? » : « *Peut-être s'agit-il de fonder enfin notre propre anthropologie : celle qui parlera de nous, qui ira chercher en nous ce que nous avons si longtemps pillé chez les autres. Non plus l'exotique, mais l'endotique.* » (pp. 11-12). On peut consulter à ce sujet Michael SHERINGHAM, « Trajets quotidiens et récits délinquants », *Temps Zéro. Revue d'écriture contemporaine*, n° 1 : *Raconter le quotidien aujourd'hui*, M.-P. HUGLO ed., 2007,
      URL : http://tempszero.contemporain.info/document79
6. Le mot est employé en un sens non volodinien.
7. François Maspero se désigne à la troisième personne : « François, il... ». La photographe par son prénom : « Anaïk ».
8. Je fais référence au livre décisif de Danièle Méaux à qui j'emprunte cette

expression : *Voyages de photographes* (Saint-Étienne, Publications de l'Université de Saint-Étienne, « CIEREC — Travaux 141 », 2009), pp. 211–35 : « Un mode d'investigation » (p. 211).

9. Chaque chapitre, dans la table des matières de *Danube* (Paris, Gallimard, « L'Arpenteur », 1988, Jean et Marie-Noëlle PASTUREAU trad.) et dans *Les Passagers du Roissy-Express* au début du chapitre, détaille son contenu.

10. Michael SHERINGHAM, « *Paysage fer* et le travail du regard », à paraître en français in *François Bon. Éclats de réalité,* Dominique VIART *et* Jean-Bernard VRAY *eds* (Saint-Étienne, Publications de l'Université de Saint-Étienne, « Lire au présent »). Une première version de cette étude a paru en langue anglaise, pp. 188–203 in *The Art of the Project,* M. SHERINGHAM *et* J. GRATTON *eds* (Oxford, Bermingham, 2005).

11. Je reprends une formulation de François BON dans un livre qui associe le photographe Jérôme Schlomoff : *La Douceur dans l'abîme. Vies et paroles de sans-abri* (Strasbourg, Éditions de l'Est, 1999), quatrième de couverture.

12. Librairie liée aux Éditions Maspero.

13. L'habitant de Roissy (*PRE*, 34–6) ; Mᵐᵉ Zineb (48–9) ; les deux balayeurs (90–2) ; l'homme du cimetière du Bourget (150–5) ; le jardinier des jardins ouvriers (207–11) ; vie de Mᵐᵉ Marie-Josée (233–7) ; l'éclusier de l'écluse des Vertus (245-6).

14. Michel DE CERTEAU, *L'Invention du quotidien,* I. *Arts de faire* (1980) (Paris, Gallimard, « Folio essais », 1990).

15. Séquences de la pose du drapeau tricolore sur l'aqueduc d'Arcueil (*PRE,* 292–4) et du banquet républicain (298–302).

16. *Aubervilliers,* moyen métrage documentaire (25') d'Eli LOTAR, texte de Jacques PRÉVERT, 1945.

17. Charles TRÉNET, « L'Âme des poètes ».

18. Maspero renvoie pour définir son projet à deux lectures de l'école communale : *Voyages en zigzag* de Toepffer et *Le Tour de France de deux enfants* (*PRE,* 20).

19. Voir *Les Abeilles & la guêpe.*

20. Olivier ROLIN, *Tigre en papier* (Paris, Seuil, « Points », 2002), p. 21.

7

LE FRAGMENT COMME FORME DE LA LENTEUR

L'ART VIATIQUE DE JULIEN GRACQ

par Guillaume PAJON

> « *Il y a dans toute trajectoire un passage à vide qui retient le cœur de battre et écartèle le temps : celui où la fusée, au sommet amorti de sa course, se pose sur le lit de l'air avant de s'épanouir* [...] — *une perte de vitesse où la ville qu'on habite, et que recompose pour nous jour après jour, comme ces larves de lenteur qui flottent sur la moire d'une hélice, l'accélération seule, le volant lancé à fond d'un maelström d'orbites folles, se change en fantôme rien qu'à laisser sentir un peu son immense corps.* »
>
> (Julien GRACQ[1])

LE voyage occupe une place primordiale dans l'œuvre de Julien Gracq. Dans le pan romanesque de son œuvre, il revêt une importance non négligeable et la « Fiche signalétique des personnages de [s]es romans » (p. 153[2]), que l'auteur compose pour son premier recueil de fragments, *Lettrines*, mentionne des éléments qui placent toujours ses personnages de voyageurs dans un tête-à-tête trouble avec le visage de la terre : « Activités : *en vacances.* [...] Domicile : *n'habitent jamais chez eux.* Résidences secondaires : *mers et forêts.* ». Dans la trame du romanesque gracquien, ces voyages ou fragments de voyages servent à amorcer l'appareillage du héros vers un ailleurs qui a les traits de son destin. « *Je crois bien que à peu près tous les livres que j'ai écrits commencent par un personnage qui est en voyage. [...] La route est l'habitat préféré des personnages de ces livres* »[3], confie l'auteur en 1977 lors d'un entretien radiophonique avec Jean Daive. C'est toutefois dans la partie de l'œuvre qui suit l'écriture purement romanesque que le voyage, réel, et les paysages qui en sont l'enjeu premier, trouvent leur expression la plus complète. En effet, les ouvrages fragmentaires de Gracq témoignent de son expérience continue de voyageur et c'est, avec l'entreprise critique qui est à l'œuvre dans les fragments ainsi que l'entreprise autobiographique, le grand sujet de cette modalité discursive particulière. Mais, comme l'auteur le fait remarquer, « *il faut distinguer les paysages qui sont dans les romans et ceux qui sont dans des choses vues comme* Lettrines » (p. 1206[4]). Corollairement, il faut distinguer le voyage à l'œuvre dans le romanesque, du voyage tel qu'il trouve à s'exprimer dans le cadre de l'œuvre discursive. Promenades, flâneries, tourisme, etc. : autant de modalités viatiques qui occupèrent, souvent avec passion, l'auteur, lui dont la vie s'est longtemps partagée entre la terre élective de l'enfance — Saint-Florent-le-vieil et la Loire — et Paris.

Le propos retenu ici pour aborder les grands voyageurs contemporains, la lenteur, sied tout particulièrement à ce "grand" voyageur de la proximité. En effet, l'impression de sérénité qui s'offre au lecteur des fragments de Gracq laisse justement comme un goût de lenteur parcourant tous ses textes. Pourtant, à y regarder de plus près, la lenteur, qui est une qualité rythmique, semble s'opposer, en tant que catégorie esthétique, à l'art du fragment gracquien parce qu'il œuvre avant tout dans le figement d'un art proche de la peinture — en l'absence de tout mouvement effectif, donc de lenteur — qui transforme, le plus souvent, le paysage en tableau. Ce sont là sans doute l'originalité et les paradoxes de son art du fragment — qui n'empêche nullement la lenteur — et de sa manière de voyager. Nous tenterons de montrer comment la lenteur viatique constitue pour Gracq un idéal du voyage, ontologique et esthétique, qui, en raison du mode discursif choisi par l'auteur et empêchant l'extensivité de l'écriture, se réalise la plupart du temps sous la forme de catégories esthétiques connexes de la lenteur, qui la relaient et lui assurent sa grandeur. Le corpus que nous souhaitons privilégier est le suivant : *Lettrines, Lettrines 2* et *Carnets du grand chemin*. L'unité thématique des recueils consacrés à Nantes (*La Forme d'une ville*) ou à Rome et à l'Italie (*Autour des sept collines*), alors même qu'il s'agit bel et bien, surtout pour le recueil consacré à Rome, de récits de voyage, ressortit à des problématiques quelque peu différentes en raison même de cette unité, par rapport aux œuvres fragmentaires qui traitent le voyage, justement, de manière fragmentaire. En la matière, le discontinu de ces recueils souligne d'autant mieux la lenteur paradoxale de ce mode d'être dans le voyage.

portrait de Julien Gracq en voyageur

Gracq est, à n'en pas douter, l'un des écrivains pour lequel le voyage a joué un rôle tout à fait fondamental, tant sur le versant purement vécu de son expérience humaine que sur les répercussions de cette expérience sur l'écriture[5]. À ce titre, le voyage constitue pour lui un matériau particulièrement fécond pour l'écrivain qu'il est. Certes, ses voyages ne peuvent aucunement s'apparenter aux longs périples de Jean-Marie Le Clézio par exemple, pour qui le voyage revêt des dimensions culturelles et universalistes certaines. L'ailleurs gracquien n'est pas l'ailleurs de l'aventure et l'image que l'histoire de la littérature s'est occupé de forger à l'auteur est très éloignée de cet horizon idéologique du voyage. Comme l'écrit Atsuko Nagaï : « [...] *Gracq a choisi d'être professeur dans la région parisienne, une profession stable s'il en est et dénuée de tout risque de bouleversement. De plus, en travaillant à Paris, il s'est contenté d'un va-et-vient régulier entre Paris et Saint-Florent-le-vieil, sortant à peine de l'Europe occidentale pour découvrir d'autres cultures.* » (p. 294[6]). L'écrivain en convient d'ailleurs lui-même qui avoue, en confirmant les propos d'Atsuko Nagaï quant à ses préférences géographiques, lors de son entretien avec le géographe Jean-Louis Tissier : « *Je n'ai pas beaucoup voyagé* » (p. 1208[4]), ou dans son entretien avec

125

Jean Daive : «Je ne suis pas un grand voyageur. »[3]. Donc, si Gracq n'est pas entré dans la mythologie contemporaine des grands voyageurs, ceux qui parcourent le monde à grandes enjambées, c'est en raison, d'une part, de ses préférences géographiques — ou du moins de ses voyages effectivement réalisés et dont il témoigne dans ses fragments — et, d'autre part, des modalités discursives qu'il adopte pour écrire ses voyages, le fragment ne semblant pas cristalliser en son sein l'expérience du voyageur confronté à l'immensité du lointain.

Les préférences géographiques de Gracq, quelles sont-elles ? Il s'agit, principalement, de la France[7]. Il est très significatif à ce sujet que la majeure partie des fragments composés par l'auteur lui soit consacrée. Comme le fait remarquer Atsuko Nagaï, et beaucoup d'autres, dont l'auteur lui-même, Gracq ne s'est en effet que peu aventuré hors les frontières de son pays, ce qui ne signifie pas pour autant que l'esprit d'aventure, comme dans ses romans, lui soit tout à fait étranger. Au contraire, la familiarité géographique semble permettre et augmenter les pouvoirs de l'errance, jusqu'à son point d'éclatement qui est la néantisation de l'aventure dans la promenade, menée *piano* dans un jardin mille fois parcouru. Ainsi, la proximité avec le lieu d'élection par excellence, celui des terres de l'enfance (Saint-Florent-le-vieil, la Loire, etc.), assure la pleine réalisation de la promenade en tant que modèle viatique particulier qui œuvre dans la familiarité.

Pourquoi le sentiment s'est-il ancré en moi de bonne heure que, si le voyage seul — le voyage sans idée de retour — ouvre pour nous les portes et peut vraiment changer notre vie, un sortilège plus caché, qui s'apparente au maniement de la baguette de sourcier, se lie à la promenade entre toutes préférée, à l'excursion sans aventure et sans imprévu qui nous ramène en quelques heures à notre point d'attache, à la clôture de la maison familière.[8]

La tentation de la performance viatique et de ses passages obligés — le tour du monde par exemple — est ainsi tout à fait étrangère à Gracq qui privilégie la proximité géographique. En ce sens, le voyage n'est pas pour lui assimilable à un "sport" appelant le dépassement de soi, ni vraiment une expérience de l'altérité. Si

126

le sport est bel et bien présent dans l'œuvre de Gracq, il est avant tout une modalité particulière du jeu. Quant à l'altérité, dans le voyage, elle s'efface le plus souvent — et cela est tout particulièrement vrai quand il s'agit de voyages effectués à l'intérieur de l'espace français, et davantage encore, quand il s'agit de la promenade familière — devant l'expérience intime. La sensation de dépaysement n'est pas chez lui causée par l'éloignement exotique et la devise de José Corti — « *Rien de commun* » — qui ouvre toute lecture de Gracq, si hautaine, si aristocratique et qui va si bien aux paysages romanesques qu'il a créés, semble, à première vue, ne pas être en adéquation avec son expérience de voyageur. Cette performance viatique n'est présente chez Gracq qu'à l'état de vague désir, tout entier ancré sur des terres d'imaginaire, presque irréalisable, ou relayé par la connaissance livresque et scientifique du géographe. La fin de l'entretien qu'il a accordé à Jean-Louis Tissier en 1978 est consacrée d'ailleurs à l'énumération de ces destinations de voyage :

J'aimerais aller à Darjeeling, où il y a paraît-il un panorama de l'Himalaya splendide. J'aimerais voir le Grand Canyon que j'ai manqué quand je suis allé en Amérique. Les Hauts plateaux andins, l'Altiplano, la Bolivie, le Pérou. Une chose me passionne, en géographie botanique : les peuplements de séquoias des États-Unis. [...] Il y a les déserts qui m'attireraient beaucoup. La Chine, l'Inde, non. [...] Dans *Tristes Tropiques* de Lévi-Strauss, est décrite la grande forêt du sud du Brésil, la forêt du Parana, les araucarias, il paraît que c'est inoubliable. J'aimerais voir cette forêt.

(pp. 1209-10[4])

Ainsi, un voyageur n'est pas seulement un voyageur qui a parcouru beaucoup de chemins, a vu beaucoup de pays, de villes et de paysages, comme un collectionneur amassant ses trésors. Les grands voyages se font aussi au rythme de la promenade familière, ou au rythme du rêve.

la lenteur comme idéal du voyage

La lenteur constitue pour Gracq la modalité rythmique du parcours qu'il convient de privilégier pour apprécier les subtilités et les charmes d'un paysage, car, bien plus que tout autre chose, ce sont les paysages, dans leur permanence magnifique, qui attirent l'auteur et qui justifient la raison d'être du voyage. À de nombreuses reprises, il affirme ainsi la valeur de la lenteur par rapport à la pauvreté de la vitesse, même s'il expérimente l'une comme l'autre, et que, en la matière, il ne voyage pas nécessairement selon les principes éthiques qui guident son écriture du voyage, ne rechignant pas, à l'occasion, à la présence d'un guide, notamment quand il se trouve à l'étranger, en Suède ou aux États-Unis par exemple.

C'est par de brèves notations que l'auteur souligne l'importance de voyager lentement, nécessité presque sanitaire pour lui : comme l'on dit qu'il faut manger lentement pour apprécier le goût et la richesse des aliments, il en va de même pour le voyage. Ainsi dans son fragment — l'un des plus longs — intitulé « Tableau de la Bretagne », Gracq écrit : « *Pour qui a décidé de la traverser vite — trop vite — peu de pays en France quand on les visite protestent aujourd'hui aussi prosaïquement — aussi sainement — que la Bretagne contre une certaine idée convenue qu'on s'est faite d'eux par les vieux livres.* » (p. 230[2]). On le voit dans cet extrait, pour l'auteur, la lenteur dans le voyage est connaissance et possibilité d'existence d'une relation vraiment profonde et intime entre un lieu et un regard. En revanche, la vitesse dans le voyage signifie superficialité et fausseté et fait écran aux charmes d'un lieu. Ailleurs, il écrit encore : « *Rien n'était plus frais et plus charmant — il y a une douzaine d'années — que la matinée d'été où parti de Mazamet de bonne heure, je gravissais lentement les pentes de la Montagne Noire, après les gorges de l'Arnette, à travers la forêt d'Hautaniboul.* » (p. 235[2]). À l'inverse, lors de son « Voyage rapide en Castille » (p. 227[2]) — dans ce fragment l'énumération frénétique des lieux et des choses vues est en parfaite concordance avec le rythme du voyage — Gracq ne semble pas, même s'il évoque des éléments qui l'ont « touché », enclin à cette douce rêverie qui fait la force du voyage, et à la joie qui l'accompagne. Sans doute l'imaginaire du voyage est pour lui associé à des pratiques sociales qui précèdent la domination généralisée du moteur — alors même qu'il vante volontiers sa voiture[9], une 2 CV, bolide s'il en est — et des loisirs de masse. Ainsi, dans son entretien avec Jean Daive, il note ce basculement de l'imaginaire, basculement esthétique et narratif donc :

C'est un de ces changements brusques qui se produisent. Le château était un symbole de permanence [...]. Je suis persuadé que ça a perdu de sa prise sur l'imagination et que maintenant ce sont plutôt les objets, les symboles du mouvement qui prennent la place, par exemple l'automobile. L'auto-mobile, tous les moyens de déplacement rapide, l'avion, je ne sais pas, toutes ces choses, je suis persuadé que c'est probablement, progressivement, ça devient plus attractif pour l'imagination, c'est plus mobilisateur que les symboles d'immobilité comme l'était le château.[3]

La lenteur du voyage gracquien est donc en quelque sorte condi-tionnée par des pratiques de déplacement liées à l'époque de l'auteur, loin de la frénésie de vitesse de notre temps, et Gracq a sans doute gardé de telles habitudes de jeunesse sa manière d'être dans le voyage : bicyclette, autocar, train, omnibus. Les souvenirs de ces voyages menés au gré de la marche, lente, forcé-ment lente, ou des stations programmées par les horaires de bus ou de train, abondent ainsi dans ses fragments : « *Entre 1942 et 1946, j'ai longuement parcouru à pied la Basse-Normandie : je travaillais à une thèse de géographie physique. Le charme de ces lents voyages à l'aventure était grand.* » (p. 278-9[9]), « *Je rentrai à Caen à pied ce jour-là. Je retournai à Langrune, à Luc-sur-Mer, deux ou trois fois, à pied toujours : [...]* » (p. 253[9]).

Corrélativement à cette lenteur, Gracq développe un rapport au voyage toujours fécond en surprises et rêveries. Les modalités du voyage privilégiées par Gracq nient ainsi le rendement et l'effi-cacité du voyage touristique occupé par le souci de l'accumu-lation visuelle. Cette idée du *rendement*, au sens économique du terme, comme repoussoir idéologique du rapport au monde est d'ailleurs explicitement mentionnée comme la cause de la défiance de Gracq pour les paysages du Vaucluse :

Ce n'est plus une campagne, ce n'est pas un jardin. L'idée de *rende-ment*, sordidement présente dans toute cette usine agricole, jure avec celle du jardin, qui ne respire que désintéressement et temps perdu avec amour. [...] : nulle part la molle abondance juteuse qu'évoquent le mot *verger* ou le mot *potager*.   (p. 259[9])

C'est davantage le détour, le zigzag, l'arrêt, qui suscitent chez l'auteur la possibilité de se confronter aux merveilles du monde. Dans cette perspective, ces modalités viatiques laissent une place non négligeable au hasard et à ses charmes et ne sont pas sans rappeler l'esprit surréaliste, principalement incarné pour lui par la figure d'André Breton, auquel l'auteur est toujours resté attaché. En ce sens, il s'oppose nettement à la pratique touristique car le voyage n'est pas pour Gracq le tourisme. Son évocation de Venise est à ce titre très parlante : « Venise : *le côté nord de la ville — étrange refuge de tous ses aspects noirs — où l'on ne va guère, le pont des Soupirs étant seul affecté au frisson officiel du touriste.* » (p. 163[2]). Cette répugnance affichée pour le tourisme, et surtout d'ailleurs sans doute pour *le* touriste — avec ce qu'il implique de foules, de mouvements de masse, de consumérisme aussi et d'inattention aux choses — fait écho à l'individualisme forcené de l'auteur, qui, tout en n'étant pas, bien entendu, l'ermite que l'on a souvent voulu voir en lui, trouve à s'exprimer à la fois dans ses romans, dans son œuvre fragmentaire et dans sa vie même.

Son rapport au voyage, où la lenteur permet la mise en tension des sortilèges du monde et la cristallisation des possibles en des modalités viatiques qui vont à l'encontre de la ligne droite, Gracq la résume en un sublime alexandrin plein d'emphase et de douceur, et qui vient magnifier un de ses souvenirs du Périgord noir : « [...] *heureux qui sait quitter à temps le grand chemin* [...]. » (p. 943[10]).

les paradoxes de la lenteur

Mais il y a comme une disjonction entre la pratique du voyage dont Gracq témoigne dans ses fragments et l'écriture dans laquelle ses voyages trouvent à s'exprimer. En ce sens, Gracq est peut-être plus un écrivain du voyage qu'un véritable voyageur.

130

L'écriture de la lenteur est ainsi écartelée entre deux tentations d'écrivains. Notons ici qu'il convient de ne pas entendre le terme *tentation* dans le sens péjoratif judéo-chrétien, à savoir « ce qui peut perdre », mais dans son sens le plus gracquien : la mise en tension du désir. Deux tentations d'écriture donc, la fulgurance du fragment et le figement du tableau, la première comme antithèse de la lenteur, le second comme son ultime extrémité, la magnifiant et l'occultant, et s'exprimant par exemple dans une modalité particulière du voyage qui est celle de la station.

Ainsi, la syntaxe du fragment gracquien, son ordonnancement rhétorique, nie le plus souvent la lenteur que l'idéologie gracquienne du voyage appelle de ses vœux. Il y a en effet, dans la clôture du texte, de multiples signes qui traduisent la vitesse discursive du fragment, constituant ainsi un profond paradoxe du voyage gracquien, tout entier tendu vers et par une lenteur du mouvement, mais travaillé dans son expression par une vitesse du geste d'écriture, écartelé entre l'ouverture abrupte — sous forme de titres souvent — qui est de l'ordre de l'effondrement annonciateur, et la conclusion du fragment qui peut s'apparenter à un art de la pointe, sèche, brève et définitive, où le regard du moraliste prend souvent place. Cette polarité encadrante et musicale du fragment pourrait ainsi aller à l'encontre de cette lenteur qui est, comme nous l'avons voulu montrer, un idéal du voyage. Mais il ne faut pas voir ici une simple disjonction entre l'expérience vécue et son expression dans l'écriture. Au contraire, la fulgurance du fragment viatique, et il s'agit là d'un des premiers paradoxes de la lenteur gracquienne, entérine la vision qui préside la plupart du temps au fragment et qui est la raison d'être du voyage, la cristallisation esthétique d'une trajectoire. Gracq, en quelque sorte, dit la lenteur, souhaitée ou effective, avec des ressources stylistiques travaillées par un esprit de la vitesse et de l'énergie, celles-là même qu'il admire tant, en poésie, chez Stéphane Mallarmé ou André Breton. À plusieurs reprises dans ses fragments, l'auteur thématise d'ailleurs cette fulgurance soudaine et finale que la lenteur du cheminement permet. La lenteur comme tension appelle et permet la déflagration du désir.

C'est le cas lors d'une promenade sur les dunes landaises avec une femme après une longue ascension : « *Devant moi, je vis B. se déchausser et se mettre à courir, à courir à perdre haleine au long de la crête, les cheveux défaits, une aigrette de sable ailant dans le vent enragé chacune de ses chevilles, saisie par je ne sais quelle ivresse de l'étendue et de la virginité.* » (p.265⁹). C'est le cas encore lors de sa première découverte de Montségur — haut lieu couronné de l'ombre du Graal, donc hautement chargé de symboles et de réminiscences pour lui — après une longue montée sur les serpentements des routes pyrénéennes : « *Sur le chemin désert du col du Tremblement, à un détour, la première et saisissante apparition du* pog *dans une lumière d'éclaircie.* » (p. 167²). Enfin, lors de sa découverte de la Pointe du Raz, encore un lieu très gracquien, il écrit : « [...] *j'eus conscience, en une seconde, littéralement, matériellement, de l'énorme masse derrière moi de l'Europe et de l'Asie, et je me sentis comme un projectile au bout du canon, brusquement craché dans la lumière. Je n'ai jamais retrouvé, ni là, ni ailleurs, cette sensation cosmique et brutale d'envol — enivrante, exhilarante — à laquelle je ne m'attendais nullement.* » (p.271⁹). La lenteur, fût-elle paradoxale, est donc pour Gracq découverte ; elle permet et rend possibles les surprises du détour, mais permet aussi d'exquises épiphanies, des fulgurances de la vision et du sentiment de la présence au monde : elle est *aussi* énergie et source d'énergie.

Par ailleurs, la longueur du fragment gracquien — pour rester dans les considérations discursives qui président aux paradoxes de la lenteur — ne permet que rarement le développement du récit de voyage dans une extensivité de la chaîne narrative. En ce sens, le lecteur pourrait objecter qu'il n'y a pas de lenteur puisqu'il n'y a pas de parcours mais cette réduction du voyage à l'élément fondamental qui lui donne sa raison d'être — le paysage — nous semble l'acmé de cette lenteur de la trajectoire, car elle en constitue l'extrême limite, la station de la description, et que ce figement dans la contemplation des lieux est permis, justement, par la lenteur. La circulation interfragmentaire du lecteur fonctionne d'ailleurs comme autant de stations dans un parcours mené tout uniment : les stations d'un grand voyage, du Voyage. Ainsi, l'ensemble des fragments composés par Gracq semble pouvoir s'apparenter à un véritable diaporama composé au gré de voyages reconstitués avec « *le souvenir — d'une netteté de photographie —* » (p. 965[10]) : un art de photographe donc, ou un art de peintre. Sa description de la baie de Somme est sur ce point fort significative car, en convoquant, dans une comparaison, l'art pictural, Gracq opère un rapprochement entre les moyens d'expression du discours et ceux de la palette. Ce paysage flou et captivant, transfiguré par l'écriture, dit toute la lenteur du voyage, ou plutôt du regard voyageur. Il faut savoir ralentir pour regarder et apprendre à regarder les splendides lenteurs du monde.

> Estuaire de la Somme, pays du miroitement et de la brume, où les linéaments de la terre à vau-l'eau se réduisent dans le paysage à quelques pures et minces lignes horizontales, mangées par les reflets de lumière, et dont la légèreté irréelle fait songer à un lavis chinois. Près de la mer, longues nappes de vases réfléchissantes, courant se fondre dans le gris et la nacre d'huître de la Manche, où la Somme essore paresseusement sa traînée liquide comme la pellicule d'eau qui draine le fond de la baignoire mouillée.
>
> (p. 955[10])

Si la lenteur maximale du voyage se réalise dans l'arrêt du voyageur gagné par la contemplation des lieux, nous comprenons pourquoi la plupart du temps le voyage gracquien est vidé de l'humaine altérité qui fait de beaucoup de récits de voyages le but premier de leur existence, mais aussi pourquoi le récit viatique de Gracq peut s'apparenter à une œuvre de peintre. Ainsi, pour Gracq, c'est davantage le paysage qui compte, et le regard porté sur ce dernier, que la multiplication des destinations et des stations qui est plutôt la manie du collectionneur de lieux qu'est le touriste.

la lenteur comme qualité de l'espace

Dans cette attention portée aux paysages, s'opère ainsi un étrange déplacement de la trajectoire au lieu, du *chronos* au *topos*. Il semble, et là réside sans nul doute cette impression de lenteur qui se dégage des fragments de Gracq, que ce soit le paysage, et non le voyageur dans son déplacement, qui soit gagné par la lenteur. Affirmer qu'un paysage est lent est absurde mais les paysages de Gracq n'existent que dans leur expression littéraire. L'auteur, alors, superpose l'idéal de la lenteur dans le voyage au paysage ainsi contaminé par la lenteur qui devient non plus une qualité du temps mais une qualité de l'espace. La lenteur, en elle-même, ou relayée par des équivalents esthétiques, est donc une qualité intrinsèque des lieux qui, dans un mouvement d'universelle hypallage, s'adjoint au "visage de la terre" par le désir de l'auteur. Ces équivalents esthétiques constituent alors pour Gracq des équivalents idéologiques, et le paysage est comme reconstruit *a posteriori* par la sensibilité de l'auteur. On ne peut donc guère concevoir la lenteur du voyage gracquien en la séparant de la polysensorialité qui préside à l'expérience du voyage. Attentif aux odeurs, aux silhouettes du paysage, à tout ce qui fait l'expérience pleine du voyage, Gracq ne traduit le voyage que par le prisme de multiples correspondances : la lenteur n'est pas seulement le rythme d'un trajet mais elle est aussi une qualité de regard sur le monde. D'ailleurs, le charme d'un lieu vient souvent pour l'auteur de ce que le temps semble se suspendre au point de ne plus mordre le réel, au point de se figer et de disparaître sous les splendeurs du monde. À propos des Landes : « *Rien ici ne vient rythmer la journée, les heures glissent sur les bourgades sourdes et muettes sans les éveiller jamais, [...].* » (p.264[9]). À propos du plateau de Millevaches : « *[...] toute la journée, on dirait qu'il est dix heures du matin.* » (p.268[9]). De manière plus générale, dans un fragment qui évoque l'idée de route, il écrit : « *La monotonie un peu sommeillante du ruban de la route, la lenteur fondue de sa métamorphose, sont composantes indispensables du charme de ce qui se présente toujours irréellement dans le souvenir comme un long, très long voyage, [...].* » (p.974[10]).

Plus que le flux du corps engagé dans un rythme lent du voyage, c'est davantage la lenteur du regard qui caractérise le voyage gracquien et la lenteur du voyage comme parcours ne lui est pas tant intrinsèque qu'induite par le regard qui recompose le voyage dans l'écriture. C'est donc en termes visuels que la lenteur gracquienne se donne à lire principalement dans les fragments car préalablement — ou conséquemment — elle opère sur le paysage avant d'opérer sur le sujet voyageant. Les catégories équivalentes de la lenteur sont par exemple le mou : « *La Scanie, dans cette fin d'hiver débarrassée de sa neige : une campagne spacieuse et molle.* » (p.397[9]), « *Planèze de* Salers *au soleil de six heures : longues pentes nues et molles montant vers les dents volcaniques* [...]. » (p.257[9]). Le frais : « *Fontaine de Vaucluse : depuis le fond de l'eau lustrale où bougent les cheveux d'ondines vertes, jusqu'aux lèvres supérieures de la conque ombreuse, en deux cents mètres tous les arpèges de la fraîcheur.* » (p.260[9]). Le long : « *Jamais je ne l'ai* [la route des Landes] *prise* [...] *sans être habité du sentiment profond d'aborder une pente heureuse, une longue glissade protégée, privilégiée, vers le bonheur.* » (p.263[9]). Le doux : « *Le bleu cendré des lointains où le val plonge doucement au-delà de la frontière, la netteté des lisières des forêts d'épicéas,* [...]. » (p.942[10]).

Par un effet de contamination du rythme par le regard, et du déplacement par le paysage, des qualités en quelque sorte connexes de la lenteur habitent pleinement l'expérience du voyageur en peintre de la vie géographique et tous ces qualificatifs relayant la lenteur de la trajectoire — nous pourrions multiplier les exemples à loisir — composent le voyage gracquien dans un profond et délicieux « *climat du songe* » (p.971[10]) permis et magnifié par l'écriture. C'est véritablement l'écriture qui compose la lenteur en s'agrégeant au paysage. Dans un fragment consacré à un voyage en banlieue parisienne, pour un déjeuner à Saint-Germain-en-Laye, en hiver, Gracq exprime métaphoriquement ce lien fondamental entre le voyage, le voyage comme relation au paysage, et l'écriture : « *La neige fondait, ne laissait plus au creux des labours que des lignes blanches sinueuses et discontinues comme des lignes d'écriture, les lointains à trois cents mètres se perdaient dans l'air gris du dégel.* » (p.269[9]).

La lenteur dans le voyage gracquien n'est donc pas tout uniment la qualité rythmique d'une trajectoire au sein des paysages. Elle est aussi, et c'est là sans doute la grande originalité de l'expression viatique chez Gracq une qualité de l'espace qui accueille la lenteur du trajet, la transmue dans des formes privilégiées que le paysage adopte et qui traduisent cette lenteur idéale. Le lecteur de Gracq et de ses voyages fait ainsi plus souvent l'expérience de la lenteur en termes visuels que l'expérience de cette lenteur en termes rythmiques parce que le figement du paysage, par le fragment, rend la lenteur rythmique beaucoup moins perceptible voire impossible.

pour conclure : voyager après Julien Gracq

Dans ses fragments, Gracq semble nous proposer une éthique du voyage qui ne peut se départir tout à fait du regard moraliste du géographe professionnel qu'il fut. Si la lenteur n'est pas toujours complètement exprimée dans le discours viatique, entre le figement photographique des fragments essentiellement descriptifs ou l'énumération frénétique du discours touristique, elle en constitue pourtant le principal horizon idéologique présenté comme un idéal, un mode d'être-dans-le-voyage privilégié, mais parfois interdit par certaines contingences ou certains traits de la modernité tout entière portée par la tentation de la vitesse, de la vitesse touristique. Il y a fort à parier que la fréquentation des écrits viatiques de Gracq ait quelque enseignement à dispenser au voyageur contemporain tenté de collectionner les lieux et les choses en les coinçant entre les pages stérilisantes d'un album photo. Cette manière d'herboriser qui semble parfois tuer l'objet du désir trouve un contrepoint idéal dans la figure de Gracq qui nous fait l'offrande d'un formidable précis d'attention au monde. Voyager avec le souvenir de Gracq, et découvrir les grandeurs du paysage en compagnie de leur image composée par les fragments, c'est parcourir la terre habité du "sentiment de la merveille"[11], avec, dans ses poches, un « *rêve de* Guide Bleu » (p. 214[2]).

1. Julien GRACQ, *Œuvres complètes*, I (Paris, Gallimard, « Bibl. de la Pléiade », 1989), pp. 265–323 : *Liberté grande*, « Paris à l'aube », p. 306.

2. Julien GRACQ, *Œuvres complètes*, II (Paris, Gallimard, « Bibl. de la Pléiade », 1995), pp. 139–245 : *Lettrines* (p. 153).

3. Julien GRACQ, *Les Préférences de Julien Gracq*, entretiens avec Jean PAGET et Jean DAIVE (Paris, INA/France Culture/Scam, « Les grandes heures », 2006), « Entretien avec Jean Daive, 1977 », n. p..

4. GRACQ, *Œuvres complètes*, II (*op. cit.*²), pp. 1193–1210 : « Entretien avec Jean-Louis Tissier ».

5. En ce sens, la chronologie établie par Bernhild Boie dans le premier volume des *Œuvres complètes*, qui mêle certains éléments — peu nombreux — de biographie classique, la construction de l'œuvre écrite et les voyages de l'auteur, signifie assez clairement l'importance de ces voyages.

6. Atsuko NAGAï, « Julien Gracq et la géographie humaine », pp. 294–302 in *Le Génie du lieu. Des paysages en littérature*, Arlette BOULOUMIÉ, Isabelle TRIVISANI-MOREAU eds, préface de Michel TOURNIER ([Paris, Imago, 2005], p. 294).

7. Pour le reste, et le détail de ces préférences, on pourra consulter les entretiens accordés à Jean-Louis Tissier et à Jean Daive. L'auteur y évoque ainsi l'Amérique et la Scandinavie, espaces auxquels il consacre une bonne partie de ses fragments de voyage dans *Lettrines 2*. Dans l'entretien avec Jean-Louis Tissier, il revient aussi sur ses goûts en matière de paysages français, où pour lui, là comme ailleurs, tout est question de *préférences*. Il évoque ainsi son goût jamais démenti pour le Massif Central et aussi, bien évidemment, pour la Bretagne.

8. GRACQ, *Œuvres complètes*, II (*op. cit.*²), pp. 525–51 : *Les Eaux étroites* (p. 527).

9. « *Je ne suis pas de ceux qui vitupèrent avec monotonie le déferlement, le laisser-courre torrentiel de la voiture. Je lui dois, je lui devrai encore, j'espère, de magnifiques plaisirs.* » (GRACQ, *Œuvres complètes*, II [*op. cit.*²], pp. 247–401 : *Lettrines 2*, p. 283).

10. GRACQ, *Œuvres complètes*, II (*op. cit.*²), pp. 935–1112 : *Carnets du grand chemin* (p. 943).

11. Jean-Michel MAULPOIX, « Le Sentiment de la merveille »,
URL : http://www.maulpoix.net/gracq.html (consulté le 29/03/2010).

8

DERNIERS VOYAGES AVANT DISPARITION

VOYAGE ET CONSCIENCE DE LA FIN
CHEZ DOMINIQUE NOGUEZ

par Fabien GRIS

DOMINIQUE NOGUEZ est un écrivain protéiforme. Agrégé de philosophie, enseignant-chercheur, grand spécialiste du cinéma expérimental, il mène également depuis près de trente années un travail d'écriture qui défie les genres, les attentes et les modes. Son œuvre, insaisissable, mêle allègrement essais (sur la littérature et le cinéma), biographies détournées, romans, réflexions morales et politiques, textes d'intervention, recueils d'aphorismes... La présentation qu'il en fait, sur le site des Éditions Zulma, souligne volontiers la liberté et la diversité de ses pratiques d'écriture ; avec humour et fantaisie, Noguez esquisse un début de liste des "genres" qu'il a abordés :

« Outre quelques livres sur le cinéma et un *Tombeau pour la littérature* (qui comprend une étude sur le silence), il publie *M & R* (roman mince), *Ouverture des veines et autres distractions* (textes), *Le Retour de l'espé-rance* (aphorismes et historiettes), *Les Deux Veuves* (récit normand), *Les Trente-six Photos que je croyais avoir prises à Séville* (espagnolade), *Les Derniers Jours du monde* (593 pages, roman total [...]) et *Comment rater complètement sa vie en onze leçons* (guide).
A aussi écrit un cycle d'"Études plus ou moins sçavantes" (*Les Trois*

Rimbaud, Lénine dada, Sémiologie du parapluie et autres textes, La Véritable Histoire du football & autres révélations), des textes de morale et de politique (*La Colonisation douce, Aimables quoique fermes proposi- tions pour une politique modeste*) et des traités sur l'humour (*L'Arc-en-ciel des humours, L'Homme de l'humour*). »[1]

L'œuvre investit une grande diversité de domaines, avec humour et dérision. Le récit de voyage ne fait pas exception. Citons notamment deux textes aux titres ironiques, qui prennent à rebours la dimension pittoresque et exotique que peut revêtir le genre : *Les Trente-six photos que je croyais avoir prises à Séville*[2] et *Je n'ai rien vu à Kyoto — Notes japonaises (1983–1996)*[3]. Dans le même ordre d'idées, Dominique Noguez publie en 1994 un texte que nous voudrions examiner plus parti- culièrement, *Derniers voyages en France*, sous-titré « Notes de voyage avec un avant-propos et trois intermèdes » : cette classi- fication "musicale", au caractère volontairement désuet et noncha- lant, désigne explicitement le genre du récit de voyage, tout en mettant l'accent sur la dimension fragmentaire (« Notes ») et digressive (« intermèdes ») de l'ensemble, propre à ces déclinai- sons que sont le journal de voyage et le carnet. Lorsque l'on se reporte à la table des matières du livre, c'est effectivement l'hétérogénéité et la successivité des voyages (on a bien sûr noté l'importance du pluriel dans le titre) qui frappe le lecteur. Double hétérogénéité devrait-on préciser : elle tient certes à la grande variété des villes parcourues (Montélimar, Lyon, Besançon, Brest, Toulouse, Bordeaux, Brive, etc.), mais également à la longue période sur laquelle ces déplacements se sont déroulés, de 1982 à 1992. C'est dire, dès à présent, que les voyages que Noguez a réalisés et consignés se donnent comme des "sauts de puce", accomplis au gré des occasions, du temps libre et des envies. Il n'est donc pas question ici d'un récit relatant un long voyage unique, dans un endroit lointain et/ou dépaysant.

Il nous faut à ce niveau préciser ce que Dominique Noguez entend par « voyages » dans cet ouvrage. Le titre se donne de prime abord comme une provocation discrète : notre époque contemporaine, à travers la mondialisation des échanges, des images véhiculées pas les médias et la révolution des transports (notamment aériens), associe presque automatiquement le terme *voyage* à un séjour à l'étranger, hors des frontières du pays d'origine, souvent pour une durée non négligeable. On a plutôt tendance, lorsque l'on se rend à Dijon, Strasbourg ou Dax, à parler de simple déplacement. Voyager en France serait de plus en plus considéré comme une pratique archaïque, au moment où quelques heures d'avion peuvent nous emmener par-delà mers et océans, et plus généralement nous confronter à l'étranger. On continue à la rigueur à parler de voyage en France lorsqu'on rejoint une destination jugée notoirement touristique (stations balnéaires, chalets de montagne...). Or, c'est par contraste assumé que Noguez définit ainsi ses propres voyages :

> Il m'arrive encore souvent de faire quelque chose qui ne se fait pas, ou qui ne se fait plus : je voyage en France. Nos compatriotes, en effet, ne traversent plus la France, en TGV ou de bouchon en bouchon, qu'à moments fixes et pour gagner le chalet HLM ou le coquet camping de leurs vacances [...].　　　　　　　　　　　　　　　　　　　　　　　　(*DV*, 7)

Projet décalé, à rebours des pratiques actuelles ordinaires : c'est une sorte d'anti-tourisme revendiqué que Dominique Noguez met en place. Il s'agit de fuir les destinations dites touristiques, mais aussi et surtout adopter un rythme et un point de vue différents de ceux du touriste lambda ; il le précise dès l'avant-propos :

> Le voyageur n'aspire qu'à une chose : passer inaperçu, *disparaître dans le paysage*, devenir une sorte de double discret et attentif, fervent, des habitants d'un lieu — un cousin, en quelque sorte. Le touriste, en troupeau frileux, arrive au contraire comme un cheveu sur la soupe, ne renonçant à rien de son indiscrète et bruyante identité, estimant normal et même impérieux de retrouver partout, hors de chez lui, ses petites ou ses grosses habitudes [...].[4]　　　　　　　　　　　　　　　　　　　(*DV*, 9-10)

À l'inverse du tourisme, le voyage de lenteur et de proximité est selon lui le seul voyage authentique, le seul qui puisse nous confronter à l'étranger, à la différence, tout en maintenant une affinité (« cousin ») qui préserve la collectivité et assure la

141

sympathie. Il exige une profonde conversion du regard, ainsi qu'un savant équilibre entre immersion (« fervent ») et observation (« attentif »). Ce qui fait le prix de ce type de voyage, c'est avant tout sa non-conformité à l'idéologie capitaliste et consumériste dominante, sur laquelle se fonde le tourisme ordinaire : l'auteur refuse ainsi de prendre la voiture ou l'avion ; il fuit le pittoresque et, surtout, fait l'éloge du hasard comme principe directeur, à rebours des circuits imposés et des injonctifs *à voir* ou *ne pas manquer* qui régissent les déplacements du touriste : « *Au lieu de descendre directement à Brive, que je connais, je décide* in extremis *de pousser jusqu'à Souillac : il faut une ville inconnue à mon tableau de chasse.* » (*DV*, 105). Ces « derniers voyages en France » résultent d'un choix individuel ; ils constituent l'extraordinaire conjonction de l'imprévu phénoménal et de la liberté d'une conscience, à rebours du "prêt-à-voir" du tourisme de masse. Ils sont en cela des pratiques agonistiques. Le terme n'est pas trop fort ; c'est l'auteur lui-même qui choisit de filer la métaphore militaire : « *Pareils à ces armées modernes qui se déplacent avec toute leur "logistique",* [les touristes] *sont les petits soldats, adipeux et vulgaires, des nouvelles armées d'occupation du capitalisme.* » (10).

Si les voyages que Dominique Noguez relate prennent la forme de barouds d'honneur, c'est que tout le texte est hanté par la notion de disparition, et cela dès le premier mot du titre, par le biais de l'éloquent adjectif « Derniers ». Cette forme de voyage, lente et anticonformiste, éprouve la fin d'un monde, enregistre des traces en voie d'effacement ; elle s'articule sur les plans individuel et politique : en effet, l'organisation très libre du texte (mêlant petites descriptions, micro-narrations, aphorismes ou pensées) permet de conjuguer le singulier et le collectif. Le voyage est concomitamment introspection et radiographie du système politico-social contemporain.

Ce sentiment d'un irréversible mouvement d'extinction s'éprouve tout d'abord sur le plan de l'intime. Son récent essai autobiographique intitulé *Dans le bonheur des villes : Rouen, Bordeaux, Lille* est ainsi spécifiquement consacré aux villes de

142

l'enfance et des premiers pas dans l'âge adulte (« *En somme* mon *Rouen,* mon *Bordeaux,* mon *Lille.* » (p. 12⁴)). Néanmoins, cette dimension était déjà discrètement présente dans *Derniers voyages en France.* Au cours de ses excursions, Dominique Noguez retrouve avec émotion des traces de son enfance et de son adolescence, notamment lors de l'arrêt dans sa petite ville de naissance au nom proustien : Bolbec. Néanmoins, s'il retrouve avec émerveillement son ancienne maison et son école, d'autres souvenirs n'ont pas pu s'incarner et reprendre forme au cours de sa visite : « *Simplement, je n'ai pas retrouvé l'abri en béton construit par notre père ni les grands arbres de mon enfance* [...]. » (*DV*, 58-9). De même, l'aspect actuel de la ville de Montélimar, autre lieu de son enfance, ne se superpose pas totalement non plus aux souvenirs lointains qu'il en a gardés :

Le plateau de Narbonne (à moins que je ne me sois trompé) : méconnaissable. Hormis la tour carrée du château. Tout est débité en propriétés rupines, entourées de murs, avec chiens de garde et sapins nouveaux riches. C'était un des rares souvenirs précis qui me restaient de Montélimar : cette espèce de pré, plus rocailleux qu'herbu, très en pente, d'où l'on surplombait la vallée.   (*DV*, 15)

Le contraste est saisissant : l'épreuve du temps a remplacé le clair souvenir du pré, étendue libre et sauvage, par la réalité présente d'une urbanisation vulgaire, parcellisée et mesquine. Le voyage chez Dominique Noguez, par la lenteur et l'attention qu'il requiert, débouche sur une prise de conscience du passage du temps ; non seulement il enregistre la disparition concrète des espaces de l'enfance, notamment par le fait de la mutation et de l'uniformisation urbaine, mais il contraint aussi à faire le deuil de certains des souvenirs du voyageur face à la réalité qu'il redécouvre. Bien plus, certains lieux sont en eux-mêmes marqués par des disparitions intimes ; le voyage devient alors pèlerinage, réactivation mémorielle et travail de deuil :

Sur cette même place [*de la Victoire*], je me souviens être passé en décembre 1976, saisi soudain, au milieu de ma fatigue et de ma peine (je venais de voir maman dans le coma), d'un violent désir. Et je m'avise que si je reviens si volontiers à Bordeaux, c'est peut-être parce que c'est là qu'il y a quatorze ans maman est morte. *(DV, 100)*

Le regard sur le nouveau ou l'inconnu possède une dernière implication intime : celle que chaque déplacement est probablement le dernier et qu'on ne reverra plus ce qui est là, sous nos yeux, conjonction d'un lieu et d'un moment. Le narrateur-voyageur ne s'attarde que peu sur les monuments et ramène bien peu de souvenirs ; il voyage sous la menace du *dernier*, dernier regard, dernier jour d'existence : « [...] *je parle de Troyes-la-Belle, de Brest-la-Vide, de Toulon-la-Parfumée, avec l'imprudence et l'injustice, sans doute, du voyageur qui devine que, la vie étant trop courte, il ne reviendra jamais et qu'il faut donc* se faire une idée *tout de suite.* » *(DV, 90-1).*

Ces voyages en France sont donc les *derniers* ; ils portent le sceau du *nevermore* mélancolique : à travers la temporalité qu'ils construisent, ils procurent concomitamment plaisir et insatisfaction. Dans la mesure où il s'agit de découvrir avec curiosité, disponibilité et patience de nouveaux lieux, ils sont des expériences de la durée ; mais ils sont également marqués par l'irréversibilité du temps et par l'imminence de la mort : « *Comme ces voyages dans des villes que je ne fais qu'entrevoir, où j'espère revenir un jour et où je ne reviendrai sans doute jamais, cette vie ne me semble souvent qu'une préparation à une autre, qui serait mieux — et qui ne viendra jamais.* » *(DV, 42).*

Le voyage tel que le conçoit Dominique Noguez s'oppose sur ce point encore au voyage touristique ordinaire, conçu par la société marchande contemporaine comme divertissement absolu, au sens pascalien du terme : il entretient l'amnésie, vend de l'histoire muséifiée et nous fait ainsi oublier notre finitude essentielle ; à l'opposé, les "*derniers voyages*", par leur rythme, par le point de vue qu'ils induisent et par leur anachronisme, restent pleine conscience du *tempus fugit*.

Néanmoins, on ne peut totalement saisir la dimension mélancolique ni le versant intime de la notion de disparition chez

144

Dominique Noguez si l'on ne la relie pas à une véritable pensée politique reposant sur la vision d'un monde et d'une culture voués à l'extinction, dévorés par le capitalisme et la pensée libérale dominante.

En effet, la dimension politique des *Derniers voyages en France* est essentielle. Rejoignant d'autres écrits de Dominique Noguez plus directement réflexifs et programmatiques (*La Colonisation douce*[5], *Aimables quoique fermes propositions pour une politique modeste*[6]), ainsi que des engagements notables et concrets (sa participation aux élections européennes de 1994 sur les listes de Jean-Pierre Chevènement[7]), ce récit de voyages fait apparaître une véritable critique politique de la société française. Parcourir la France hors des sentiers *idéologiquement marqués* du tourisme lui permet de forger un point de vue spécifique sur l'état du pays. La notion de disparition nous est alors utile pour définir la nature du propos : parler de *"derniers voyages"* revient d'une part à affirmer qu'on peut de moins en moins se déplacer librement en France et d'autre part que la France telle qu'on la connaît est en train de perdre ses particularités et de disparaître. Lorsqu'il tente de définir son projet littéraire, Noguez relie explicitement la configuration traditionnelle du récit de voyage à une dénonciation socioculturelle et politique, placée sous le signe de la perte :

Ce ne serait pas seulement un journal de voyage(s), mais aussi, à l'instar de la très belle *Histoire personnelle de la France* de François Georges, un essai. Même, une profession de foi polémique, un testament. J'y peindrais d'abord le parasitage culturel auquel s'est abandonné le pays : gangrène champignonneuse, certes, mais surtout, littéralement, bruit qui empêche de s'entendre, d'écouter ses prédécesseurs — parents ou éducateurs —, sa culture, sa musique, sa langue. [...] Et finir sur une tentative équilibrée de bilan : ce que le « progrès » nous a apporté qui n'était pas possible il y a un siècle. Mais aussi, hélas, tout ce que, d'excellent, nous avons perdu — ou, si nous nous laissons faire, allons perdre encore. (*DV*, 80)

« Testament », « gangrène », « abandonné » : le vocabulaire converge vers l'idée-maîtresse d'une extinction des valeurs et des paysages que les voyages auront pour fonction de mettre au jour ;

l'espace visité en sera le puissant révélateur matériel et fournira des preuves tangibles à la dimension dénonciatrice du texte. Le terme *testament*, présent dans cette citation, est intéressant par la double ambiguïté qu'il porte ; d'une part il s'applique indifféremment à l'auteur lui-même (dont on a relevé précédemment qu'il écrivait sous la menace de sa propre disparition) comme à la France en général (dans la lignée des grandes prosopopées polémiques de la France — comme la *Continuation des discours des misères de ce temps* de Ronsard) ; d'autre part, le mot retrouve sa lointaine racine étymologique : à côté du sens de « déclaration écrite des dernières volontés d'une personne », c'est celui de « témoignage » qui fonctionne également : voyager pour témoigner de cette disparition à l'œuvre dans le pays.

Dominique Noguez n'hésite pas à donner à ces notes de voyages un caractère très concret, géographique et urbanistique : ses micro-parcours lui permettent de recueillir des détails éloquents dont il se sert comme preuves. Sous l'œil attentif et rigoureux du voyageur, les paysages urbains comme ruraux trahissent l'irréversible changement dont ils sont victimes : à Bordeaux, « *Rue Sainte-Catherine dégoûtante de vulgarité. La vulgarité petite-commerçante moderne, celle qui a foutu la France en l'air.* » (DV, 95). L'expression familière restitue la brusque colère ressentie face à la dégradation de la ville, saisie dans l'instant même de la déambulation. Le voyage de lenteur devient une confrontation immédiate et concrète avec la marchandisation des cités. Dans le même ordre d'idées, l'auteur n'a de cesse de repérer et de dénoncer l'envahissement des villes et des campagnes par la voiture : il y voit la disparition de la liberté de circuler et d'un certain vivre-ensemble :

Contre la bagnolisation, donc — parcellisation, assujettissement, renforcement ensemble des conduites de soumission et d'agressivité (sans parler du célèbre cortège de pollution, pillage du tiers-monde, etc.), et cette presque impossibilité de s'arrêter (ainsi, sur les autoroutes, pas un centimètre carré pour ceux qui veulent redevenir piétons).[8]   (DV, 75)

Dominique Noguez se fait imprécateur, constatant et dénonçant la mutation du pays sous les coups répétés du capitalisme et de ses corollaires (marchandisation, urbanisation incontrôlée, esthétique clinquante...). C'est bel et bien une décadence généralisée qu'il observe et qui justifie à nouveau l'emploi de l'adjectif «*derniers*» accolé au mot «*voyages*» : «*La France, comme paysage, culture, histoire, manières originales de vivre — tout ce qu'on cherche à découvrir ou retrouver quand on visite un pays — n'existera bientôt probablement plus [...].*» (*DV*, 9). La France, qui devient une gigantesque usine à touristes — allant jusqu'à faire de ses habitants des touristes-consommateurs dans leur propre pays, est sur son déclin ; elle oublie son "esprit" et sa "grandeur", autrefois fondés sur des idéaux culturels et sociétaux comme la fraternité, la civilité, la raison des Lumières, le respect des paysages et des traces du passé. Le voyage selon Noguez se définit alors comme un anticolonialisme, à rebours du tourisme en particulier et de l'américanisation en général, pensés en termes d'invasion. Les expressions employées ne laissent pas de doute :

Jouant d'une vague ressemblance véhiculaire, feignant l'incompréhension linguistique, [les touristes] obstruent les couloirs réservés aux autobus de la ville avec leurs cars immenses à air climatisé et verres fumés, garés l'un derrière l'autre en longues files lugubres comme, en d'autres temps, les chars d'assaut ou les cars de C.R.S.. Ils voient d'ailleurs les « indigènes » du même point de vue : d'en haut, comme des fourmis résignées et vaguement drôles à regarder... de loin.   (*DV*, 10)

La référence au regard colonial méprisant et à la menace policière renverse les perspectives traditionnellement admises : le *voyage* au sens touristique et classique du terme est une destruction des espaces et des valeurs qui s'y attachaient. À l'inverse, en faisant le choix de la lenteur, du hasard, de la curiosité et de l'empathie, Dominique Noguez envisage sa manière de voyager comme une désaliénation. Refuser les circuits préétablis, ne pas céder à la vitesse, c'est donner à sa pratique du voyage une dimension politique ; l'écriture qui en rend compte, à la fois dilettante et polémique, fait du carnet de route un véritable texte critique.

Nous touchons là à un paradoxe dans l'œuvre de Dominique Noguez. En effet, alors que ses voyages lui permettent de prendre acte de la disparition inéluctable d'un monde, ils sont considérés dans le même temps comme un acte de rébellion, un sursaut nécessaire. Convaincu par l'imminence de la "mort" de la France telle que l'ont façonnée et léguée les hommes des siècles précédents, le narrateur-voyageur persiste pourtant, à travers sa parole polémique et interventionniste, à la refuser. Alors qu'on aurait pu être tenté de classer rapidement Noguez comme — au mieux — un nostalgique ou — au pire — un réactionnaire, cette double facette de son texte nous en dissuade. Le geste même du voyage, tel que l'auteur le définit, est envisagé comme un acte de résistance à ce mouvement de disparition généralisée qui affecte les valeurs et la culture françaises. Sursaut créateur, forme d'intervention au sens artistique et performatif du terme, le voyage selon Noguez lutte en désespoir de cause contre le mouvement global en lui opposant son *incongruité*. C'est par exemple le cas lorsque le voyageur maintient coûte que coûte son statut de piéton au bord d'une nationale :

Route Villefranche-sur-Cher–Romorantin à pied : dix bons kilomètres. Pas de trottoirs. Pieds qui s'enfoncent dans l'herbe ou la terre des talus. Air suspect qu'on a pour toutes ces bagnoles, ces poids lourds dont le vent, au passage, vous repousse vers le bas-côté. (*DV*, 117)

La scène est significative : le combat est perdu d'avance, les forces sont trop inégales ; pourtant, la seule présence du piéton parvient à gêner le flux agressif des véhicules motorisés. Face au déterminisme imposé par le système, le voyageur oppose sa liberté personnelle, sa capacité à désobéir ou bien encore à :

[...] *faire la nique aux planificateurs, aux enragés de la location six mois à l'avance, à ce modèle de petits retraités précautionneux à quoi les technocrates à ordinateurs aimeraient nous réduire tous ; c'est ménager les droits de l'imprévu, de l'aventure et du coup de tête.* (*DV*, 62)

De même, au cours de ses déplacements, les choix des endroits visités peuvent être compris rétrospectivement comme autant d'actes de résistance. Il s'arrête ainsi régulièrement dans les petits musées qui se présentent à lui et sort de l'indifférence tel peintre méconnu, comme Donat Nonotte ou Gaspard Gresly à Besançon (*DV*, 42-3), ou bien des toiles remarquables mais confidentielles de Derain, Vuillard ou Marinot qu'il contemple au Musée d'Art moderne de Troyes (40-1). Il faut voir dans ces références de discrets hommages à des œuvres entières prenant la voie de l'oubli, mais aussi une posture de refus par rapport aux grands musées parisiens devenus des boîtes à touristes et cédant à la marchandisation de l'art. Prendre les chemins buissonniers ou faire des pas de côté permet de voir les dernières traces d'une culture française en déclin, même si ces dernières sont de l'ordre de l'infime ; ainsi une discrète plaque de signalisation à Romorantin est perçue comme un véritable acte politique d'opposition par rapport au laisser-aller linguistique de notre contemporanéité :

> À Romorantin, cette plaque bleue à flèche, à l'ancienne, CENTRE DE LA VILLE (*je souligne*) qui nous venge de toutes les disparitions de prépositions, de toutes les « cartes mer » du moment (« carte mer » : nouvelle invention des technocrates pour dire : « permis de circuler en mer »).
>
> (*DV*, 117)

Au cours de ces voyages de lenteur à travers la province française, les différents éléments glanés fonctionnent comme autant de *signes* métonymiques d'un mouvement général de disparition. Le narrateur-voyageur est celui qui fait parler ces signes *a priori* muets en leur donnant une fonction testimoniale, révélatrice et en définitive politique. À l'inverse du touriste plongé dans un ravissement béat, endormi par le divertissement de masse[9], le voyageur curieux et attentif n'a de cesse de procéder à un travail herméneutique, interprétant chaque élément des paysages comme indice politique et moral qui *dit* la disparition.

On retrouve ici une posture chère à Dominique Noguez : dans la lignée de Julien Benda par exemple, il s'agit de renouer avec la figure de l'écrivain « *moraliste* » (*DV*, 13). Le moraliste est celui qui écrit dans les temps de déclins pour réaffirmer l'existence de principes. Particulièrement sensible à la disparition des choses, il manifeste une conscience « *crépusculaire* » qui l'oblige à un « *effort de lucidité passionnée et même ombrageuse* »[10]. Il est donc celui qui « *écarquill[e] impitoyablement les yeux* » (p. 77[10]) sur un monde qui va vers sa fin. Cette dernière citation fait le lien avec la pratique du voyage en elle-même : là où le touriste lambda ne voit littéralement rien puisqu'il va trop vite et ne fréquente que des espaces reconstitués et artificialisés, le voyageur authentique prend son temps, se laisse porter par le hasard et fait constamment preuve d'attention et d'intérêt pour les choses qui surgissent sur son passage. Le moraliste voit alors dans ces dernières de puissants reflets de l'état politico-culturel du pays[11]. Pour le dire autrement, l'attention sans faille aux détails permet par la suite d'instaurer le point de vue général à portée politique. Seule cette pratique personnelle du voyage conduit à la compréhension intime de la mutation des lieux et des mœurs. Noguez crée alors une figure de voyageur originale : celle d'un flâneur moraliste, pour qui la flânerie revêt une dimension tour à tour polémique, dénonciatrice et politique. Remarquons que flânerie, réflexion critique et conscience de la fin sont bien loin d'être incompatibles ; Walter Benjamin les reliait déjà implicitement dans ses travaux sur Paris[12]. Inversement, la dimension flâneuse et dilettante du voyage permet au texte de ne pas tomber dans la seule démonstration. La composition par notes, aphorismes et mini-récits, ainsi que l'humour omniprésent, facette nécessaire du moraliste selon Noguez, contribuent à l'aspect volontairement éclaté et improvisé du livre : « *Pour traduire le titre de Gomez de la Serna,* Greguerias *: Grommellements ou Bredouillis. Ou pour désigner ces notes de voyages en France.* » (DV, 126).

Le voyage selon Dominique Noguez est donc une réalité aux multiples facettes. Obnubilé par l'idée de disparition, l'auteur en voit partout les signes au cours de ses périples à travers la France. Ces petites excursions dans les lieux délaissés par les flots touristiques habituels fonctionnent sur deux plans : d'une part, elles sont en elles-mêmes des gestes appelés à disparaître, qui se signalent par leur caractère intempestif au sens littéral du terme

— elles n'appartiennent plus à notre temps ; d'autre part, elles permettent le constat et l'enregistrement de ce mouvement irréversible de disparition. Partout l'espace parcouru minutieusement, "du point de vue de la fourmi", porte les traces d'une fin imminente : fin des paysages préservés, fin d'une culture et d'une langue, fin d'une société fonctionnant sur des idéaux collectifs et solidaires. Le système capitaliste marchand et l'uniformisation qu'il induit, perceptibles à travers l'artificialisation généralisée des espaces et l'influence colonisatrice américaine, poursuit inlassablement son activité destructrice. Mais cette disparition des signes authentiques, hérités d'une culture séculaire (et leur remplacement systématique par des simulacres), possède également des résonances intimes chez le voyageur : ce sont aussi les traces de son propre passé qui sont menacées d'évanouissement ; la mémoire personnelle n'est plus forcément confirmée par l'expérience du voyage : le déplacement permet d'accuser le passage du Temps et n'est pas exempt de mélancolie. Que ce soit sur le plan intime ou sur le plan "national", le voyage devient l'épreuve d'une *mémoire empêchée* : héritage personnel et collectif nié, refusé, mis à mal par l'idéologie du présent perpétuel, ainsi que par le "jeunisme" de rigueur[13].

Œuvre insaisissable que *Derniers voyages en France* : parfois élégiaque, proche de la confession, c'est aussi un texte politique, parfois pamphlétaire, presque toujours satirique. Dominique Noguez assume pleinement la dimension fragmentaire et heurtée de l'ensemble, calquée sur les déplacements eux-mêmes, sauts de puce improvisés, observations scrupuleuses des micro-événements de la province. Indissolublement moraliste et flâneur, l'écrivain donne à ses voyages une puissance d'incongruité et d'anachronisme qui, malgré son caractère dérisoire au regard d'un déclin général inéluctable, ne renonce aucunement à pointer la fin d'un monde. Par cette écriture gênante, tour à tour humoristique et colérique, Noguez s'écarte de la figure du réactionnaire à laquelle certains ont voulu le réduire[14]. À ce terme si péjorativement marqué, il préfère le verbe *réagir* et son substantif *réaction*, compris comme une injonction :

Comme un appel non au passéisme et à la crispation, mais à l'action et à la pensée libre. Comme une manière de ne se situer ni dans le courant ni à contre-courant de l'histoire, mais à son surplomb, comme une vigie, dans une attitude de doute actif et de désespoir surmonté. [...] Réagissant.[15]

Au vu de cette pensée de l'intervention et de l'insurrection, ce n'est donc pas un hasard si Dominique Noguez réunit dans une même définition les deux figures de l'écrivain et du voyageur : « *L'écrivain, c'est le voyageur qui ne s'arrête nulle part, le ludion, l'anguille, c'est l'amateur contre le professionnel, c'est le suspect.* » (p. 102[10]). Le voyage selon Noguez est ce double mouvement, à la fois opposé et simultané : découverte du travail d'anéantissement à l'œuvre en France et épreuve de sa liberté individuelle de contestation et de refus. Considéré sous cet angle, le narrateur-voyageur est davantage un « antimoderne », au sens qu'Antoine Compagnon donne à ce terme, qu'un simple réactionnaire :

Qui sont les *antimodernes* ? [...] Non pas tous les champions du *statu quo*, les conservateurs et les réactionnaires de tout poil, non pas tous les atrabilaires et les déçus de leur temps, les immobilistes et les ultracistes, les scrogneugneux et les grognons, mais les modernes en délicatesse avec les Temps modernes, le modernisme ou la modernité, ou les modernes qui le furent à contrecœur, modernes déchirés ou encore modernes intempestifs.[16]

Au-delà de la seule œuvre de Dominique Noguez, nous voudrions terminer en proposant une dernière remarque : la catégorie de la disparition semble pertinente dans la plupart des récits contemporains qui narrent de tels voyages en France. Ainsi, certains textes de Richard Millet, Pierre Bergounioux ou Jean-Loup Trassard, qui relatent des retours en province ou des promenades sur les chemins de campagne, sont hantés par la disparition du monde rural, de ses gestes et de ses traces[17]. Néanmoins, ce ne sont pas seulement les campagnes françaises et le monde agricole qui subissent ce mouvement d'extinction : la ville, la banlieue et le monde industriel, lorsqu'ils sont parcourus avec lenteur et attention, laissent apparaître aux yeux des écrivains contemporains la mort d'une partie de leur histoire. Qu'on pense par exemple à *Zones*[18] de Jean Rolin, dans lequel l'auteur fait pendant un mois le tour de la petite couronne parisienne laissée à l'abandon, à *Un Livre blanc*[19] de Philippe Vasset, qui recense et visite les surfaces «blanches» des cartes (terrains vagues, lieux de vie marginaux et parallèles menacés par l'extension urbaine...), ou bien encore à *Paysage fer* de François Bon, qui enregistre la disparition du monde industriel le long de la ligne de chemin de fer Paris–Nancy qu'il emprunte chaque semaine :

Quelque chose s'est séparé. On en est encore, chaque jeudi, le témoin. La nouvelle ligne de train, enfin plus rapide, bientôt passera droit, il n'y aura plus que deux gares et quelques parkings. On sera nous-mêmes dispensés de constater l'abandon. [20]

Le voyage de lenteur, par son caractère intempestif et décalé, en dehors des chemins balisés du tourisme ou des transports à grande vitesse, est presque toujours un geste mélancolique : en arpentant la matérialité des espaces, il tente de retenir ce qui disparaît, ce qui ne sera bientôt plus. Il devient ainsi semblable au voyage d'Orphée dans les Enfers, qui perd à jamais Eurydice et auquel il ne reste plus que le chant pour dire cette perte. Chaque voyage est le dernier.

SIGLE ET ÉDITION UTILISÉS

DV   Dominique NOGUEZ, *Derniers voyages en France* (Seyssel, Champ Vallon, 1994).

*

1. Dominique NOGUEZ, «Dominique Noguez par lui-même», catalogue des auteurs des Éditions Zulma,
    URL : http://www.zulma.fr/auteur-dominique-noguez-64.html
2. Dominique NOGUEZ, *Les Trente-six photos que je croyais avoir prises à Séville* (Paris, Maurice Nadeau, 1993).

3. Dominique NOGUEZ, *Je n'ai rien vu à Kyoto — Notes japonaises (1983–1996)* (Monaco, Éditions du Rocher, 1997). On notera l'allusion humoristique à *Hiroshima mon amour* de Marguerite Duras.

4. Dominique Noguez reprendra douze ans plus tard, dans des termes presque semblables, cette définition du voyageur : «*J'appelle voyageur quiconque, arrivant d'ailleurs en un lieu donné, aspire à se fondre ou refondre dans le paysage, à se sentir le cousin de l'hôtelier, du percepteur ou de la fleuriste — à n'être pas plus importun qu'un papillon, qu'une libellule, qu'un nuage (un nuage sans pluie).*» (*Dans le bonheur des villes : Rouen, Bordeaux, Lille* [Monaco, Éditions du Rocher, 2006], p. 9).

5. Dominique NOGUEZ, *La Colonisation douce* (Monaco, Éditions du Rocher, 1991).

6. Dominique NOGUEZ, *Aimables quoique fermes propositions pour une politique modeste* (Monaco, Éditions du Rocher, 1993).

7. Il figurait sur la liste du Mouvement Des Citoyens (MDC). Notons par ailleurs la participation de Dominique Noguez, aux côtés de seize autres écrivains, aux curieux *Contes de campagnes. Dix-sept nouvelles de France* (Paris, Mille et une nuits, 2002), recueil de textes consacrés à la candidature du même Jean-Pierre Chevènement à l'élection présidentielle de 2002.

8. Noguez préfigure ici le pamphlet contre notre civilisation de la voiture rédigé par Benoît Duteurtre, écrivain qu'il admire par ailleurs : *Le Grand embouteillage* (Monaco, Éditions du Rocher, «Colère», 2002). Nous signalons également que Benoît Duteurtre, qui se place dans la même ligne de pensée politique et dans la même tonalité satirique que Dominique Noguez, a écrit une fiction en forme de récit de voyage intitulée *Le Voyage en France* (Paris, Gallimard, 2001), dans laquelle il relève, à travers le motif du voyage, les violents assauts que la modernité imprime à la vieille Europe.

9. On pourrait superposer les figures du touriste et du véritable voyageur selon Noguez avec celles du «badaud» et du «flâneur» selon Walter Benjamin, citant Victor Fournel : «*Le simple flâneur [...] est toujours en pleine possession de son individualité. Celle du badaud disparaît, au contraire, absorbée par le monde extérieur [...] qui le frappe jusqu'à l'enivrement et l'extase. Le badaud, sous l'influence du spectacle, devient un être impersonnel ; ce n'est plus un homme : il est public, il est foule.*» (Walter BENJAMIN, *Paris, capitale du XIXᵉ siècle. Le Livre des Passages* [1982], traduit de l'allemand par Jean LACOSTE, d'après l'édition originale établie par Rolf TIEDEMANN [Paris, Cerf, 1989], p. 447). La différence est qu'aujourd'hui cet «enivrement» est une dépossession de soi néfaste due à l'abêtissement marchand généralisé.

10. Dominique NOGUEZ, *Le Grantécrivain & autres textes* (Paris, Gallimard, «L'Infini», 2000), pp. 75–9 : «Éloge des nouveaux moralistes» (p. 76).

11. On retrouve la même posture observatrice et moraliste dans la préface au *Journal d'un voyage en France* de Renaud Camus. Selon l'auteur, son texte veut se placer *entre les classiques journaux de voyage, celui de Stendhal ou celui de Flaubert, les guides touristiques, les guides des hôtels et des restaurants, pourquoi pas la chronique, le tableau des mœurs de ce temps, Amiel, les* Mythologies, *les* Essais, *que sais-je, les* Nuits attiques. » (Paris, Hachette - P.O.L, 1981), p. 14.

12. «*Motifs du déclin des passages : les trottoirs élargis, la lumière électrique,*

154

l'interdiction qui frappe les prostituées, la civilisation de l'air libre. » (BENJAMIN, *Paris, capitale du XIXe siècle...* [*op. cit.*[9]], p. 113).

13. «*Avant, il y avait parfois ce côté réac, ou cocardier, qui sentait le vieux. Maintenant, c'est bien pire : il y a ce côté allègre et avili, allègrement avili, qui sent le jeune. Cette façon soumise d'être jeune, cette façon jeune d'être soumis.*» (*DV*, 8).

14. Le nom de Dominique Noguez figurait par exemple sur la liste dressée par Guy Scarpetta dans son article intitulé «Les nouveaux réactionnaires», *Art Press*, n° 248, juillet 1999, pp. 54–61. De façon moins polémique et plus argumentée, Noguez s'est trouvé classé parmi les «Cyniques, pamphlétaires et imprécateurs» aux côtés de Philippe Muray, Michel Houellebecq, Benoît Duteurtre ou Bernard Lamarche-Vadel (Dominique VIART et Bruno VERCIER, *La Littérature française au présent* [2005] [Paris, Bordas, 2008], pp. 257–62).

15. Dominique NOGUEZ, *Houellebecq, en fait* (Paris, Fayard, 2003), p. 257.

16. Antoine COMPAGNON, *Les Antimodernes. De Joseph de Maistre à Roland Barthes* (Paris, Gallimard, «Bibliothèque des idées», 2005), p. 7. Dans cet ouvrage qui consacre son plus long chapitre à Julien Benda, tant admiré par Dominique Noguez, Compagnon n'a de cesse de souligner l'importance de la notion de liberté dans la définition générale de l'antimoderne : « *Les antimodernes, ce sont les modernes en liberté.* » (p. 14).

17. Nous renvoyons sur ce point au livre de Sylviane COYAULT, *La Province en héritage : Pierre Michon, Pierre Bergounioux, Richard Millet* (Genève, Droz, 2002). De même, à la lumière des textes de ces auteurs, qui observent la disparition du monde rural, Dominique Viart écrit : « *Les existences, leurs mœurs, leurs rythmes en sont changés ; les valeurs se perdent ou se modifient.* [...] *cette mutation constitue une silencieuse mais véritable crise de civilisation.* » (*op. cit.*[14], p. 226).

18. Jean ROLIN, *Zones* (Paris, Gallimard, 1995). Du même auteur, *Terminal frigo* (Paris, Gallimard, 2005) est le récit d'un lent parcours ambulatoire le long des grands ports français en pleine mutation. De Dunkerque au Havre en passant par Marseille, c'est tout un monde industriel et ouvrier sur sa fin qui est ainsi décrit.

19. Philippe VASSET, *Un Livre blanc* (Paris, Fayard, 2007).

20. François BON, *Paysage fer* (Lagrasse, Verdier, 2000), cité par Dominique VIART (*op. cit.*[14]), pp. 226-7.

9

LES ARRÊTS DU TEMPS

OU LE VOYAGE EN SPIRALE

NICOLAS BOUVIER ET CHRIS MARKER

par Jean-François GUENNOC

> « [...] *son désir de mouvement n'est qu'un*
> *désir d'inertie, le désir de voir arriver ce qui*
> *demeure.* »   (Paul Virilio[1])

une lenteur toute poétique

Certains auteurs de relations de voyage de la seconde moitié du XXᵉ siècle élaborent des stratégies poétiques différentes du récit de voyage traditionnel. Parmi eux l'écrivain genevois Nicolas Bouvier, auteur de *L'Usage du monde*, la "Bible de la littérature de voyage du XXᵉ siècle", mais également de quelques autres opuscules génériquement apocryphes comme *Chronique japonaise*[2]. Parmi eux aussi le cinéaste Chris Marker dont le film *Sans soleil*[3] est inspiré par le voyage et sans doute aussi par le défi posé à la littérature et à ses formes instituées. Ce livre et ce film réinterprètent le genre du récit de voyage, ce récit rétrospectif d'un déplacement dans l'espace et le temps composé sur un axe temporel défini qui lui donne sa ligne claire.

Leurs relations de voyage vont prendre ce modèle en défaut.

Plus que le rapport à l'espace ou à l'autre, c'est le rapport au temps qui constitue leur sujet, la matière de leurs films et de leurs livres. Tel est en tout cas le constat définitif, sibyllin et poétique que le narrateur de *Sans soleil* nous livre lorsqu'il déclare qu'« au XIXe siècle, l'humanité avait réglé ses comptes avec l'espace et que l'enjeu du XXe était la cohabitation des temps. À propos, saviez-vous qu'il y a des émeus en Île-de-France ? » (0:02:53[3]). Si l'opportunité et la logique du lien entre la réflexion sur la philosophie de l'histoire et l'anecdote insolite digressive, ne sont pas évidentes, c'est sans doute pour signifier que le rapport au temps sera traité à la manière d'un questionnement dont la réponse tardera à venir.

Si ces relations de voyage font, par l'entremise de la digression et autres figures dilatoires, l'éloge de la lenteur, cette dernière ne concerne pas seulement et sans doute pas intrinsèquement le déplacement physique du voyageur. En cette matière tout est relatif et affaire de véhicule[4]. Les lire comme des prescriptions adressées à la veille d'un départ serait les confondre avec des guides de voyage et plus gravement encore confondre le voyage et sa représentation. La lenteur qu'elles pratiquent et à laquelle elles invitent est d'ordre poétique. C'est la lenteur de la vision ou de la lecture préparée patiemment dans leur composition. Ce sont ces actes de perception, d'imagination et d'intellection qu'elles cherchent à régler, plus que notre pas.

l'état d'urgence de la guerre des temps

Le choix de la lenteur n'est plus alors seulement motivé positivement par la capacité plus grande à être attentif au territoire parcouru, mais il s'établit surtout en réaction à la vitesse, considérée à l'instar de Paul Virilio comme signe de la modernité : « *Dans cette course-poursuite le pays n'est jamais exactement traversé mais plutôt perforé, percé à jour* [...]. » (p. 148[5]).

Cette modernité qui lie la vitesse à l'immédiateté et à la transparence ne fait pas que régler son compte à l'espace :

Avec la vitesse de la poursuite c'est l'objectif du voyage qui détruit le chemin, c'est la cible du projectile-projecteur (automobile) qui semble provoquer la ruine de l'intervalle, c'est le désir passager d'aller jusqu'au but au plus vite qui produit dans l'écartement du voyage l'écartèlement brutal des paysages. L'irrésistible attraction de la course dissout avec la fixité des objets le temps du déplacement, la distance-temps. (p. 149[5])

Cette dissolution de la « *distance-temps* » fait écho à l'enjeu posé plus haut par Chris Marker. Le ton de Paul Virilio est plus polémique mais tous les deux semblent s'accorder sur cette idée d'un déplacement de l'espace au temps : « *De l'état de siège des guerres de l'espace à l'état d'urgence de la guerre du temps, il n'aura fallu attendre que quelques décennies* [...]. » (p. 137[5]). L'influence des conditions techniques du voyage sur la sensibilité culturelle se trouve ainsi validée et dénoncée. La réponse à l'enjeu de la cohabitation des temps serait, en effet, de l'ordre de la négation : « *En réalité, avec la révolution dromocratique des transports, c'est l'administration du Temps qui s'ébauche.* » (p. 67[5]). Cette chaîne de répercussions qui lie technique, sensibilité et culture signifierait-elle que l'œuvre artistique serait elle-même affectée par cette normalisation ? Qu'en est-il des auteurs de relations de voyage, eux qui justement participent depuis l'origine du genre au "branle du monde" ? En ce qu'elle cultive la multiplicité des temps leurs œuvres ne seraient-elle pas alors dans l'affrontement avec ce "Temps" majuscule et unique ?

une résistance éthique à la modernité

Les choix qu'elles impliquent concernent des formes narratives et déterminent des actes de lecture et de vision. Nous pourrions en ce sens les qualifier d'éthiques. La qualification morale de ces conduites de spectateur et de lecteur nous semble aujourd'hui justifiée par l'importance des œuvres culturelles dans nos vies. Ce que les relations de voyage de la seconde moitié du XXᵉ siècle étudiées ici nous rapportent de l'état du monde et de ses transformations concerne, en effet, la médiatisation croissante de notre rapport au monde.

Le choix des films et des livres de Chris Marker et de Nicolas Bouvier repose sur la résonance toute particulière qu'a chez eux l'inédit mouvement d'hybridation qui caractérise de manière spécifique le domaine viatique à partir des années Soixante, soit l'époque où ils élaborent et conçoivent leurs œuvres.

Nicolas Bouvier publie *L'Usage du monde* en 1963 et *La Jetée* de Chris Marker sort en 1962. Ils ont tous deux parcouru le monde dans la décennie précédente, profitant de la liberté de mouvement permise par l'après-guerre. Nous nous contenterons d'évoquer sous forme d'hypothèses les liens qui peuvent être tissés entre ces deux auteurs et les mouvements artistiques et intellectuels qui émergent pendant cette période, tout en considérant comme intéressante et pertinente, la problématique de leur relation à un style d'époque. Cette perspective adoptée par Gérard Collomb, dans son livre *La Littérature Art Déco : sur le style d'époque*, est fidèle au caractère d'intermédialité de leurs pratiques et de leurs références : « *La description d'un tel style est, dès lors, inséparable de celle de la* Weltanschauung *propre à l'époque correspondante ; elle établit des correspondances entre les traits stylistiques communs aux arts de cette période et les représentations cosmologiques, religieuses et philosophiques qui prévalent au même moment.* »[6].

De manière un peu comparable à ce qu'a pu être l'apparition de la photographie au XIXe siècle, mais la dépassant dans l'ampleur et la signification, l'émergence de *mass media* de l'information et de la représentation du monde[7] provoque une révolution invisible dans le domaine des lettres. Ils sont concernés par cette préoccupation mondaine, ils vivent et ils incarnent cette rupture de paradigme, qui commence à être réfléchie. Les théories de McLuhan sur le passage de l'homme typographique, alphabétisé, morcelé, de Gutenberg à l'homme intégral des *mass média* et de l'ère électronique connaissent une grande diffusion. Conscients de ces bouleversements, ces auteurs deviennent des praticiens de l'image et des spécialistes du visuel. Photographes, iconographes, réalisateurs, ils mettent en place une poétique qu'on peut nommer, dans un sens autant optique que

160

moral, d'accommodation aux nouvelles formes de représentation.

C'est cette présomption que nous aimerions interroger, non pas tant dans les discours qui la supportent, généralement polémiques et simplificateurs, que dans les récits, écrits ou filmés, qui l'illustrent. Afin de voir en quoi la lenteur poétique, chez Chris Marker et Nicolas Bouvier, constitue une résistance éthique à la modernité, nous proposons d'étudier maintenant les seuils — toujours décisifs — de *Sans soleil* et de *Chronique japonaise*. Quelles sont les stratégies poétiques mises en place par Chris Marker et Nicolas Bouvier pour représenter et de créer la lenteur pour le spectateur ou le lecteur ?

in medias res

C'est l'une des caractéristiques du film *Sans soleil* de Chris Marker que de nous placer immédiatement au cœur du voyage, au milieu des choses qui en constituent la matière.

Certes, il y a avant le générique la fameuse image de ces trois enfants « sur une route en Islande en 1965 », mais sa nature est très particulière. Filmés en gros plan, ces enfants qui se tiennent par la main sont « l'image du bonheur » (00:00:44³). C'est une image allégorique qui ne trouve sa place nulle part, c'est-à-dire dans aucun montage, qui est condamnée — ou destinée — à être présentée seule, encadrée par deux plans complètement noirs, car « si on n'a pas vu le bonheur dans l'image, on en verra le noir » (00:00:47³).

Mais lorsque la couleur revient, que les images s'enchaînent et donc que le film commence, c'est depuis le pont d'un bateau ramenant le narrateur d'Hokkaido à Tokyo que le monde se donne à voir : soit le bastingage filmé en légère contre-plongée laissant deviner le flanc du bateau et le mouvement de l'écume qui indique que la caméra est dans l'axe de la proue.

In medias res donc ou dans un entre-deux océanique aussi indéterminé géographiquement qu'il l'est temporellement. Cette indétermination signale peut-être que le cœur du voyage n'est pas tant dans la chose vue — en l'occurrence de l'écume — que dans la qualité particulière du regard qu'il provoque — être subjugué par l'écume.

L'image de cette matière liquide née d'un mouvement en surface qui est à la fois immuable et éphémère, matérielle et inappropriable, emblématiserait la relation à avoir avec le film, figurant le contrat du spectateur[8]. L'écume représenterait deux de ses principes. Le premier concerne l'élection des images : plus que leur précision et leur exhaustivité, c'est leur authenticité et leur "poignance" qui l'emporteraient. Le second renvoie au type de connaissance proposé qui serait moins informative qu'expérientielle. Le film serait à apprécier dans le moment et pour ce moment qu'il suscite. Il ne serait vivant que dans le temps de sa projection. En d'autres mots, c'est le processus qui serait prévalent sur l'objet auquel il aboutit. Le voyage en constituerait en quelque sorte la mise en abyme puisque, pour lui aussi, le parcours est plus important que son terme.

Ces images du voyage, que le montage et son commentaire désignent comme différentes de l'image allégorique du bonheur, se démarquent par leur nature référentielle, c'est-à-dire que leur signification est à trouver en elles-mêmes. Un commentaire du voyageur à leur sujet le confirme, il dit apprécier « la fragilité de ces instants suspendus, ces souvenirs qui n'avaient servi à rien si ce n'est à laisser des souvenirs » (00:02:03[3]). La signification des images, soulignée plus explicitement dans cette confession, tiendrait dans le lien entre leur nature référentielle et leur dimension temporelle. Elles sont différentes en ce qu'elles sont l'enregistrement d'instants suspendus entre leur disparition et la promesse d'une résurrection. Elles n'ont aucun caractère fonctionnel, aucune fonction d'illustration, elles ne renvoient à rien d'autres qu'à leur propre durée.

Nous sommes *in medias res*, au milieu de ces riens du voyage qui sont, en réalité, les choses du temps. Ces images ne sont, en effet, plus hors du temps comme l'était l'allégorie du bonheur, bien au contraire, elles nous y embarquent. Elles nous ramènent à ce temps de la traversée, temps prosaïque et trivial car, comme le déclare le voyageur, « seule la banalité m'intéresse encore » (00:02:10³). Elles sont du temps pur, sa matière.

Si elles s'éloignent de l'allégorie, les images montées par Marker n'en gardent donc pas moins une dimension que nous pourrions qualifier de *mentale* et de *conceptuelle*. Afin d'expliciter ces deux notions, nous aurons recours à quelques *excursus* critiques qui viennent préciser l'expérience suggérée par ces images de temps.

les images mentales de la blessure du temps

La première expression, employée par Barbara Lemaître dans son article « *Sans soleil*, le travail de l'imaginaire », fait référence à une formule d'Edgar Morin qui, dans *Le Cinéma ou l'homme imaginaire*, écrivait : « *Le cinéma reflète le commerce mental de l'homme avec le monde.* »[9]. S'inspirant de cette pensée complexe pour saisir l'assemblage d'images hétéroclites du film de Marker, Barbara Lemaître s'efforce ensuite de relier l'expérience cinématographique à la psychanalyse :

> *Sans soleil* donne à observer l'émergence progressive d'une relation, par la confrontation d'un individu à un ensemble d'images dont il est à la fois le producteur et le spectateur. Le film décompose et incarne un processus psychique — qui est un travail d'images — par lequel nous appréhendons tout ce qui nous entoure.　　　　　　　　　　　　　　　(p. 62[10])

Sa démonstration est principalement fondée sur le dispositif des voix, qui fait rapporter par la voix-*off* féminine les écrits du voyageur, venant ainsi commenter les images qu'il a filmées. Il nous semble, cependant, possible et pertinent d'envisager ouverte au spectateur extérieur au film cette *"confrontation à un ensemble d'images"*. Le *"commerce mental avec le monde"* réalisé par le voyageur-narrateur de Marker serait redoublé par le commerce mental avec les images cinématographiques réalisé par le spectateur devenu par la force des choses analyste.

L'expérience du voyage représenté qui installe dans la durée l'épreuve d'images poignantes recréerait les conditions

163

matérielles proches de la cure psychanalytique. Proches et non pas complètement identiques car si elles sont poignantes ce n'est pas parce qu'elles font référence à une histoire personnelle[11] mais parce qu'elles nous renvoient à « *la blessure du temps* » (p. 54[12]).

L'efficacité du processus et sa pertinence universelle nous sont ainsi expliquées par le psychanalyste Serge Tisseron :

La photographie est moins une façon d'arrêter le temps — selon la formule classique d'une « mise à mort symbolique » — qu'une façon de tenter de toucher la blessure du temps vivant. Cela se fait par l'engagement de la photographie dans deux ensembles d'opérations psychiques à la fois contradictoires et complémentaires, de coupure-capture d'un côté et d'ouverture-connexion de l'autre. (p. 54[12])

Certes il s'agit ici de photographie et l'on pourrait nous objecter que les deux opérations psychiques qu'elle enclenche ne le sont pas nécessairement par le film. Mais il faut rappeler que le cinéaste Marker se distingue justement par un recours fréquent à des images de nature ou de composition photographique[13].

Le montage de *Sans soleil* qui privilégie des plans brefs à de longs plans séquences n'y déroge pas. Lorsqu'il y cède, notamment avec la très célèbre séquence du marché, la référence première reste celle du cliché. Pendant plusieurs secondes (00:32:20–00:32:45[3]), il y filme, à distance respectable et dans la cohue, une jeune femme accroupie auprès de son panier. Leurs regards se croisent d'abord subrepticement, puis elle l'observe à la dérobée avant de fixer franchement l'objectif. La réputation de cette séquence repose sans doute sur le fait qu'elle est une transposition cinématographique du *topos* littéraire de l'échange des regards. Elle décompose lentement les mouvements subtils qui amènent au contact des regards et en décline le mélange si particulier de provocation, d'interrogation et de séduction. Il nous semble pourtant que la prise de vue statique, le cadrage serré, la discrétion de l'opérateur et, ce qui lui est lié, l'attitude quasi immobile de la femme inscrivent tout aussi bien et plus directement ce plan séquence dans la tradition du portrait. La durée de

164

la séquence serait moins la description d'un mouvement que la tentative d'un portrait à plusieurs dimensions. Un portrait anamorphique en raison des infimes variations d'angles entraînées par le bougé du modèle. Le trouble ressenti, s'il peut être commenté thématiquement, s'expliquerait bien par l'essence photographique de ces images.

les images conceptuelles de la zone

Cet exemple illustre bien la dimension « conceptuelle » que peuvent prendre les images chez Marker. Le portrait de la marchande de Bijago réapparaît, en effet, à la fin du film lorsque Hayao Yamaneko, l'ami du narrateur, déclenche sa machine pour créer « la zone ». « Il appelle les images de sa machine la "zone" en hommage à Tarkovski » (00:40:19³). Cette machine est la solution au problème des images d'actualités, en l'occurrence les manifestations de gauchistes protestant depuis dix ans contre la construction de l'aéroport de Narita. C'est un synthétiseur qui permet le traitement des images, des images moins menteuses que celles vues à la TV. « Au moins, elles se donnent pour ce qu'elles sont, des images. Pas la forme transportable et compacte d'une réalité déjà inaccessible » (00:40:06³), mais des images solarisées et retravaillées à l'aide de filtres de couleurs dont les contours s'effacent et dont les formes se brouillent. Or, dans son article sur l'œuvre de Jan Dibbets, Erik Verhagen définit la photographie conceptuelle en ces termes :

Dès la fin des années 1960, ce dernier [*Jan Dibbets*] s'attache à un processus de déconstruction visant à interroger aussi bien les données temporelles que spatiales des images et actes photographiques. [...] La photographie ne se contente plus ici d'enregistrer un événement et de nous en *informer*. Elle pérennise une mutation anamorphique (par exemple un trapèze converti en carré) et fait de la sorte basculer son statut de l'*information* à celui de *transformation*.[14]

La zone de Marker est du même type et répond à la même fonction : substituer au statut informatif et illustratif de l'image, le statut d'une « *image paradoxale* » (p.70[10]). Nous reprenons à

Barbara Lemaître sa formule d'« *image paradoxale* » au sujet de la « *zone* » mais en lui donnant un sens différent qui joue de son homonymie. Elle nous semble très pertinente pour signifier la condition toute particulière du travail herméneutique provoqué par le visionnage d'un film. La salle obscure a partie liée avec l'activité du sommeil, qu'elle la favorise ou qu'elle s'y substitue. L'image paradoxale pourrait très bien entretenir avec le sommeil du même nom cette qualité d'être productrice de rêve, ne « *vise [-t-elle] à mettre en relief cette part, invisible mais essentielle, de la relation entre l'image et le référent : l'imaginaire* » (p. 70[10]) ?

En revanche elle ne renvoie pas pour nous à ce « *divorce entre l'image et son référent* », à cette « *image qui ne renvoie plus à un référent nommable, mais incarne ou désigne un visible sans nom* » (p. 70[10]). L'image électronique manifeste davantage ou plus évidemment que l'image cinématographique l'intervention de l'opérateur et le caractère illusoire de la mimesis, mais la relation persiste, malgré tout, sinon on ne pourrait pas reconnaître les images du passé, c'est-à-dire du film que nous venons de voir.

> Il [*Hayao Yamaneko*] commence par défigurer l'image filmique en la trafiquant sur son synthétiseur et fait surgir, à la place de l'ex "petit bloc de réalité", une non-image. La non-image (électronique) est image de ce qui ne peut être nommé dans la réalité, et qui pourtant est là : image de ce qui n'a ni nom, ni existence officielle, mais une existence tout de même, image clandestine...
>
> (p. 70[10])

L'union de l'image à son référent est de toute façon atteinte dans l'enregistrement qui est l'équivalent d'une métaphore puisqu'elle le traduit par d'autres signes en un autre lieu. Ce que la zone souligne par le jeu des couleurs et des fréquences, c'est le procédé technique à la base de ce nouveau type de transfiguration et non de défiguration. Quant à l'absence de nom, notons que la zone d'Hayao Yamaneko a une survivance plus grande que beaucoup d'autres images officielles.

Mais cette transformation qui, pour elle, « *vise à mettre en relief cette part, invisible mais essentielle, de la relation entre l'image et le référent : l'imaginaire* » (p. 70[10]), est présentée par le narrateur comme figurant le travail du temps : « Si les images du présent ne changent pas, changer les images du passé » (00:39:52³) « atteintes par le lichen du temps, libérées du mensonge... » (1:36:05³).

l'ombre de la photographie

Le montage d'images brèves et hétéroclites comme le traitement photographique des séquences plus longues est peut-être à comprendre comme la tentative du réalisateur de tromper la déception liée à l'acte de prise de vue, conscient de la perte qui s'opèrera malgré lui. Le montage markerien serait un équivalent de « *la photographie délibérément floue* » qui, aux yeux de Serge Tisseron, réfléchit « *la capture* » : « *Elle ne prétend pas fixer un fragment du monde, mais témoigner au contraire de l'impossibilité d'y parvenir. Son objet privilégié n'est pas une portion d'espace, mais la durée elle-même, ou plutôt la façon dont elle étend son ombre sur notre perception des choses.* » (p. 57[12]).

D'emblée évoquée dans le fondu au noir qui encadrait l'image allégorique hors temps, cette ombre s'étend dans le travail des images qu'est le montage de durées évanescentes. Le choix dans les plans suivants de l'aube grise de Tokyo ou du crépuscule africain, de luminosités en demi-teinte qui marquent le passage du jour à la nuit, de la lumière au noir, serait l'indice métonymique de cette ombre portée par l'image. Et ne choisit-il pas de filmer la plage africaine située à l'équateur au moment d'une éclipse ?

En s'inspirant de la photographie pour composer son montage cinématographique, Marker manifeste ce qui est le défaut de son art : l'impossible capture, la réduction à un univers à deux dimensions mais aussi la réduction de la durée à un plan. Ce retour à un art plus ancien, moins complet, dit l'incomplétude qu'ils ont en héritage par rapport à l'illusion mimétique de l'enregistrement. Le travail des images auquel est sollicité le spectateur analyste concerne la part inconsciente de l'image filmée, son refoulé technique issu de la photographie[15], il la rend simplement, et pour le

167

temps de la projection, plus évidente et donc plus compréhensible.

Jouer le défaut, c'est laisser l'ombre s'étendre et la part invisible apparaître. Non pas pour faire croire à un au-delà mais pour retrouver l'aura du *hic et nunc* et le bonheur d'être dans le temps. C'est initier à partir du temps réduit, fini, de l'image, le lent processus, infini, de l'imaginaire. C'est finalement inverser le mécanisme de la projection pour l'intérioriser chez le spectateur. Ce dernier fait siennes les problématiques liées à la technique, il partage les défauts de l'image à l'égard de la saisie du monde qui peuvent être interprétés comme autant de craintes et de désirs vis-à-vis de la recherche de son unité.

« mettre en musique » les temporalités

Même opérée avec rapidité, cette succession de plans où l'on voit des passagers endormis, la cigarette aux lèvres ou un livre à la main puis, à nouveau endormis, bercés de fatigue, un mouchoir sur le visage, la tête renversée, signifie par son caractère redondant la lenteur du voyage. La durée du plan n'est pas en question, ce n'est pas par un effet de synchronie qu'est créée l'impression de lenteur mais par un effet de montage très proche de la « syllepse itérative », cette figure définie par Genette pour qualifier certains passages de l'œuvre proustienne. Pour être plus précis encore, il s'agirait d'une « *itération interne ou synthétisante, en ce sens que la syllepse itérative s'y exerce non sur une durée extérieure plus vaste, mais sur la durée de la scène elle-même* » (p. 150[16]).

Le sommeil des personnages thématise évidemment cette lenteur mais il joue un autre rôle. Car si notre regard de spectateur commence à s'exercer avidement sur ce nouveau monde, celui des voyageurs japonais s'est clos sur l'extérieur. Le voyage s'éprouve autrement pour eux. Une suggestion peut-être que le sens de ce qui est montré est aussi à trouver les yeux fermés et que le voyage doit s'écouter.

Un objet présent dans la première image faisait littéralement signe par rapport à ce changement d'attitude donnant, de manière rétrospective et ironique, une prescription de lecture : près du bastingage on voyait, en effet, au premier plan un haut-parleur. Ironique, la prescription l'est à double titre : d'abord parce qu'elle est autant discrète que son signifiant est grandiloquent, ensuite parce que le haut parleur reste silencieux. Il fallait donc comprendre entre les lignes ou plutôt entre les signes. Pourtant la voix-*off* féminine n'est plus seule à se faire entendre, des bruits viennent s'ajouter à la bande-son. Parmi ces bruits, un martèlement sourd comme le battement d'un cœur mais fortement amplifié et bientôt irrégulier, se prolongeant même dans les aigus, ce qui le rapprocherait plus sûrement de l'écho sous-marin d'un moteur saisi par un sonar. Ce martèlement qui contribue à l'ambiance maritime continue cependant sur les images de Tokyo, d'Afrique et d'Île-de-France, c'est même lui qui semble assurer l'unité de ces séquences et donc du film. Il en devient le motif musical.

La référence qui s'impose est celle de la musique répétitive et minimaliste née dans les années Soixante. Plus qu'un retour à la tonalité, cette musique, jouée ici au synthétiseur, est surtout caractérisée par l'utilisation d'une pulsation régulière et la répétition de courts motifs évoluant lentement. La pulsation n'est pas qu'analogique des conditions du déplacement, elle exprime peut-être aussi « *une sorte de volonté sourde, à peine consciente peut-être, de libérer de leur fonction dramatique les formes de la temporalité narrative, de les laisser jouer pour elles-mêmes, et,* [...] *de les mettre en musique* » (p. 178[16]).

l'accroc dans le tissu du temps

In medias res indique aussi que le rapport aux choses est d'intériorité. Ce qui pour le récit en images et selon la vision psychanalytique de Serge Tisseron est ainsi exprimé : « *Avant l'image qui existe comme signe, il y a l'image qui existe comme découpe de la matière continue du monde. La démarche mentale qui consiste à isoler un fragment dans le tissu continu du monde* et à l'*explorer par le regard et par le toucher* constitue le premier temps de l'opération symbolique. » (p. 116[12]).

Or, dans le commentaire du narrateur voyageur cinéaste de *Sans soleil* se succèdent justement deux déclarations qui attestent de cette dimension matérielle du rapport au temps. Lorsqu'il affirme : « J'aurai passé ma vie à m'interroger sur la fonction du souvenir qui n'est pas le contraire de l'oubli mais plutôt son envers » (00:04:28[3]), une possible réponse lui était donnée quelques secondes plus tôt par le couple de Japonais venu dans le temple des chats « accomplir le rite qui allait réparer à l'endroit de l'accroc le tissu du temps » (00:04:08[3]).

L'analyse de la stratégie poétique mise en place par *Sans soleil* consiste à représenter un travail d'images et à engager le spectateur, par la suggestion et la provocation, dans une longue et lente opération symbolique. Longue car elle n'est bornée que par la puissance de notre imaginaire, lente car elle ne cesse de ralentir notre perception pour habiter l'instant suspendu, autrefois si poignant. Cette contemplation active des images appréhendées comme des problèmes de temps nous assigne à un exercice de lenteur qui fait advenir à la fois la figure de l'accroc et du toucher.

l'ambiance

Il est troublant de retrouver dans l'incipit de *Chronique japonaise* cette même isotopie de la matière à partir de la figure du tissu. Il est vrai qu'elle est récurrente dans l'œuvre de Nicolas Bouvier qui l'emploie généralement pour faire le portrait des personnes croisées durant ses voyages ; mais l'importance qu'il lui donne sort de la convention réaliste et dépasse la simple incarnation des personnages. La fonction métonymique met bien ici en jeu un glissement de la référence de l'habit au moral :

Vieux couple de patriciens désargentés qui louent une aile de leur immense demeure. Lui : squelette distingué, un veston de tweed usé passé sur une camisole de flanelle grise qui ressemble à un bourgeron de forçat. Elle, presque aussi décharnée, les yeux enfoncés et fiévreux, le visage comme

170

un chiffon de papier de soie engoncé dans l'encolure d'un kimono sévère
et somptueux. (p. 9²)

Le rapport de contiguïté est cependant rendu complexe par la
diversité foisonnante des objets dénommés et donc des correspondances créées. Il n'est pas évident de saisir l'unité de cet homme
dépeint successivement en dandy, en fou et en prisonnier, sans
parler de la première image du « *squelette distingué* », en elle-
même oxymorique.

La métonymie n'est d'ailleurs pas la seule figure de style à
composer ce double portrait. Allitérations, comparaison, parallé-
lismes de construction, les procédés abondent et, serait-on même
tenté de dire, dégénèrent. C'est en cela que le modèle du tissu,
inhérent à l'œuvre, se révèle pertinent : c'est la qualité de
l'enchevêtrement de ces images multiples qui détermine la justesse de « *l'ambiance* »[17].

Bien que ce terme n'appartienne pas au lexique des études
stylistiques, nous aimerions le considérer de manière rhétorique,
comme l'invention d'un nouveau trope. Ce ne serait d'ailleurs pas
un complet néologisme puisque son emploi courant dans le sens
« d'atmosphère matérielle ou morale » date de 1885 sous la plume
de Villiers de L'Isle-Adam et qu'il concernait d'abord le domaine
littéraire. À la différence de l'isotopie, définie par Greimas
comme « *un ensemble redondant de catégories sémantiques qui
rend possible la lecture uniforme du récit, telle qu'elle résulte des
lectures partielles des énoncés après résolution de leurs ambi-
guïtés* »[18], l'ambiance ne propose aucun terme fédérateur ou final
et maintient l'ambiguïté[19].

La fonction du tissu est donc aussi poétique. Le texte, en usant
de figures qui déplacent la référence, fait image et, en les faisant
dégénérer de manière insolite, il maintient le mouvement de
l'imagination créant par là une "atmosphère matérielle et mentale". Le temps de l'imaginaire, comme chez Marker, se donne
comme substitut au temps vécu.

Le tissu sert à signifier que l'image du monde ne peut s'obtenir
que par un patient travail de décryptage sur nos propres représentations. La difficulté de l'entreprise, parfois concédée, ne rabat

171

jamais l'ambition de cette œuvre qui est de parvenir à une image unitaire du monde. Lorsque Nicolas Bouvier se sert de cette figure du tissu pour exprimer le choc des cultures, n'est-ce pas aussi de son travail poétique dont il parle ? « *C'est grisant de rêver à ce tissu serré d'ignorance et de prétentions à l'hégémonie qui se superposent, s'annulent, s'entrecroisent.* » (p. 60[2]).

Cette pensée sans système qui agit comme un réseau diffus touche même le narrateur donnant ainsi à l'image un statut d'universalité. Sa « *vie mal cousue* » (p. 45[20]) est le résultat volontairement recherché du voyage, car pour lui : « *On ne voyage pas pour se garnir d'exotisme et d'anecdotes comme un sapin de Noël, mais pour que la route vous plume, vous rince, vous essore, vous rende comme ces serviettes élimées par les lessives qu'on vous tend avec un éclat de savon dans les bordels.* » (p. 54[21]).

Le thème originel du tissu a subi au passage de nombreuses déclinaisons et altérations qui confèrent à cette héraldique secrète du monde un caractère humain indéniable, bien loin d'un quelconque ésotérisme. La mise en relation des commentaires de l'écrivain sur sa poétique et des formules sur son art de voyager suggère aussi cette intention qui, si elle n'est pas parodique, joue cependant sur l'écart des registres. Le verbe « *ravauder* » (p. 133[20]) signalait déjà cette atténuation d'humilité concernant son travail. L'écart entre la "*trame du tapis*" et la "*serviette du bordel*" la reprend de manière plus appuyée. De plus, ces deux dernières images ajoutent à la modestie l'idée d'usure. Le tissu n'est pas une matière stable, intangible, éternelle, mais perfectible, sensible aux aléas et à l'usure. Nicolas Bouvier remet ainsi en perspective l'influence du temps sur les représentations et le caractère dynamique de toute vision de la réalité, son caractère vivant. Comme chez Marker, le tissu de l'image du monde renvoie au travail de la durée.

le cahier gris

Ce travail du temps est perceptible dans la composition même du livre. Résultat d'une commande, il fut d'abord publié en 1967

172

sous le titre *Japon* dans la collection « Atlas des voyages » avant de reparaître, profondément bouleversé, en 1989 chez Payot sous le titre qu'on lui connaît (*Chronique japonaise*). Dans l'intervalle, Bouvier a ajouté à *Japon* le « *cahier gris* ».

Sept chapitres du livre portent ce titre. Ils proviennent d'un carnet de notes tenu lors des voyages de 1964, 1965, 1966 et 1970, témoignant de l'évolution du pays sur près de quinze ans, et du changement qui affecte Nicolas Bouvier durant cette période : « *Dans l'intervalle qui sépare ces deux trajets j'ai l'impression d'avoir été d'une certaine façon absent de ma vie. Je suis curieux de voir qui du pays ou de moi aura le plus changé.* » (p. 11[2]). Constituant l'introduction du livre (I ; p. 9), participant dans sa première partie au principe d'alternance passé/présent (VI ; p. 41 - IX ; p. 75), proposant des poèmes en variante du récit (XVIII ; p. 167 - XXI ; p. 201) et enfin réunissant des réflexions sur la littérature et des portraits isolés (XXVII ; p. 245 - XXVIII ; p. 249), ils donnent au livre une ouverture générique et une dimension historique toute particulière. L'histoire du Japon sort de la chronologie objective pour s'étalonner à l'expérience du narrateur. Elle quitte la forme figée et nécrologique de l'atlas pour se survivre grâce à la dimension autobiographique de la chronique. L'analyse microtextuelle montre, par ailleurs, que cette circonscription des temps — du Japon immémorial, des années Cinquante et du temps de l'écriture — n'est pas aussi nette, rejoignant la stratégie de lenteur poétique du montage de Marker. Normalement ordonnées par le récit selon un principe d'alternance, cantonnées dans des chapitres, ces séries temporelles s'entremêlent les unes aux autres. Comme chez Marker, le texte procède au montage d'images hétéroclites appartenant à des temps supposés distincts, mais qui cohabitent ici. Il serait possible d'y associer la notion de palimpseste, mais rien n'est effacé, tout est co-présent. « *Penser deux moments à la fois, c'est presque toujours pour l'être proustien, les identifier et les confondre : cette étrange équation est la loi même de l'itératif.* » (p. 169[16]).

L'image de l'accroc, issue de la problématique du temps nécessaire à chaque image clamant son indépendance par rapport au

173

temps unique du film, tiendrait ici à la perturbation du système des temporalités. Là où le cinéaste atteignait cet effet en montant des images d'actualités avec ses archives personnelles, Bouvier use des différentes temporalités du cahier gris comme un contrepoint ou comme « *une ombre portée* » : « [...] *c'est seulement pour me donner un peu d'épaisseur, jeter un peu d'ombre portée, et n'avoir pas complètement disparu.* » (p.248[2]).

À la lecture de cette dernière citation, il apparaît peu probable que la couleur du cahier soit anodine et fortuite. Couleur en demi-teinte, le gris pourrait être paradoxal pour un livre sur un sujet exotique. Certaines des nombreuses illustrations de *Japon* qui ont toutes disparu dans *Chronique japonaise* étaient d'ailleurs en couleurs. Mais leur substituer le gris c'est affirmer la prépondérance du travail, de la mélancolie et d'une certaine usure. Le « *cahier gris* » c'est l'écume de Marker. L'*incipit* de *Chronique japonaise*, placé sous ce même ciel gris, nous confronte à ce même régime d'image et de temps déjà manifeste dans le début de *Sans soleil*. Image de texte, au sens éditorial, le gris est la forme faite fond : « *Je m'en souviens comme d'hier : chaude pluie de juin, de hautes frondaisons vert pâle bougeaient contre un ciel lumineux et gris.* » (p.11[2]). « *Le ciel est une éponge grise* »[22], écrivait-il également, dans *Journal d'Aran* cette fois, reliant cette couleur au rien que cette île était censée représenter et que le livre révèle à son tour comme les choses du temps.

Nuit noire, cadence de mes pas sur la route qui sonne une porcelaine, froissement furtif dans les joncs (loir ? ou justement courlis ?), autour de moi c'était bien ce « rien » qu'on m'avait promis. Plutôt un « peu », une frugalité qui me rappelait les friches désolées du Nord-Japon, les brefs poèmes, à la frontière du silence, dans lesquels au xviie siècle, le moine itinérant Bashô les avait décrites. Dans ces paysages faits de peu je me sens chez moi, et marcher seul, au chaud sous la laine sur une route d'hiver est un exercice salubre et litanique qui donne à ce peu — en nous ou au-dehors — sa chance d'être perçu, pesé juste, exactement timbré dans une partition plus vaste, toujours présente mais dont notre surdité au monde nous prive trop souvent.

(p. 62[21])

Cette stratégie de la lenteur poétique impose face aux images projetées et composées un processus de symbolisation qui transforme notre rapport au temps et l'intériorise. Ce travail des images révèle, maintient et figure une distance critique, un décalage entre l'instant vécu, le moment représenté et la durée de sa représentation.

Cet exercice de lenteur, ou de patience puisque ce n'est pas sans peine, vise à avoir une expérience de la durée la plus grande possible. Or qu'est-ce que la durée sinon la sensation de reparcourir en un instant la continuité des temps ? Il ne s'agit pas de fixer l'instant, mais d'en ressentir la densité, le caractère poignant, ce qui continue à le mettre en mouvement, à faire « battre le cœur » (00:09:54[3]).

La lenteur poétique est loupe temporelle[23]. À la fois ralenti et agrandissement de l'instant, elle nous fait tenir « à bout de bras, à bout de zoom jusqu'à son dernier 25e de seconde » (1:31:59[3]) l'instant de bonheur aperçu en Islande. Ce n'est plus l'image idéale du bonheur car dans l'intervalle nous avons eu l'expérience de sa matière. Libérées de toute dramatisation, les images du temps sont enfin éprouvées pour elles-mêmes, dans leur devenir : « Et puis le voyage à son tour est entré dans la zone. Hayao m'a montré mes images déjà atteintes par le lichen du temps, libérées du mensonge qui avait prolongé ces instants avalés par la spirale. » (1:36:05[3]).

1. Paul VIRILIO, *Esthétique de la disparition* (Paris, Éditions Galilée, 1989), p. 30.

2. Nicolas BOUVIER, *Chronique japonaise* (Paris, Payot, « Petite bibliothèque Payot/Voyageurs », 2001).

3. Chris MARKER, *Sans soleil* (Paris, Argos Films, 1982).

4. Dans *L'Usage du monde* (Genève, Droz, 1963 ; rééd. fac-similé, 1999), Nicolas Bouvier voyage certes plus lentement avec sa Fiat Topolino qu'Ella Maillart et Anne-Marie Schwarzenbach avec leur Ford 18 chevaux dans *La Voie cruelle* (Paris, Payot & Rivages, « Petite bibliothèque Payot/Voyageurs », 2001) mais il paraîtrait comme un monstre de vitesse par rapport à l'Audi hors d'âge de Jean Rolin dans *L'Explosion de la durite* (Paris, P.O.L, 2007). Et il n'est même

pas question de les comparer aux voyageurs piétons et pérégrins des siècles antérieurs.

5. Paul VIRILIO, *L'Horizon négatif. Essai de dromoscopie* (Paris, Galilée, 1984).

6. Gérard COLLOMB, *La Littérature Art Déco : sur le style d'époque* (Paris, Méridiens-Klinsksieck, 1987).

7. Le fait que ces deux auteurs aient séjourné au Japon dans les années Cinquante et Soixante, soit au moment où ce pays connaît un boom économique et de profonds bouleversements culturels, les place au cœur de cette problématique. Ce voyage vers l'Orient que Nicolas Bouvier compare à un mouvement vers les origines de la civilisation du livre trouve là son point extrême puisqu'ils assistent l'un et l'autre à l'explosion de la civilisation de l'image. Comme si la guerre se continuait sous d'autres formes.

8. Le concept de « contrat de lecture » doit être amendé pour être applicable à l'étude des films. Sans même entrer dans des considérations historiques et matérielles qui tiendraient aux conditions d'expérience de l'œuvre, nous suggérons par cette formule déplaçant la lecture du livre au spectacle du film, que la vision le partage ici à l'écoute — ce que nous tenterons d'approfondir plus loin — et à un rapport particulier à la durée.

9. Edgar MORIN, *Le Cinéma ou l'homme imaginaire* (Paris, Minuit, 1956), p. 210.

10. Barbara LEMAÎTRE, « *Sans soleil*, le travail de l'imaginaire », *Théorème*, n° 6 : "*Recherches sur Chris Marker*", Philippe DUBOIS ed. (Paris, Presses Sorbonne Nouvelle, 2002), pp. 60–73.

11. Mais cela peut être vrai au niveau de l'histoire collective car les voyages et les films de Marker ont souvent pour origine et pour guide les traces et les témoignages de la Seconde Guerre mondiale.

12. Serge TISSERON, *Psychanalyse de l'image. De l'imago aux images virtuelles* (Paris, Dunod, 1995).

13. Les photogrammes de *La Jetée* (Paris, Argos Films, 1962) et les photographies de *Si j'avais quatre dromadaires* (Paris, Apec, Iskra, 1966) en sont les exemples les plus probants tant ils systématisent le procédé. Il demeure cependant très présent dans *Sans soleil* et *Level five* (Paris, Films de l'astrophore, Argos films, Connaissance du Cinéma, Argos Films, 1996) où il se mêle à l'emploi des documents d'archive et des captures d'écran.

14. Erik VERHAGEN, « La Photographie conceptuelle », *Études photographiques*, 22, septembre 2008, mis en ligne le 9 septembre 2008,
URL : http://etudesphotographiques.revues.org/index1008.html

15. Pour prolonger cette réflexion sur l'ombre et remonter dans l'archéologie des formes, nous conseillons de reprendre les pages consacrées par Walter BENJAMIN dans sa *Petite histoire de la photographie* à « *la floraison unique du mezzo-tinto dans l'art du portrait* » (Walter BENJAMIN, *Œuvres II* [Paris, Gallimard, « Folio/Essais », 2000], pp. 307-8).

16. Gérard GENETTE, *Figures III* (Paris, Seuil, « Poétique », 1972).

17. Nicolas BOUVIER, *Japon* (Lausanne, Rencontre, « Atlas des voyages », 1975), p. 6.

18. Algirdas Julien GREIMAS, « Éléments pour une théorie de l'interprétation du récit mythique », *Communications*, 8, 1966, pp. 28–59 (p. 30).

19. Cette démonstration s'appuie sur l'introduction du texte *Japon* et une

discussion de l'auteur avec des Occidentaux concernant l'âme de ce pays : « [...] *les Japonais ne font pas à la conversation et aux idées abstraites le même crédit que nous. Avant de produire une phrase qui tire à conséquence, vite ils vous emmènent au café boire un petit quelque chose. Dans les mots, ils se sentent à l'étroit... mais les humeurs, l'ambiance... voilà l'essentiel.* » ; « *Voilà, me direz-vous des réalités qui ne sont nées ni de l'ambiguïté ni de l'"ambiance" et qui obéissent aux lois économiques qui nous sont familières.* »[17].

20. Nicolas BOUVIER, *Le Dehors et le Dedans* (Genève, Zoé, 1997).

21. Nicolas BOUVIER, *Le Poisson-Scorpion* (Paris, Folio, 1996).

22. Nicolas BOUVIER, *Journal d'Aran et d'autres lieux* (Paris, Payot, « Petite bibliothèque Payot/Voyageurs », 1996), p. 167.

23. Nous faisons ici référence à la discussion par André Gunthert de l'emploi du terme *Zeitlupe* par Walter Benjamin dans sa « Petite histoire de la photographie » dont il livre une traduction commentée dans *Études photographiques*, n° 1, novembre 1996, pp. 6–39 (pp. 19-20 n. 19) :

« *"Zeitlupen oder Vergrösserungen"*, dit le texte (hardiment traduit par "ralenti et accéléré" par Maurice de Gandillac). Si l'agrandissement (*Vergrösserungen*) correspond bien ici à un procédé photographique, que vient faire ici *Zeitlupe* (ralenti par opposition à *Zeitraffer* : accéléré), terme de l'univers cinématographique ? Il semble bien que Benjamin confonde ce mot, d'emploi relativement récent en allemand, avec le substantif qui exprime l'effet visuel d'arrêt sur image : l'instantané (*Momentaufnahme*). Outre le sens littéral du terme ("loupe temporelle"), qui le rapproche tout naturellement de *Vergrösserung* [...] »

Cette confusion des lexiques photographique et cinématographique nous semble parfaitement aller dans le sens de la stratégie de lenteur poétique que nous avons tenté de mettre en avant chez Chris Marker et Nicolas Bouvier. Ralentir l'instantané, le tenir sous la loupe du temps.

Ill. 1. Photographie figurant sur la couverture de *Un Voyage en Saintonge*, 1995.
© Thierry Girard

10

UNE AUTRE MANIÈRE DE VOYAGER

LES ITINÉRAIRES DU PHOTOGRAPHE
THIERRY GIRARD

par Danièle MÉAUX

« UN Voyage en Saintonge » est le titre d'une exposition présentant des photographies de Thierry Girard, organisée au Centre Culturel de l'Abbaye aux Dames à Saintes en janvier 1995. La manifestation était accompagnée de l'édition d'un catalogue de même nom, sur la couverture duquel figure la photographie de l'enroulement d'une spirale, montrée en gros plan. L'image énigmatique, dont l'observateur identifie mal le sujet (s'agit-il d'un relief de pierre ou de la coquille d'un escargot ?), a l'allure d'un emblème. La relative "abstraction" du cliché de format carré le rapproche d'un écusson — comme sa place, sous le titre, à l'orée du catalogue. La page de garde que le spectateur découvre ensuite (si tant est qu'il explore l'ouvrage dans cet ordre) permet de progresser dans l'interprétation du motif ; un trait gris irrégulier s'enroule sur la surface blanche du papier, reprenant ainsi le dessin concentrique de l'image de couverture ; à l'extrémité extérieure de la ligne spiralée, un toponyme accompagnée d'une date : « Mauzé-sur-le-Mignon, Août 1993 » ; au cœur de l'enroulement, un autre toponyme avec une autre date : « Saintes, décembre 1994 ». Le schéma (éclairé par le titre du catalogue) se donne comme la représentation épurée d'un trajet effectué par le photographe entre août 1993 et décembre 1994, d'un lieu à une autre au sein du département de la Charente-Maritime. Si le tracé saccadé rappelle le dessin des routes ou des chemins de grande randonnée sur les cartes, toute indication concernant le territoire, son peuplement, son relief ou sa végétation, est absente : sur le papier vierge, se détache la courbe accidentée d'un cheminement, pris entre deux localisations géographiques et deux dates. Le choix de l'itinéraire en lui-même paraît essentiel. La ligne symbolise un parcours de l'espace, mais aussi une durée de cheminement. La *praxis* du déplacement est à l'honneur.

La page blanche se fait l'emblème d'un territoire qui est à découvrir, à réinventer en fonction de la trajectoire élue. Cet itinéraire amène le marcheur à repasser plusieurs fois en des sites qui sont peu distants les uns des autres ; autrement dit, il est sans doute des zones de prairies ou de forêts, d'habitation ou de culture qu'il retrouve, sous un angle sensiblement différent, après l'accomplissement d'un (voire deux) tour(s) de son parcours spiralé ; ces espaces ne se présentent pas du tout au promeneur comme ils apparaîtraient à l'observateur d'une carte du même territoire ; l'intellection de la disposition topographique objective ne s'impose sans doute pas au marcheur avec évidence, dans la mesure où des lieux de conformation proche reviennent plusieurs fois sur son chemin, dans la mesure aussi où son orientation varie continuellement jusqu'à susciter peut-être une sensation proche du vertige. L'itinéraire, qui a l'allure d'un labyrinthe, travaille pour le photographe itinérant à une forme de déconstruction de l'organisation géographique afin de favoriser une autre modalité de découverte, régie par une temporalité subjective et tendue vers une lente décoction des perceptions. C'est moins un « espace » homogène et objectif qui est exploré que des « lieux » sensibles, éventuellement empreints de mémoire et d'imaginaire. Au verseau du schéma de l'itinéraire, Thierry Girard confie :

J'avais tracé sur ma carte, grossièrement, une sorte de spirale pour que le chemin qui me mène jusqu'à Saintes soit le plus long possible [...]. Prosaï-

Ill. 2. Image extraite de *Un Voyage en Saintonge*, 1995. © Thierry Girard

quement ce pouvait être la forme d'une cagouille, image concevable pour un voyage se faisant sous le signe de la lenteur. Plus symboliquement j'en retrouvai le motif sur les voussures de Corme-Royal comme sur de nombreux chapiteaux ou sur les traditionnels cercueils de pierre. Hors l'aspect strictement décoratif, la spirale est un symbole complexe. Prise depuis son centre dans un développement sans fin vers l'extérieur, elle est extension, progression, ascension, elle est l'élévation mystique du derviche tourneur. Prise depuis sa périphérie en remontant vers son origine, elle devient dédale, tels ces labyrinthes qui se trouvaient au cœur de certaines cathédrales (aujourd'hui encore à Chartres) et que les pèlerins faisaient à genoux pour marquer leur pérégrination lente et douloureuse vers la Jérusalem Céleste et la Félicité.[1]

181

Ce tracé spiralé, qui est à la fois le programme d'un voyage et la consignation d'une marche effectuée en Saintonge, se présente comme un emblème de lenteur ; la progression du marcheur est rapprochée du mouvement du derviche tourneur ou du parcours du pèlerin dans les labyrinthes de certaines cathédrales, l'un et l'autre étant tourné vers une quête spirituelle. La « *cagouille* » appartient aussi à un répertoire de formes symboliques que le praticien découvre dans les édifices romans de la région et qu'il s'applique à décrypter. L'invocation de ce motif renvoie donc également à un positionnement herméneutique.

Une démarche à certains égards comparable préside à la réalisation d'un autre voyage, transcrit dans un autre ouvrage du même Thierry Girard, publié quelques années plus tard : une diagonale tracée sur une carte de France détermine le déplacement du photographe de Nice jusqu'à Ouessant. Sur la couverture du livre intitulé *D'une mer l'autre*[2], une vue montrant un rivage aux tonalités grises et vertes se trouve fendue par une diagonale vermillon, qui emblématise la trajectoire de l'auteur voyageur. Là encore, le choix de la trajectoire et l'expérience même du déplacement sont revendiqués comme partie importante de l'œuvre ; les photographies et le texte qui les accompagne paraissent chevillés à une pratique itinérante singulière. La diagonale élue amène l'opérateur voyageur à passer par Dignes, Valence ou Aubusson, à traverser la Creuse, le Maine-et-Loire, la Vienne, autant de régions qui sont parfois jugées peu attractives, qui sont souvent appauvries et désertées. Elle tend également à écarter le voyageur des autoroutes principales pour l'amener à adopter des nationales et des départementales où le déplacement est plus lent. Cet itinéraire travaille (comme le faisait le cheminement spiralé adopté en Saintonge) à la modification d'une représentation du territoire, à la déconstruction d'une vision de l'hexagone dominée par un axe de communication nord/sud, suivant le couloir rhodanien. Dans les deux cas, l'adoption d'un trajet qui ralentit le déplacement coïncide avec une volonté de renouvellement de la perception des contrées parcourues.

THIERRY GIRARD

d'une mer l'autre

Ill. 3. Couverture de *D'une mer l'autre*, 2002.   © Thierry Girard

C'est après quelques années d'étude à Sciences-Po que Thierry Girard décide de se consacrer à la photographie de manière quasiment définitive. Son œuvre possède une forte cohérence puisqu'elle repose sur la constante conjugaison de l'exercice du voyage et de la prise de vue. D'année en année, le style du photographe évolue ; les vues réalisées dans les années Quatre-vingt manifestent une nette influence de la photographie américaine (Robert Frank, Lee Friedlander...) qui s'estompe ensuite pour laisser la place à des images plus sobres et statiques ; le noir et blanc est progressivement abandonné au profit de la couleur ; les êtres humains et leurs modes de vie sont plus présents dans les premiers travaux (*Far-Westhoek*[3], 1982) que dans les œuvres ultérieures (*Brouage*[4], 1993 ; *Langlade, Miquelon, Saint-Pierre*[5] 1994...) ; mais ils tendent à faire retour, de manière certes différente, dans des ouvrages récents tels que *Voyage au pays du réel*[6] (2009). Malgré ces évolutions, la pratique de la photographie se conjugue toujours, chez Thierry Girard, à l'expérience du déplacement.

Japon, Chine, États-Unis, Belgique, France, Vosges, Corrèze, Charente, Grèce... : les destinations varient, mais les voyages du photographe se trouvent le plus souvent placés sous le signe d'une certaine lenteur. Le cheminement pédestre apparaît chez lui comme un mode de relation privilégié au territoire :

J'ai évoqué le bonheur des routes, le plaisir de l'errance automobile. Je connais aussi le bonheur des chemins, des sentiers et des étendues sans traces et sans repères. J'ai marché dans les tempêtes de neige et dans les vents de sable, dans des forêts épaisses où je me suis perdu, sur des îles finies et dans des espaces infinis ; j'ai marché parfois jusqu'au harassement, souvent dans l'euphorie jusqu'au détachement de soi, jusqu'à l'oubli même qu'il me fallait photographier. (p. 62[2])

Dans de nombreux clichés, la progression lente de la marche se trouve emblématisée par le motif du chemin. Nicolas Bouvier

Ill. 4. Photographie extraite de *Langlade, Miquelon, Saint-Pierre*, 1994.

© Thierry Girard

parle d'un "usage du monde" et chaque voie de circulation photographiée renvoie à "l'usage" qu'elle autorise ; alors que la représentation d'une autoroute suggère la traversée rapide d'un site dont la réalité s'estompe, le sentier évoque une relation physique au paysage où le rythme du corps (balancement des pas, cadence du souffle...) a son importance. La figuration d'un chemin, s'ouvrant dans la profondeur du champ face au spectateur, suggère une forme d'appropriation physique du site ; elle suppose une implication corporelle, éventuellement un effort.

185

Bien souvent, dans l'espace du livre, les sentiers mis en image reviennent et se font écho afin de suggérer la temporalité d'un parcours qui est tout à la fois plus lent et moins contraint que celui qu'autorisent l'automobile ou le train. La progression pédestre renvoie aussi à l'idée d'une relative autosuffisance du sujet et d'un contact direct avec le lieu. Elle n'est pas exempte de connotations : nombreux sont les écrivains ou les penseurs qui ont fait du cheminement physique la condition privilégiée d'un cheminement mental ; la marche a souvent été associée à l'idée d'une forme d'élévation spirituelle.

Par le biais de la marche, Thierry Girard explore souvent des zones rurales et des territoires proches. S'il s'est rendu en des contrées lointaines, il a aussi fréquemment choisi de voyager en de banales régions françaises — à la manière de Stevenson dans *Voyage avec un âne dans les Cévennes.* Comme celui-ci, il se démarque des grands voyageurs tournés vers le lointain, afin de poser un regard différent sur des territoires voisins qui sont exempts d'exotisme. L'expression même, « *Voyage en Saintonge* », témoigne de cette volonté de reprendre la posture du voyageur, tout en se distinguant de toute une tradition afin d'explorer avec un regard neuf des pays proches. Lors de cette marche en Charente-Maritime, il décide de partir de Mauzé-le-Mignon,

[...] où naquit René Caillié, premier Européen à atteindre la ville mystérieuse de Tombouctou et à en revenir vivant après 538 jours d'épreuves physiques et morales. À la sortie du village, à l'embranchement de deux routes, là où ses amis lui dirent adieu, un monument avec chameaux et palmiers stylisés rappelle sa mémoire. Mon voyage n'était pas si rude, il me fallait rejoindre la Saintonge à quelques lieux de là après Aulnay dont l'un des chapiteaux montre des éléphants supportant la voûte de la nef. J'avais des désirs d'Afrique, ou plutôt d'exotisme, au sens où l'entend Segalen, à la fois attention au Divers et sensation de perte dans l'étrangeté du monde. Je me plus alors à m'imaginer tel un voyageur africain en quête d'une mystérieuse Saintes déchiffrant pas à pas un territoire inconnu, le caractère de ses habitants et les signes de sa culture.[1]

On ne peut être plus explicite. Si l'exotisme défini par Segalen tient au « *pouvoir de concevoir autre* »[7], il ne dépend pas seulement de la réalité considérée, mais aussi du regard que l'on porte sur les choses ; ainsi c'est en Charente-Maritime, dans les Vosges, dans le Nord ou encore dans l'Oise que Thierry Girard promène son regard pérégrin.

Quand il lui arrive de voyager au loin, le photographe se donne néanmoins le temps d'un séjour. En 1997, il suit par exemple le parcours d'Hiroshige, sur la route de Tôkaidô[8]. Cette voie, qui traverse l'archipel japonais sur une grande partie de sa longueur, mène de l'ancienne capitale Kyôto à la ville d'Edo (actuelle Tôkyô). À partir du xve siècle, elle est utilisée par des voyageurs, des moines ou des marchands ; le poète errant Bashô l'emprunte au cours de ses déplacements. Au xviiie siècle, fleurissent toutes sortes de récits relatifs à cet itinéraire. Des guides illustrés par de nombreux peintres sont édités, précisant la qualité des haltes et les lieux à visiter. Hiroshige se rend célèbre en faisant éditer *Les Cinquante-trois étapes du Tôkaidô*, en 1834-35. À l'artiste itinérant, Thierry Girard emprunte le principe des "stations" ; il reprend aussi certains éléments de composition : une distance respectueuse avec le sujet, l'apparition au lointain des montagnes... Mais, sous l'effet de l'urbanisation, les paysages immortalisés par Hiroshige sont aujourd'hui quasiment méconnaissables. Le train à grande vitesse *Shinkansen* et l'autoroute *Tômei-Maishin* passent sur l'itinéraire du Tôkaidô ; la mégalopole a pris des proportions gigantesques et le territoire se trouve mangé par des constructions désordonnées. Les vues contemporaines sont donc éloignées du "sentiment de la nature" auquel sont attachés les Japonais. Les images de Thierry Girard mettent en évidence ces transformations, mais il s'agit dans le même temps pour lui de célébrer une tradition japonaise du voyage. Les estampes d'Hiroshige, auxquelles son livre se réfère, montrent de fait quantité de gens qui vont à pied, sur des chemins de campagne étroits ou dans de petites rues ; elles renvoient à la "culture du piéton" qui est celle du Japon traditionnel[9].

Aujourd'hui, l'expansion des moyens de locomotion modernes rend les déplacements faciles. Une multitude de touristes parcourt la planète ; ces derniers sont souvent attirés par des images consultées au préalable qu'ils cherchent peu ou prou à retrouver sur place[10] ; ils multiplient également les prises de vue qui leur permettront d'authentifier leur propre voyage. Leurs itinéraires, encadrés par des tours opérateurs, sont rapides et ciblés sur des destinations répertoriées qui "valent le voyage", les sites intermédiaires se trouvant plus ou moins occultés. Sur le mode virtuel, Internet permet également de nos jours une circulation rapide entre des sites qui se trouvent mis en images. À l'évidence, les voyages de Thierry Girard se démarquent des pratiques des touristes (ou des internautes), que ce soit par les destinations élues, par le type de vues réalisées ou encore par le rythme de cheminement adopté.

Les travaux de ce photographe ne se présentent pas isolés ; ils s'inscrivent dans un genre, celui du *"Voyage de photographe"*[11] qui s'est développé dans la seconde moitié du XXᵉ siècle ; nombreux sont les praticiens qui, associant exercice de la prise de vue et expérience du déplacement, font alors du livre l'espace privilégié d'une transcription de leur vécu itinérant. Dans la lignée du travail de Robert Frank, le genre s'est particulièrement développé aux États-Unis où le parcours des grands espaces participe d'une forme de mythologie nationale. Mais des photographes, tels que Ed Van der Elsken, Max Pam ou encore Bernard Plossu, se sont déplacés en des contrées fort variées. Les *"Voyages de photographes"* qui sont publiés dans les années Soixante-Soixante-dix s'inscrivent en tout cas dans une mouvance contestatrice ; ils sont plus ou moins empreints des valeurs de la *Beat Generation* et le fait même de "prendre la route" emblématise alors l'opposition à une organisation sociale tournée vers l'accumulation de biens de consommation.

Par opposition à une forme d'enlisement sédentaire, la mobilité paraît alors synonyme de liberté ; elle signe une volonté d'ouverture sur le monde et une quête d'intensité de vie.

Mais, à compter des années Quatre-vingt, la mobilité ne se trouve plus exactement revêtue du même potentiel symbolique : les déplacements se sont généralisés ; le tourisme s'est massifié ; de plus en plus nombreux sont ceux qui voyagent régulièrement dans le cadre de leur activité professionnelle. Loin de renvoyer à une aspiration contestatrice, la mobilité entre aujourd'hui plus ou moins en adéquation avec le fonctionnement du libéralisme économique. En ce sens, les analyses de Michel Maffesoli, qui a tendance à opposer une polarité sédentaire et conservatrice à une polarité nomade et libertaire, sont sans doute schématiques et quelque peu dépassées[12]. Dans *Le Nouvel esprit du capitalisme,* Luc Boltanski et Ève Chiapello étudient les phénomènes d'intégration par le système capitaliste des utopies prônées par les avant-gardes dans les années Soixante. Ils montrent que l'appel à une plus grande mobilité constitue aujourd'hui un thème récurrent des discours managériaux[13] ; l'aptitude au déplacement spatial y apparaît même parfois comme l'expression paradigmatique d'une capacité d'adaptation aux exigences du système. Ainsi la mobilité, qui était auparavant chargée de connotations subversives, semble de nos jours exercer un pouvoir structurant dans une idéologie qui est susceptible de sécréter des aliénations[14]. Le mouvement dans l'espace se trouve en tout cas lié à des impératifs économiques, dans une société en changement permanent.

Aussi les *"Voyages de photographes"* de la fin du XXe siècle et du début du XXIe siècle n'ont-ils plus du tout les mêmes connotations subversives que ceux des années Soixante - Soixante-dix. La mobilité, qui s'est généralisée, n'est plus en elle-même chargée de valeurs contestataires. Seules peut-être les expériences itinérantes qui, d'une manière ou d'une autre, prennent le contre-pied des pratiques de masse sont susceptibles de conserver une dimension subversive. Les formes de déplacement qui sont plus ou moins décalées par rapport aux modes de locomotion que le système génère sont aptes à représenter symboliquement une alternative. Elles prennent une certaine distance avec les mouvements de la société dans son ensemble et s'avèrent à même d'instaurer une relation renouvelée avec les territoires parcourus. Le choix d'une certaine lenteur, par opposition à la vitesse ambiante, est sans doute une des modalités susceptible de creuser un écart de ce type. L'élection d'itinéraires ou de destinations inhabituels travaille aussi à faire de certains Voyages des formes symboliques de résistance face à une mobilité envahissante.

La lenteur de la progression autorise la réapparition d'espaces sensibles occultés par le déplacement rapide. Chez des artistes tels que Richard Long ou Hamish Fulton, le rythme de la marche permet de retrouver l'intensité d'une confrontation physique à la nature, de réinventer le rapport de l'homme à un environnement. C'est également le cas chez Thierry Girard, qui se démarque de certains photographes voyageurs enclins à mettre en image les mouvements automobiles ou ferroviaires. Selon Pierre Sansot, la lenteur permet « *d'augmenter notre capacité d'accueillir le monde* »[15]. Les pérégrinations de Thierry Girard, telles qu'elles sont retranscrites dans ses ouvrages, traduisent la densité d'une mise en présence avec le monde ; au travers d'un processus de lente infusion, les traces, les vestiges du passé également s'imposent. À propos d'une série de photographies réalisées au cours d'un déplacement le long du Danube en 1993-94, Thierry Girard note : « *Il ne s'agit pas d'une simple en-allée au fil du fleuve qui ne serait qu'une suite d'impressions de voyage, mais d'un essai, d'une réflexion, sur la manière dont le paysage danubien dit l'Histoire qui l'a fait entre la mémoire qui s'efface et ce qu'il reste de traces.* »[16]. Dans *Un Voyage en Saintonge*, le photographe itinérant s'applique au décryptage des restes du passé, des symboles portés par les églises romanes, au sein d'un territoire dont la vie rurale peu à peu se retire. Le déplacement dans l'espace s'accompagne d'une forme de remontée dans le temps ; l'entreprise n'est pas exempt de nostalgie.

Aux espaces géographiques se trouvent chevillés des imaginaires[17], comme si les sites étaient capables de garder en mémoire les représentations qui en ont été fournies dans le champ des arts ou de la littérature[18]. Un voyageur tel que Thierry Girard est moins interpellé par la topographie figurée sur les cartes que par les images mentales qui restent associées aux lieux. C'est à la lente résurgence de ces représentations que travaille l'arpentage des territoires. Ainsi le photographe pérégrin part-il, en 1993, sur les traces d'Arthur Rimbaud aux environs de Charleville-Mézières : cette entreprise se trouve transcrite dans *Mémoire blanche*[19]. L'enquête requiert une certaine durée ; tendue vers la remontée de toute une épaisseur de temps, elle s'oppose aux translations de surface qui se sont généralisées à la période contemporaine.

les règles de l'art

L'écart, constitué par le choix d'un rythme, d'une destination ou d'un itinéraire inhabituels, distingue les voyages de Thierry Girard de pratiques plus ordinaires. Pour *Un Voyage en Saintonge* ou pour *D'une mer l'autre*, la lenteur est obtenue grâce à l'adoption d'un protocole de déplacement. Le photographe confie : «*Mon travail s'est depuis longtemps constitué autour de l'idée d'un parcours contraint par un itinéraire plus ou moins élaboré [...].*»[20]. La contrainte choisie peut être relativement variée : parfois le photographe décide de suivre une frontière[21] ou un fleuve[22] ; d'autres fois, il emprunte le trajet d'un voyageur qui l'a précédé : c'est sur les traces de Victor Segalen en Chine qu'il part pour *Voyage au pays du réel...* L'écart, l'adoption d'une règle travaillent quoi qu'il en soit à fonder une "articité" de l'œuvre. Les voyages contraints et ralentis de Thierry Girard s'opposent aux voyages ordinaires de ses contemporains, comme la poésie avec ses règles s'oppose à la prose. Un certain nombre des travaux de ce photographe correspondent à des commandes (c'est par exemple le cas de *Vosges du Nord*[23] ou de *Les Cinq voies de Vassivières*[24]). Dans l'esprit de la plupart des gens, la commande se situe probablement à l'opposé d'une reconnaissance dans le champ de l'art. Pourtant, dans la mesure où elle fournit certaines contraintes, la commande contribue également à démarquer le travail de pratiques plus courantes du voyage et de la photographie ; elle peut donc paradoxalement fonctionner comme déclencheur d'une forme d'"articité".

Le plus souvent, Thierry Girard travaille avec une chambre placée sur un trépied. Cette technique lourde, exigeante, oblige à la réflexion et à la lenteur. L'emploi de ce matériel rapproche un tant soit peu le praticien des opérateurs qui réalisèrent les premiers daguerréotypes : plaçant leur plaque de métal devant les spectacles qu'ils souhaitaient enregistrer, ces derniers attendaient, gousset en mains, que la manifestation optique du réel agisse chimiquement. Sans doute peut-on considérer que ces premières photographies, où les objets sont traités comme des réflecteurs lumineux, correspondent à une esthétique particulière, différente de celle de l'instantané[25]. Les photographes qui choisissent aujourd'hui d'utiliser ce type de matériel privilégient la densité de la confrontation avec les apparences. L'exercice de la prise de vue prend dès lors l'aspect d'un rituel, où l'opérateur vise plus à accueillir et à laisser infuser les choses, telles qu'elles se donnent, qu'à capturer un agencement fortuit.

L'opérateur, qui emploie un appareil petit et maniable, recourant à une pellicule ultra-rapide, semble tenter de réduire autant que possible les entraves de la technique : la réalisation de l'image se rapproche pour lui d'une opération purement visuelle, voire mentale, où le savoir-faire est restreint et où le réflexe prime. Nombreux sont les praticiens voyageurs qui adoptent ce type de démarche. En revanche, le photographe qui opte pour l'emploi d'une chambre décide, pour ainsi dire volontairement, de "gainer" sa relation au monde par un dispositif technique qui la règle et l'alourdit. L'adoption de ce matériel permet d'obtenir une richesse de détails et une somptuosité de tons, mais il correspond aussi au choix délibéré d'une certaine pesanteur ; comme la lenteur du déplacement, la lenteur de la prise de vue possède des enjeux idéologiques ; elle contribue à "artialiser" l'acte photographique alors qu'il est aujourd'hui devenu si fréquent et si facile qu'il peut éveiller une forme d'écœurement.

Lorsqu'ils se trouvent volontairement alourdis, le voyage et la prise de vue se rapprochent du rite. Dans les ouvrages de Thierry Girard, des informations concernant les modalités de déplacement se trouvent souvent fournies au lecteur afin qu'il puisse apprécier cette dimension poïétique. La durée de l'observation des sites comme de la réalisation des images est également rendue sensible par l'abondance de détails proposés au sein des épreuves. La définition est très précise et l'étendue de la profondeur de champ importante : du premier plan à l'arrière-plan, les objets présents sont livrés avec une semblable netteté. Les photographies proposent ainsi plus d'éléments à voir que le regard ne peut en appréhender simultanément dans la réalité : selon le mécanisme physiologique de la vision, la netteté n'existe que dans la zone fovéale, au-delà de laquelle l'appréhension des choses est de plus en plus imprécise — cette étroitesse se trouve compensée par l'incessante mobilité des yeux. Les photographies de Thierry Girard donnent souvent l'impression d'offrir un excès de précisions, un trop-plein d'informations simultanées, sollicitant de manière concurrente l'attention du spectateur. Elles requièrent du temps pour être explorées.

La densité des entrelacs végétaux suggère une densité de l'expérience sensible. La profusion des détails fournis transcrit l'abondance des sollicitations perceptives, qui tendent à submerger l'être. Les impressions visuelles, abondantes et non hiérarchisées, paraissent échapper à toute possibilité de classement, tandis que les éléments naturels signent, par métonymie, une perception dont l'intellection serait absente, où privilège serait donné à la sensation pure sans que les mots ou la pensée n'interviennent. L'excès de détails suggère une excentration du sujet percevant[26] qui se perd dans l'investigation du monde sensible. De manière homologue, le regard du spectateur a tendance à s'absorber dans l'observation des images, à errer en apesanteur dans les fouillis végétaux ; il entre ainsi dans un autre *tempo*.

Ill. 5. Photographie tirée de *Langlade, Miquelon, Saint-Pierre*, 1994.

© Thierry Girard

Dans certains de ses travaux les plus récents, tels *Voyage au pays du réel* ou *Un Hiver d'Oise*, Thierry Girard ne présente plus exclusivement des paysages, comme il a eu tendance à le faire auparavant ; il montre aussi des êtres humains. Mais ceux-ci sont, le plus souvent, présentés de manière frontale, en plan moyen ou américain ; les yeux rivés vers l'objectif et le praticien, les sujets

194

Ill. 6. Photographie tirée de *Langlade, Miquelon, Saint-Pierre*, 1994.

© Thierry Girard

ne sont pas saisis en action ; ils prennent la pose, comme dans les portraits d'apparat réalisés en studio. Ces photographies renvoient dès lors à la durée d'une confrontation physique ; elles permettent d'inférer qu'une relation s'est tissée entre l'opérateur et son modèle, qu'une forme de négociation a été nécessaire pour aboutir à une présentation de soi. Là encore, il ne s'agit pas

195

d'images prises au vol, mais d'épreuves qui requièrent du temps pour être faites et qui invitent le spectateur à une longue investigation du regard, comme si les traits, les vêtements ou l'attitude corporelle des modèles pouvaient progressivement livrer des renseignements sur leur tempérament, leur mode de vie.

*

À l'heure où les déplacements se multiplient, où l'économie libérale impose flexibilité, mobilité et esprit d'adaptation, les ouvrages relatant une expérience itinérante ne sont plus chargés du même potentiel libertaire et subversif que les "*Voyages de photographes*" publiés dans les années Soixante-Soixante-dix. Les travaux qui emblématisent une forme de résistance à l'idéologie dominante sont ceux qui s'écartent des pratiques les plus communes, en matière de déplacement comme de prise de vue. Le choix de la lenteur apparaît sans doute comme une des alternatives possibles ; il oriente vers un autre rapport au monde, permettant l'intensification de certaines expériences sensibles, une attention à la mémoire des lieux comme aux représentations culturelles qui les hantent.

À cet égard, *Un Voyage en Saintonge* de Thierry Girard se présente comme un ouvrage exemplaire. La lenteur, emblématisée par une cagouille, y est revendiquée d'entrée de jeu. Le cheminement spiralé, qui est adopté par le photographe, fait du déplacement une forme de rite, mais aussi un geste artistique. Toutefois cet itinéraire n'a pas seulement valeur autoréférentielle ; s'il vise à démarquer l'expérience de Thierry Girard de celles de ses contemporains ou de celles d'autres photographes voyageurs, c'est pour restituer somme toute au déplacement un potentiel contestataire. Les images rassemblées dans le catalogue paraissent indissociables de l'expérience vécue par le praticien. L'itinéraire choisi participe à une nouvelle appréhension des sites, en bousculant une compréhension géographique du territoire : c'est moins un espace homogène qui est donné à imaginer au lecteur que des "lieux", des zones d'attention douées d'une forme de profondeur

196

magique. Ces "lieux" se trouvent pris dans une temporalité cyclique, susceptible d'emblématiser la persistance, le retour d'un passé (qui ne se trouve plus chassé en arrière comme il l'est dans une vision linéaire de la chronologie). La lenteur, telle qu'elle s'incarne ici dans la forme d'une cagouille, semble à même de réinventer les relations de l'espace et du temps.

1. Thierry GIRARD, *Un Voyage en Saintonge* (Saintes, Abbaye aux Dames, 1995), ouvrage non paginé.

2. Thierry GIRARD, *D'une mer l'autre* (Paris, Marval, 2002).

3. Thierry GIRARD, *Far-Westhoek* (La Ferme Nord de Zuydcoote, 1982).

4. Thierry GIRARD, *Brouage* (Paris, Marval, 1993).

5. Thierry GIRARD, *Langlade, Miquelon, Saint-Pierre*, Saint-Pierre et Miquelon (Centre culturel de Saint-Pierre et Miquelon, 1994).

6. Thierry GIRARD, *Voyage au pays du réel* (Paris, Marval, 2007).

7. Victor SEGALEN, *Essai sur l'exotisme* (Paris, Librairie Générale Française, « Biblio Essais », [1978] 1986), p. 38.

8. Voir Thierry GIRARD, *La Route de Tôkaidô* (Paris, Marval, 1999).

9. Augustin BERQUE, *Vivre l'espace au Japon* (Paris, P.U.F., « Espace de liberté », 1982), p. 120.

10. Marc AUGÉ, *Le Temps en ruine* (Paris, Galilée, 2003), pp. 49–78 : « Tourisme et voyage, paysage et écriture » (p. 54).

11. Danièle MÉAUX, *Voyages de photographes* (Saint-Étienne, Publications de l'Université de Saint-Étienne, « CIEREC — Travaux 141 », 2009).

12. Michel MAFFESOLI, *Le Voyage ou la conquête des mondes* (Paris, Éditions Dervy, 2003) ; *Du Nomadisme. Vagabondages initiatiques* (Paris, Le Livre de Poche, « Biblio essais », 1997).

13. Luc BOLTANSKI, Ève CHIAPELLO, *Le Nouvel esprit du capitalisme* (Paris, Gallimard, 1999), p. 123.

14. Voir à cet égard Laurent BUFFET, *Les Pratiques itinérantes dans la littérature et l'art contemporains* (Thèse dirigée par Anne Mœglin-Delcroix, Université de Paris 1, 2009), pp. 316–8 [non publiée].

15. Pierre SANSOT, *Du bon usage de la lenteur* (Paris, Payot & Rivages, [1998] 2000), p. 12.

16. Thierry GIRARD, « Jaillissement & dissolution » dans *Une Route, un fleuve. Itinéraires récents au Japon et en Europe Centrale*, Catalogue de l'exposition organisée à la Galerie de Marine à Nice du 2 décembre 1998 au 24 janvier 1999 (Nice, Éditions de la ville de Nice, 1999), ouvrage non paginé.

17. Gaston BACHELARD, *Poétique de l'espace* (Paris, P.U.F., « Quadrige », 1981).

18. Bertrand WESTPHAL, « Pour une approche géocritique des textes, *Esquisse* » pp. 9–39 in *La Géocritique mode d'emploi*, Bertrand WESTPHAL *ed.* (Limoges, Presses Universitaires de Limoges, 2000).

19. Thierry GIRARD, *Mémoire blanche* (Charleville, Musée Rimbaud, 1993).

20. Thierry GIRARD, « La route de Tôkaidô » (*loc. cit.*[16]), n. p..

21. L'exposition « Frontières. Un voyage le long de la frontière Nord de la France depuis le Rhin jusqu'à la mer du Nord » est présentée au Centre Régional de la Photographie Nord-Pas-de-Calais, en 1985.

22. L'exposition « Le Rhin, un voyage le long du Rhin depuis sa source jusqu'à son embouchure » est exposée au FRAC Alsace à Sélestat, en 2001.

23. Thierry GIRARD, *Vosges du Nord. L'Observatoire photographique du paysage* (Toulouse, Les Imaginayres / Parc naturel régional des Vosges du nord, 2004).

24. Thierry GIRARD, *Les Cinq voies de Vassivière* (Paris, Les Imaginayres / Centre international d'art et du paysage de l'île de Vassivière, 2005).

25. À « *l'esthétique de la vue* », Philippe Ortel oppose « *l'esthétique du regard* ». Voir Philippe ORTEL, *La Littérature à l'ère de la photographie. Enquête sur une révolution invisible* (Paris, Jacqueline Chambon, « Rayon photo », 2002), pp. 235–63.

26. Jean-Pierre MOUREY, *Le Vif de la sensation* (Saint-Étienne, Publications de l'Université de Saint-Étienne, « CIEREC — Travaux LXXX », 1993), pp. 101–66.

198

11

MON VOYAGE D'HIVER DE VINCENT DIEUTRE

SEHR LANGSAM

par Paul LÉON

> « [...] *de nous que la vie effraie, que le vent*
> *pousse à son gré, [...] de nous qui nous consu-*
> *mons lentement en vains regrets, qui repoussons*
> *à plus tard ce qui déjà hier était impossible, [...]*
> *de nous, les tendres et les enfantins, à l'âme*
> *vagabonde, [...] de nous Schubert est le frère.* »
> (Jacques DRILLON ; p. 15[1])

C'EST à la veille de l'hiver 1828 que s'achève le séjour terrestre de l'auteur de *Winterreise*. Dans les deux dernières années, Franz Schubert avait encore eu le temps d'écrire, outre ces monuments de l'histoire de la musique que sont les sonates D.958, D.959, D.960 et le quintette en *ut* pour deux violoncelles, deux cycles majeurs de lieder, *Le Chant du cygne* (*Der Schwanengesang*) à l'été 1828, et une année plus tôt ce *Voyage d'hiver* (*Winterreise*) où s'exprimait tout à la fois la quintessence du chant romantique allemand et l'adieu d'un homme à la vie : « *Viens aujourd'hui chez Schober* [aurait dit Franz à son ami Spaun, à l'automne 1827] *j'y chanterai une couronne de mélodies lugubres, elles m'ont affecté plus que mes autres ouvrages, je suis avide de savoir ce que vous en penserez.* » (cité par Amédée et Frieda BOUTAREL, Préface, n.p.[2]).

Le cycle comprend vingt-quatre mélodies sur des poèmes de Wilhelm Müller dont les douze premiers avaient eux-mêmes été publiés sous le titre de *Winterreise*, et les douze suivants sous celui de *Gedichte aus den hinterlassenen Papieren eines reisenden Waldhornisten* (*Poèmes tirés des papiers abandonnés par un corniste ambulant*). L'ensemble porte le numéro de catalogue D. 911. Müller, qui avait déjà écrit les poèmes du cycle de *La Belle meunière* (*Die Schöne Müllerin*), n'aura rien su, pour être mort en septembre 1827, du *Voyage d'hiver* schubertien. Quant à Schubert lui-même : «*Peut-on se remettre d'avoir composé le* Voyage d'hiver ?», s'interroge Brigitte Massin au terme de son analyse du cycle (p. 1185[3]).

*

Et peut-on se remettre d'avoir vécu et filmé, comme le fit Vincent Dieutre, en ce début d'un tout autre siècle, ce saisissant *neue Winterreise*, "*Son voyage d'hiver*"[4], que nous évoquerons à présent ?

Observons tout d'abord que le film en question participe de cette veine relativement récente des films écrits à la première personne, que nous croyons voir se multiplier au tournant des années 1980. Un genre cinématographique jusque-là confidentiel, aurait, semble-t-il, connu une véritable explosion en cette fin de siècle, celui de la mise en scène de soi, genre hybride à la frontière du journal intime, du documentaire, de l'(auto)fiction. Citons pour mémoire quelques-unes de ses réussites du moment : *L'Heure exquise* de René Allio, *Lettres d'amour de Somalie* de Frédéric Mitterrand, *Les Photos d'Alix* de Jean Eustache, *La Pudeur et l'impudeur* d'Hervé Guibert, *L'Arrière pays* de Jacques Nolot, *Demain et après demain* de Dominique Cabrera, *La Rencontre* d'Alain Cavalier, *No sex last night* de Sophie Calle, *Omelette* de Rémi Lange, *La Longue vue* de Xavier Rosan, *Les Yeux ouverts* d'Olivier Py, etc., dont l'intérêt et la nouveauté, allaient susciter à l'été 1999, une première décade cerisyenne : «Le Je à l'écran»[5].

Mais l'histoire des formes nous a appris qu'à peine installé, un genre se divise et se subdivise : à l'instar de quelques-unes des œuvres plus haut citées, le film de Vincent Dieutre relève de ce canton particulier de l'écriture de soi : le journal de voyage. Il va de soi qu'au plan littéraire, le genre a quelque longueur d'avance sur son avatar cinématographique, de même que ce dernier fut à l'évidence précédé et soutenu par le "voyage de photographe", dont Danièle Méaux vient, dans un ouvrage récent, de retracer l'histoire et d'éclairer les pratiques[6].

*

Ce que convoque ici la référence explicite à Schubert, c'est bien entendu le voyage romantique, et en amont encore, le Grand Tour que le jeune aristocrate du XVIIIe siècle se devait d'entreprendre, escorté d'un accompagnateur, aîné ou précepteur. Dans son *Roman du Grand Tour*, Attilio Brilli rappelle cette adresse de Lord Chesterfield à son fils immobilisé par un accident de voiture, suivant laquelle le Grand Tour, avec ses peines et ses délices, serait en fin de compte une métaphore du voyage de la vie[7]. Et c'est bien ainsi qu'apparaît, dans son ordonnancement même, le *Voyage d'hiver* schubertien, mais il s'agit alors plutôt d'une métaphore de la fin du voyage, annonciatrice, c'est le titre du premier des vingt-quatre lieder, de ce qui allait être son dernier sommeil : « Gute Nacht ». Or la même formule achevait le cycle antérieur de *La Belle meunière*, dont le *Wanderer*-narrateur s'enfonçait, de lied en lied, dans le désespoir. Celui du *Voyage d'hiver* connaîtra d'emblée la déréliction : une profonde désespérance portée tout à la fois par la sombre tonalité des poèmes, la prédominance du mode mineur qui affecte seize des vingt-quatre lieder (le cycle s'ouvre sur le *ré* mineur de « Gute Nacht », tonalité funèbre chez Schubert), et ce *2/4* récurrent, qui fait de l'ensemble du parcours une sorte de marche au néant (p. 1[2]).

Mässig, in gehender Bewegung.

Le *Wanderer*, c'est le marcheur, lequel se confond avec le voyageur, celui que la marche emporte, d'un pas obstiné et sans retour, "voyageur sur la terre". C'est la figure tutélaire du romantisme allemand et l'emblème même de Schubert : outre la célèbre « *Wanderer-Fantasie* » (D. 760), deux versions d'un même lied sur un poème de Schmidt von Lübeck portent le titre « *Der Wanderer* » (D. 483 et D. 489), ainsi qu'un troisième sur un poème de Friedrich von Schlegel (D. 649), à quoi il faut ajouter le lied « *Das Wandern* » (« *Le Voyage* ») qui ouvre le cycle de *La Belle meunière* (D. 795), un « *Wanderer an der Mond* » (« *Le Voyageur à la lune* ») sur un texte de Johann Gabriel Seidl (D. 870), et deux « *Wanderers Nachtlied* » (« *Chant nocturne du voyageur* ») sur des poèmes de Goethe (D. 224 et D. 768). À quoi il faudrait encore ajouter la liste interminable des œuvres qui convoquent sous des titres divers des visions ou des rencontres de voyage, comme cette corneille accompagnatrice de *Voyage d'hiver* (« *Die Krähe* ») que l'on entendra dans le film de Vincent Dieutre :

> *Eine Krähe war mit mir*
> *Aus der Stadt gezogen,*
> *Ist bis heute für und für*
> *Um mein Haupt geflogen* [...]
> *Nun, es wird nicht weit mehr geh'n*
> *An dem Wanderstabe.*
> *Krähe, lass' mich endlich seh'n*
> *Treue bis zum Grabe !*

> Avec moi, une corneille
> avait quitté la ville.
> Elle a sans cesse volé
> autour de ma tête [...]
> Allons, je n'en ai plus pour longtemps
> avec mon bâton de pèlerin.
> Corneille, montre-moi enfin
> la fidélité jusqu'au tombeau ![8]

Mon voyage d'hiver : un voyage allemand *durch Wälder und Dörfer*, porté d'un bout à l'autre par ce "chant romantique" dont Roland Barthes disait si justement qu'il « *soulève le corps, le*

202

*gonfle, le tend, le porte au bord de l'explosion et tout aussitôt,
mystérieusement, le déprime et l'alanguit»*[9], un film "musical"
donc, précise Dieutre, non un film "musiqué", rien n'étant plus
éloigné de son propos que l'illustration sonore. Autrement dit,
un film dont les protagonistes, tout autant que les deux héros-
Wanderer (le cinéaste narrateur et le jeune Itvan) sont présents à
l'image et partie prenante du voyage depuis leur studio d'enregistrement d'Euskirchen, le ténor Christophe Prégardien, le piano-
fortiste Andreas Staïer, le violoniste Daniel Sepec, le violoncelliste Jean-Guilhem Queyras. Or c'est dans ce contrepoint — cette
fugue — qui superpose, tout du long, les deux voyageurs lancés
dans leur habitacle, et leurs anges gardiens calfeutrés au studio
(sans doute est-ce le beau patronyme de Prégardien qui nous
souffle cette image), cette simultanéité du déplacement motorisé,
et du lent *tempo* du cheminement schubertien, que s'institue ce
rythme si particulier du film de Vincent Dieutre : un oxymorique
voyage automobile au rythme de la marche.

*

Le Grand Tour que nous évoquions plus haut supposait une
sorte de boucle, mais sa véritable destination, après quoi il n'était
plus question que de *retour*, était tout à la fois le "sud", c'est à
dire l'Italie, et son perpétuel printemps. Au début du XXᵉ siècle
encore, deux livres emblématiques, celui de Edward Morgan
Forster *A Room with a View*[10], et celui de Elizabeth von Arnim
The Enchanted April[11], disent littéralement cette rêverie qui
s'attache au mythe d'une Italie bénie des dieux où les oran-
gers poussent en terre, ainsi que s'en émerveillait Stendhal. Le
"voyage en Italie", un genre littéraire en soi depuis Goethe et
Chateaubriand, est donc une *descente*, géographiquement il
relève de ce que nous appellerons un voyage "longitudinal". Plus
tard, les premiers ethnologues substitueront à la *descente*, la
montée vers un autre soleil, celui de minuit, à l'exemple de Jean
Malaurie[12].
Tout autre est le voyage "latitudinal" qui traverse des espaces
d'est en ouest, ou d'ouest en est, lequel implique une sorte de

permanence du climat, tout juste un peu plus rude, dans la froidure ou la touffeur, au fur et à mesure que le voyageur pénètre au cœur du continent. Le "voyage en Allemagne" est, du moins fantasmatiquement, un voyage continental. Tandis que la *gentry* anglaise avide de soleil franchissait, en quelques semaines, deux ou trois parallèles, le voyageur des grands espaces, l'Américain (on se souvient du film de Wim Wenders *Paris, Texas* qui met en scène, à l'instar de celui de Dieutre, le voyage d'un adulte et d'un enfant) ou l'Européen, est en quelque sorte assigné à un parallèle. Les voyageurs de *Mon voyage d'hiver*, depuis Tübingen jusqu'à Berlin, ne quittent guère les confins du cinquantième, même s'ils opèrent une graduelle remontée. Et d'autre part, il semble bien qu'ainsi qu'un éternel printemps — "enchanté" — était chevillé à l'imagerie de l'Italie, la saison allemande, la saison nordique, de mémoire culturelle, peinture, littérature et musique confondues, est obstinément l'hiver des tableaux bruegeliens. De sorte que l'essentiel de l'imaginaire qui s'attache à l'Allemagne pourrait s'exprimer à travers cette expression-valise poético-historique : *Sturm und Drang... nach Osten.* Autre imaginaire : l'Italie, ce sont les collines et les vallonnements que modèle la lumière du matin, l'Allemagne, ce sont de vastes étendues de cultures et de forêts glacées à la tombée du jour, des brumes et des frimas, grands pourvoyeurs d'états d'âme et d'imaginations. « *René le désabusé, trouv[ait] à Berlin une sorte de mélancolie contenue qui conv[enait] à son cœur. "La route fut triste : le grand chemin était neigeux et le givre appendu aux branches de pins."* »[13], relève Francis Claudon. Quant à Alain Corbin, il observe plus généralement que le brouillard associé à la nuit a longtemps figuré le domaine des sorcières, que s'y attachent des fantasmes d'ensevelissement, de pénitence, de châtiment[14].

Or, c'est bien au profond de cette Allemagne-là que Vincent Dieutre immerge son spectateur. Une Allemagne uniformément enneigée, le plus souvent nocturne, aux arbres dépouillés, d'où s'échappent ici et là, en croassant, des vols de corbeaux. Et c'est comme si ce film en couleur où alternent les scènes d'intérieur (chambres d'hôtels, maisons d'amis, studio de musique) et les scènes d'extérieur (routes et autoroutes, marches dans la campagne et les rues des villes) avait choisi de traiter ces dernières en noir et blanc. Un monde décoloré.

*

À l'origine du film, ce qui pourrait apparaître comme un simple embrayeur : un homme d'âge mûr décide d'accompagner jusqu'à Berlin où a choisi de s'installer sa mère, un jeune garçon de quinze ans, Itvan, qu'il considère comme son filleul : « Jusque-là, dit la voix *off* du narrateur Vincent Dieutre, l'enfant c'était moi ! J'ai pensé que j'étais bien la dernière personne à qui confier un enfant. » (*VH*). La mère le lui confiera au prix de quelques recommandations. « Elle a dit aussi que si je ne savais quoi faire de ma vie, je pouvais te la donner. » Lui, s'agacera quelquefois de « ce garçon encombrant, incapable de retenir le simple nom des villes qu'il traverse », en dépit de quoi, le regard qu'il portera sur l'enfant, sur son visage émouvant de jeune garçon secret, sera continûment d'une extrême tendresse.

Sans doute les deux compagnons auraient-ils pu aller au plus court : un trajet véritablement latitudinal, Paris-Berlin, à la vitesse de l'autoroute. Mais c'est un tout autre parcours, un tout autre projet, qu'a conçus Vincent Dieutre, condition et raison d'être d'un film qu'il offre à Itvan autant qu'au spectateur : un voyage dans le temps non moins que dans l'espace, un retour sur l'Histoire majuscule, cette Histoire dont Raymond Queneau disait qu'elle est « *la science du malheur des hommes* »[15], un retour aussi sur sa propre histoire en cette période de la vie où l'on commence — spectre de la vieillesse et de la maladie — à l'envisager sur le mode du "temps qui reste". Quatre *cartons* jalonnent explicitement pour le spectateur l'itinéraire choisi : « Tübingen, Stuttgart », « Nürnberg, Regensburg, Bamberg », « Weimar, Leipzig », « Dresden, Berlin », chacune des sections étant affectée d'une indication de *tempo*. Respectivement, *sehr langsam* (très lentement), *feierlich* (solennel), *mit Leidenschaft* (avec passion), *ruhevoll* (entièrement calme).

205

Que ce film du voyage automobile soit, de ce fait, un film du *travelling*, un film du paysage, ne nous étonnera guère. *Travellings* latéraux sur un "continent" que pétrifient les glaces de l'hiver (« Je voyais l'Europe vaciller vers le gel définitif » *(VH)*), *travelling* avant cadrant un pare-brise que balayent les essuieglaces, *travelling* arrière découvrant les visages des deux voyageurs. Ce sont là des plans récurrents. Mais *quid* alors de la "lenteur"? La lenteur, pour le moins l'impression de "mesure", de "pas mesuré", si sensible dans ce film, naît du contrepoint sonore qui, sous trois espèces, accompagne le spectateur du premier plan au dernier : la voix *off* du narrateur qui dit l'Histoire et son histoire — voix mesurée, monocorde, presque chuchotée —, ce chant romantique qui ne cesse d'opérer un va-et-vient entre l'espace capitonné où chanteur et instrumentistes le produisent et ce parcours où les voyageurs le reçoivent comme par télépathie, enfin, la profération réitérée de poèmes et, pour commencer, affirmé dès le générique, ce motif littéralement "conducteur", la « *Todesfuge* » de Paul Celan : « *Der Tod ist ein Meister aus Deutschland* » (« La mort est un maître venu d'Allemagne »).

Ce désir inattendu de l'automobiliste d'aller "au pas" s'exprime donc, dès le premier *carton* : en regard de l'inscription « Tübingen, Stuttgart », figure, nous l'avons dit, comme sur une partition, l'indication de *tempo* : *sehr langsam* (très lentement). Un *tempo* qui ne variera guère en cours de route, en dépit de quelques emballements, comme autant de signes de la labilité des humeurs. La respiration même d'une histoire singulière et de l'Histoire conjuguées.

*

Le film commence donc à l'approche de Tübingen, et c'est précisément le lied schubertien « *Auf dem Flusse* », dont les deux indications successives de *tempo* sont *langsam*, puis *sehr leise* (très doux), et la mesure, le *2/4* d'une marche, qui fait irruption sous les doigts d'Andreas Staïer (lent *travelling* latéral sur le

206

pianoforte) : quatre mesures d'introduction qui posent d'emblée la tonalité mélancolique du *mi* mineur (p. 24²). Dès la cinquième, nous avons quitté le studio, le chant peut s'élever sur fond de route de nuit enneigée (lente avancée du véhicule) :

...

...

Der du so lustig rauschtest,
Du heller, wilder Fluss,
Wie still bist du geworden,
Gibst keinen Scheidegruss ! [...]

Toi qui bruissais si joyeux,
toi, fleuve clair et impétueux,
comme tu es devenu calme,
sans donner signe d'adieu ! [...]   (p. 16-7⁸)

Il apparaît clairement, dès lors, que ce chant romantique allemand qui scande d'un bout à l'autre le voyage, ressortit — lorsqu'il n'est pas *visualisé* —, à la catégorie diégétique de l'*acousmatique*[16], en tant que "chant intérieur", au même titre que la « *Todesfuge* » de Celan, initialement entendue, relevait d'une sorte de "voix intérieure". Plus loin, un explicite montage de deux plans saura souligner, s'il était besoin, cette configuration sonore originale. Premier plan : sous les doigts d'Andreas Staïer, les notes piquées si caractéristiques de la « *Mélodie hongroise* », cet « hymne » schubertien maintes fois décliné — forme et tonalité —, un *moment musical*, un *impromptu*, un *divertissement* pour quatre mains, etc. ; plan suivant : Vincent prend en quelque sorte le relais de l'instrumentiste et "danse" *allegro moderato*, sur le rythme de marche qui se poursuit, tout en faisant le plein d'essence comme dans une scène de Jacques Demy[17] !

207

À Tübingen, donc, première halte à l'« Hôtel Hospiz » à la tombée du jour, la lune est haute dans le ciel. Première nuit, premier réveil. Dans le froid du matin, l'appel sinistre des corbeaux. Comment montrer l'hiver ? la pluie, la neige, le brouillard sans rémission. Comment le faire entendre ? le cri des corbeaux comme un cri venu des profondeurs de ce Moyen Âge qui est l'autre saison de l'Allemagne. Bientôt se fera entendre, *etwas langsam* (un peu lent), le chant schubertien de la corneille, sa sœur, que nous citions plus haut. « *Krähe ! Krähe ! Grab ! Grab !* », sembleront désormais croasser les corbeaux de passage.

Vincent Dieutre dit pratiquer un « cinéma du manque », un cinéma de la perte : « Tu ne le sais pas encore, la musique n'est jamais du temps perdu, elle est la perte » (*VH*), explique après coup la voix du narrateur au jeune Itvan que l'on a vu quitter un concert à l'entracte.

La perte, ce sont aussi les amis, les amants perdus d'Allemagne, les uns morts, les autres qui se survivent. Tom est mort : « Il t'aimait beaucoup. Je te revois monter sur ses genoux comme on escalade une montagne. » (*VH*). Cimetière au petit matin en bordure d'une voie rapide, à nouveau comme un plan oxymorique : les deux voyageurs immobiles s'inclinent sur sa tombe, tandis que dans la profondeur du champ, les voitures défilent à toute allure. Mais la mémoire, elle, est lente, comme la vie est lente, et immobile la mort.

À Stuttgart, Georg est toujours là, bel appartement riche de livres et d'objets d'art. «*Meine Liebe*», murmurait l'instant d'avant Vincent dans son lit de Tübingen. «Je n'ai jamais aimé quelqu'un autant, je m'en croyais d'ailleurs incapable. [...] Il m'arrive encore, quand je me réveille la nuit, de prononcer son nom dans l'obscurité.» (*VH*). Remontent alors, à rebours, les souvenirs partagés. Leur dernière rencontre à Paris : «[...] cette maigreur de mort qui fait saillir les pommettes et qui ne trompe personne.». À Stuttgart plus avant, sur les bords du lac, «Le printemps était splendide, [...] Il me dit qu'il est séropositif, moi aussi probablement. [...] Je n'arrivais pas à avoir peur, c'est tout.». Plan de boîtes de médicaments sur une étagère de la salle de bain. En dépit de quoi, «les saisons passées avec Georg auront été les plus douces qu'il m'ait été donné de traverser.». À l'adresse du jeune Itvan, intimidé par ce qu'il pressent de la force de ce lien : «Je te souhaite d'en vivre d'aussi belles, ne serait-ce qu'une journée, une seconde.». Dans la chambre, Georg et Vincent se sont à présent endormis, Itvan entre sur la pointe des pieds, tout de respect et de délicatesse, et filme les deux amis. *Pendant ce temps*, à Euskirchen, résonne l'*andante* du dix-septième trio de Schumann. *Andante*, d'*andare* (aller) : la vie "va".

Plus tard, tandis que les trois comparses traversent un mail enneigé, c'est un autre récit, bien plus lointain, qui remonte à la mémoire de Vincent : la mère russe, ses deux enfants, les avions américains. «Alors l'apocalypse a commencé.» (*VH*). La mère chante pour (se) rassurer, elle ne sait pas encore que sous les décombres de son quartier détruit, les trois aînés sont morts. «Jamais l'ordonnance savante de la langue ne s'agencera plus dans la petite tête bouleversée de Georg, malgré l'Institut spécialisé en Suisse, malgré l'amour des autres. [...] Et lorsque Georg m'a dit qu'il m'aimait plus que tout en inversant noms, pronoms, verbes et adverbes, c'est moi qui en ai perdu mes mots.».

Aujourd'hui, Georg s'est fait beau et face à la caméra, il saura dire pour Vincent le poème toujours recommencé de Celan :

Schwarze Milch der Frühe wir trinken sie abends
wir trinken sie mittags und morgen wir trinken sie nachts
wir trinken und trinken
wir schaufeln ein Grab in den Lüften da liegt man nicht eng [...]
Ein Mann wohnt im Haus der spietl mit den Sclangen der schreibt
Der schreibt wennes dunkelt nach Deutschland [...]
Schwarze Milch der Frühe wir trinken dich nachts
Wir trinken dich mittags der Tod ist ein Meister aus Deutschland [...]

Lait noir de l'aube nous le buvons le soir
nous le buvons midi et matin nous le buvons la nuit
nous buvons nous buvons
nous creusons une tombe dans les airs[18] on n'y est pas couché à
l'étroit [...]
Un homme habite la maison il joue avec les serpents il écrit
il écrit quand vient le sombre crépuscule en Allemagne [...]
Lait noir de l'aube nous te buvons la nuit
nous te buvons midi la mort est un maître venu d'Allemagne [...][19]

Plus tard, lorsque cette immersion nouvelle, à des années de distance, dans l'hiver allemand, aura produit ses effets, Vincent avouera retrouver « ce que signifie boire le lait noir de l'aube » (*VH*).

*

Mais déjà s'inscrit sur l'écran la deuxième section de cette traversée du temps qu'est devenue la traversée du pays d'Allemagne : « Nürnberg, Regensberg, Bamberg, *Feierlich.* ».

Nürnberg, la résonance des mots va se faire désormais plus assourdissante à chaque étape. Itvan, lui, est innocent de l'histoire :

« Tu dis que déjà tu te plais dans ce pays de bacs à fleurs et de quinzaines commerciales, mais méfie-toi des contes de Noël, les choses ne sont pas si simples. C'est peut-être pour ça que j'ai tant aimé ce pays, ces gens, cet homme qui m'a amené à l'Allemagne. [...] Alors écoute tout, regarde tout, bientôt, ici comme ailleurs, l'empire et la neige auront enfoui toutes choses et la souffrance même sera oubliée. »   (*VH*)

Aujourd'hui, Vincent et Itvan se risquent à faire les touristes et à visiter les musées.

Mais planent sur eux, les fantômes. C'est du moins le sens que l'on peut donner à cette effraction dans le présent du *Geister-Trio* de l'*op.* 70 de Beethoven, ce *Trio des Esprits* (des spectres, des fantômes) qui s'élève sur une campagne comme prise par les glaces à l'approche de la nuit, qui égrène les notes de son *largo* central dans la tonalité funeste de *ré* mineur : un mouvement très lent dont violoniste et violoncelliste ont initialement établi le *tempo* sur la base de deux notes longuement tenues[20].

Peut-être pouvons-nous citer ici cette remarque du musicologue italien Ernesto Napolitano à propos du *largo* :

L'ambientazione demoniaca ispirata dalle suggestioni timbriche può

211

rinviare a immagini letterarie, ma più in profondità, esse sembra scoprire oscuri scenari dell'inconscio, regioni dell'umano ove si agitano gli spettri, assai più terribili, dell'ansia e dell'angoscia.[21]

(« L'atmosphère démoniaque qui s'attache à ce que suggèrent les timbres peut renvoyer à des images littéraires, mais plus profondément, elle semble lever le voile sur les scènes obscures de l'inconscient, ces régions de l'humain où s'agitent les spectres, beaucoup plus terribles, de l'inquiétude et de l'angoisse. »[22])

Moment terrible et solennel, feierlich, en effet. C'est que « tout signifie ici un peu plus qu'ailleurs. [...] Ici, tu vois, même la légèreté est un travail. » (*VH*).

*

Avec l'entrée en scène d'Ulrich à Bamberg, c'est une « autre Allemagne secrète » qui fait irruption. Bonheur de le retrouver : « Mes Allemagnes secrètes me protègent de toute colère. » (*VH*). Lui aussi porte les stigmates d'un passé qui ne *passe* pas. Il porte « au creux de sa poitrine la marque de fabrique d'une génération d'enfants mal nourris, poussant comme ils pouvaient au milieu du désastre. ». Itvan ne rencontrera pas Ulrich (« Ulrich a toujours fait de la sexualité une discipline sportive, une performance compliquée qu'il pratique avec aisance. Je ferai en sorte que vous ne vous rencontriez pas. »), il aurait pu lire à nouveau l'Histoire inscrite à même la chair des amis de Vincent. Une leçon d'Histoire *pratique*. Mais Vincent a choisi de le protéger. Peut-être rejoue-t-il en ce moment cette scène jamais oubliée de son grand-père lui racontant l'histoire effrayante du *Freischütz*, l'instant où entre en scène le diabolique Samiel, le chasseur fantôme : « L'enfant a peur et s'enfouit dans le giron de son grand-père. Le vieil homme l'enlace comme pour le protéger de la légende et des accords terribles. ». Le grand-père s'est endormi, mais le tourne-disque grésille encore.

Itvan quant à lui dort souvent. En réalité, « tu parais dormir, mais tes yeux s'entrouvrent à intervalles réguliers » (*VH*) : ses yeux irrités, dans lesquels, plusieurs fois, on le verra mettre des gouttes, recommandation maternelle. Voir, ne pas voir, refuser de

212

voir. En fin de compte, Itvan aura vu, tout vu, ou presque, à l'exception du camp de Buchenwald signalé depuis la route : ce jour-là, la campagne est plus glacée que jamais. Dans la brume, des baraquements. Fuite irrépressible d'Itvan :

« Au fond, c'était à toi de décider, Tom non plus n'avait pas voulu y aller. Le camp, il ne voulait pas, jamais. Quelque chose l'en empêchait. Il disait qu'il préférait ne pas donner corps ni voir de ses yeux. Pourtant Tom m'avait tout raconté, la nuit passée caché sous une voiture, les faux noms, sa peur diffuse d'enfant juif. [...] J'ai bien conscience de t'avoir tendu un piège. Tu iras seul le temps venu, et puis il y avait cette forêt interminable, ce blanc absolu, il y avait ta colère sans phrases. »   (VH)

Mais nous n'en sommes pas encore là du voyage. Pour l'heure Ulrich lit pour la caméra « *Deutschland* », le poème mémorable de Bertolt Bretch qui porte cette épigraphe définitive : « *Mögen andere von ihrer Schande sprechen, ich spreche von der meinen.* » (« Que d'autres parlent de leur honte, moi je parle de la mienne. ») :

O Deutschland, bleiche Mutter!
Wie sitzest du besudelt
Unter den Völkern.
Unter den Befleckten
Fällst du auf. [...]
O Deutschland, bleiche Mutter!
Wie haben deine Söhne dich zugerichtet
Dass du unter den Völkern sitzest
Ein Gespött oder eine Furcht!

Allemagne, ô mère livide
Comme te voilà souillée
Parmi les peuples de la terre.
Parmi les maculés
C'est encore toi qu'on remarque. [...]
Allemagne, ô mère livide !
Comment tes fils t'ont-ils arrangée,
Que te voici parmi les peuples,
Toi, la risée ou l'épouvante.[23]

Du liebst mich nicht (« Tu ne m'aimes pas ») dit en écho

à cet imprescriptible paysage allemand, le lied D.756 que Schubert écrivit sur un poème d'August von Platen. C'est le chant de l'amour délaissé dont « *l'accompagnement rythmiquement uniforme* [note Brigitte Massin], *symbolise* L'ÉTERNITÉ DE LA DOULEUR *tandis que la voix erre, comme abandonnée* » (p. 957[3]). On n'aura guère vu Ulrich que dans le rôle de celui qui "parle de sa honte" par la bouche du poète. Et on se dit que, décidément, Itvan aurait dû être là, à écouter ces voix, que Vincent, pour le coup, en a mal jugé, lui qui confessait : « Tu veux que je te parle comme à un adulte, qu'on cesse de te renvoyer toujours à ta jeunesse, à ton enfance, je le ferai d'ailleurs, je ne sais pas faire autrement. » (*VH*).

*

« Weimar, Leipzig, *Mit Leidenschaft*. ».

Le voyage avance et l'Histoire voudrait bien enjamber les époques maudites. *Weimar*. De nouveau, le *Geister-Trio* fait entendre son *largo* inquiétant. Pourtant, *Weimar*, ce fut Goethe, Schiller, Wieland, Herder. « Goethe disait qu'avant toute chose, il fallait apprendre à ressentir, à frémir. » (*VH*). Mais ce n'est pas ce type de frémissement qui saisit aujourd'hui les voyageurs. Sur le bord du canal, deux roses rouges se détachent sur la noirceur de l'eau et rappellent que la République éponyme s'est édifiée sur les ruines d'une révolution assassinée :

« Ils se sont mis à plusieurs pour la frapper. Comme elle était déjà blessée à la mâchoire, crier la fait hurler. Les hommes, plutôt jeunes, l'insultent inlassablement pour se persuader de leur bon droit. Ils cognent. Pour en finir, l'un d'eux hurle de la jeter à la rivière. Ils ont empoigné chaque membre, balançant le petit corps de Rosa en riant. Un bruit mouillé sonne la chute de tout espoir dans les eaux obscures. Ils ont déjà exécuté Liebknecht, un peu plus tôt, dans l'après-midi. ». (*VH*)

Hôtel « Alt Weimar » et visite des musées, mais le cœur y est-il ? L'épisode de Buchenwald interviendra tout juste un peu plus tard : autre sorte de musée. « Lorsque je t'ai demandé ce que t'évoquait le mot Allemagne, tu m'as parlé d'hommes en imper de cuir sortant de grosses voitures noires. » (*VH*). Le chemin sera

214

long en dépit « des bacs à fleurs et des quinzaines commerciales » rassurants : « À ton tour, tu vas devoir apprendre aussi à vivre à leur côté, à les entendre, à les aimer. ». Pour l'heure, souvent la nuit, Itvan entend des hurlements de sirènes et le fracas des bombardements dans ses cauchemars. Un soir, on le verra, effrayé, se glisser dans la chambre de Vincent comme un enfant qu'il est encore. Vincent, lui, s'était réfugié un instant dans les bras d'un jeune homme de rencontre. Chacun son refuge.

*

La voiture avance une nouvelle fois dans la nuit glacée. Bientôt « Dresden, Berlin, *Ruhevoll.* ». Les deux dernières "stations" du voyage allemand.

À Euskirchen, Andreas Staïer a entamé le mouvement lent de l'avant-dernière sonate D. 959, l'*andantino* en *fa* dièse mineur[24].

Écoutons à nouveau Brigitte Massin : « *Bien qu'en 3/8, c'est encore un chant du voyage, de la mise en route, mais avec cette fois un sentiment de douloureuse lassitude qui renvoie au tragique du Voyage d'hiver. C'est ici l'un des derniers chants du Wanderer, et non un des moins poignants.* » (p. 1282[3]).

215

Et c'est dans ce climat, qu'à Dresde, l'ami Werner, le troisième des trois amants retrouvés, est invité à lire le poème pétrifiant de Hans Magnus Enzensberger « *Ins Lesebuch für die Oberstufe* » (« Dans le manuel de terminale ») suivant le rituel à présent établi. Ainsi chacun des trois amis aura "dit", pas à pas. Il ne sera pas dit que rien n'ait été dit :

> *Lies keine Oden, mein Sohn, lies die Fahrpläne :*
> *sie sind genauer. Roll die Seekarten auf,*
> *eh es zu spat ist. Sei wachsam, sing nicht.*
> *Der Tag kommt, wo sie wieder Listen ans Tor*
> *schlagen und malen den Neinsagern auf die Brust*
> *Zinken.* [...]

> Ne lis pas d'odes, mon fils, lis les horaires des trains :
> ils sont plus précis. Déroule les cartes marines,
> avant qu'il soit trop tard. Sois vigilant, ne chante pas.
> Le jour viendra où ils remettront des listes sur la porte
> et peindront des tarins sur la poitrine de ceux
> qui disent non. [...]
> (pp. 1256-7[23])

Werner s'est allongé sur son lit, Vincent s'est assis auprès de lui. « Cet homme large ne supportait pas les fenêtres fermées, même au cœur de l'hiver. ». Werner toujours prêt à fuir (« lies die Fahrpläne... » (*VH*)) : ses années passées dans la clandestinité, l'exil en DDR puis en Italie, la prison, les années de plomb. « Quand il dit que dans un sens il l'a fait pour nous, j'entrevois ce qu'il essaie de me faire comprendre. ». À cette époque, pas si lointaine, le XXᵉ siècle qui s'acharne n'en a pas encore fini avec l'Allemagne, ni l'Allemagne avec le XXᵉ siècle. C'est que le temps, un instant "ajourné", se remettait en marche. Second poème, Ingeborg Bachmann, « *Die gestundete Zeit* » (« Le temps ajourné »). Werner « dit » à nouveau :

> *Es kommen härtere Tage.*
> *Die auf Widerruf gestundete Zeit*
> *Wir sichtbar am Horizont.* [...]
> *Sie dich nicht um.*
> *Schnür deinen Schuh.*

Jag die Hunde zurück.
Wirf die Fische ins Meer.
Lösch die Lupinen !
Es kommen härtere Tage.

Des jours plus durs vont venir
Le temps en ajournement révocable
est visible à l'horizon. [...]
Ne regarde pas autour de toi.
Lace ta chaussure.
Chasse les chiens.
Jette les poissons à la mer.
Éteins les lupins !
Des jours plus durs vont venir.   (pp. 1240-1[23])

L'enfant, seul, a "visité" la ville. Croix gammée sur un mur, sur un autre « *Nazis raus* ». Maquette de Dresde avant l'orage de feu et d'acier. Des monceaux de gravats en surimpression.

Plus tard, les trois se retrouveront dans un salon de thé. « *Delikatessen* ». *Ruhevoll.* Autre : les deux amis traversent le pont de l'Elbe comme on traverse les années. Itvan filme (« Je te vois transformer Werner en père provisoire. » (*VH*)). *Ruhevoll.* Mais ce soir à nouveau, le garçon entendra les sirènes.

Et puis Dresde, ce sont à présent d'autres décombres, ceux d'un « *Osten* » qu'on voudrait effacer : « On avait débaptisé les rues, des immeubles, des magasins de luxe poussaient partout dans le quartier. Werner ne reconnaissait plus son ancien territoire balisé de grues. Il en souffrait quasi physiquement. Comme nous approchons de la Leibnizstrasse, je le vois se figer. Est-ce que je la reconnaissais ? Elle était toujours là, évidente, tenace, rassurante, l'odeur de l'Est ! » (*VH*).

*

Il s'agit à présent de filer sur Berlin. Au terme du voyage, le temps semble se précipiter, et pour la première fois, un tout autre type de "musique" souligne ce désir d'arriver désormais au plus vite : celle, électronique, qui sort un instant de l'autoradio, comme une absence. Déjà, dans la profondeur, se profilent ces

217

deux emblèmes du Berlin divisé que furent à l'Ouest la *Siegessaüle* et son ange ailé, à l'Est la *Fernsehturm* et sa sphère tournante.

Mais Euskirchen veille qui, une dernière fois, indique le *tempo* juste, comme un rappel à l'ordre — à l'ordre juste du *Wanderer* —, celui du « *Gute Nacht* » schubertien, *mässig, in gehender Bewegung* (modéré, dans le mouvement de la marche), celui de la pensée : « J'aimerais seulement que tu comprennes qu'on a pu vivre ici, dans cette ville coupée en deux, incisée au rasoir. Ferme les yeux, effleure du doigt les cendres d'une Histoire encore chaude. Toi, tu vas vivre là dans une ville absolument nouvelle, lisse et agréable, réconciliée comme si rien ne l'avait jamais précédée. » (*VH*).

Les deux voyageurs ont pénétré dans une arrière-cour. Contreplongée sur les fenêtres de cet immeuble où la mère les attend. Et c'est à nouveau Staïer qui depuis son studio, tel un démiurge, orchestre les retrouvailles. Un geste du bras, et montent d'un orchestre invisible les premières notes de l'un des plus beaux quatuors vocaux qui soit, le « *Mir ist so Wunderbar* » du *Fidelio* de Beethoven[25], *andante sostenuto* : moment de grâce et de magie cinématographiques, que Dieutre offre *in extremis* en cadeau à son spectateur, comme pour le laver des épreuves du voyage. Il se trouve que le *Quartett* beethovenien est ainsi construit que tour à tour quatre des personnages, successivement, Marzelline (*Sopran*), Leonore (*Sopran*), Rocco (*Bass*), Jaquino (*Tenor*), entrent en canon dans le jeu : *Arie*, puis *Duett*, puis *Terzett*, puis *Quartett*. C'est la mère d'Itvan, assise sur un canapé, qui figurera en play-back Marzelline, entreront à la suite dans le champ, une autre jeune femme qui figure Leonore, puis Vincent-Rocco qui s'assied au premier plan, enfin Itvan-Jaquino qui posera sa tête sur les genoux de sa mère. *Ruhevoll*. Or, que dit ce chant d'allégresse recueillie, ce triomphant *sol* majeur qui, à distance, fait si justement écho au ton relatif de *mi* mineur par quoi s'ouvrait le voyage ?

218

> *Mir ist so Wunderbar,*
> *es engt das Herz mir ein;*
> *er liebt mich, es ist klar,*
> *ich werde glücklich, glücklich sein. [...]*

Quel doux enchantement,
Et quel est mon émoi !
Il m'aime c'est bien clair
Et tout présage mon bonheur. [...][26]

Il faut s'en tenir là quant aux mots prononcés, car dans le détail de l'intrigue, les quatre protagonistes pris dans un quiproquo, ne sont guère accordés. Mais c'est sur un leurre équivalent que Mozart avait, quant à lui, construit quinze ans plus tôt, le plus beau trio vocal, sans doute, de toute l'histoire de l'opéra, le « *Soave sia il vento* » de *Cosi fan tutte*. Dans l'un et l'autre cas, la substance des propos échangés s'efface totalement sous la polyphonie sublime, la joie grave, qui les porte.

Le film pourrait s'arrêter là, et de fait, on voit le pianoforte de Staïer se refermer dans le studio d'Euskirchen, comme après une représentation.

Mais nous sommes à Berlin. Restait à marquer d'une pierre cette dernière "station" de l'Histoire : un long plan fixe terminal où l'on voit le narrateur s'éloigner dans la profondeur d'une rue, cependant que lentement, très lentement, se surimprime l'image de la même rue divisée par le Mur. Fonction d'authentification de la pellicule : "ça a été". « Voilà le monde d'avant, il s'efface, je disparais avec lui. Alors, souviens-toi de tout, je t'en prie, mon enfant, mon petit ! » *(VH)*.

Générique de fin. « *Gute Nacht* », derechef :

> *Fremd bin ich eingezogen,*
> *Fremd zieh ich wieder aus.* [...]
>
> Étranger je suis venu,
> étranger je repars. [...]
>
> (pp. 8-9[8])

*

Nous évoquions, à l'orée de ce parcours, ce grand ancêtre du "tourisme" que fut le Grand Tour, le mot en est issu, sinon la chose. Or, si voyager fut jamais "un art", ce fut à n'en pas douter, et avant toute chose, un art de la patience : qui peut véritablement se représenter aujourd'hui ce que supposait d'attente et de persévérance le démontage obligé des voitures à l'approche de tel col des Alpes, leur mise en caisse, le recours aux mulets, les opérations de remontage et de vérification ? Si bien que la lenteur n'est guère une vertu en soi, sauf à n'être pas contrainte par la force des choses. Celle de ce nouveau voyage d'hiver fut assurément délibérée : la condition même du travail d'anamnèse. « Écoute tout, regarde tout, respire fort ! » *(VH)*.

220

« *Les hommes n'ont pas vu grand chose du monde quand ils se déplaçaient avec lenteur, imaginons ce que la vitesse pourra leur offrir de plus !* », faisait amèrement remarquer, déjà, John Ruskin (p. 3[7]).

Le jeune homme des temps rapides, aura-t-il eu le "temps" d'éprouver, l'espace d'un voyage, l'incomparable pouvoir du *rallentando* et du *ritardando* ? Toujours est-il que c'est un garçon apaisé, réconcilié, que l'on voit se mêler *in fine* au concert vocal des adultes et se glisser, avec la grâce maladroite de son âge, dans la chaleur du *tempo* partagé.

1. Jacques DRILLON, *Schubert et l'infini. À l'horizon, le désert* (Arles, Actes Sud, 1988).

2. Édition française de 1921 de la partition de *Voyage d'hiver* (Paris, Gérard Billaudot Éditeur, réédition sans date).

3. Brigitte MASSIN, *Franz Schubert* (Paris, Fayard, 1977).

4. Vincent DIEUTRE, *Mon Voyage d'hiver* (Les films de la croisade, 2002). [Ci-après *VH*]. Toutes les citations extraites du film, hormis les poèmes, relèvent d'une prise de notes à la projection.

5. *Le Je à l'écran*, Jean-Pierre ESQUENAZI *et* André GARDIES *eds* (Paris, L'Harmattan, « Champs visuels », 2010).

6. Danièle MÉAUX, *Voyages de photographes* (Saint-Étienne, Publications de l'Université de Saint-Étienne, « CIEREC – Travaux 141 », 2009).

7. Attilio BRILLI, *Quand voyager était un art. Le roman du Grand Tour*, traduit de l'italien par Marie José TRAMUTA (Paris, Gérard Monfort Éditeur, 2001), p. 3.

8. Traduction de Catherine GODIN dans le livret annexé à l'enregistrement de *Winterreise* par Dietrich FISCHER-DIESKAU (Deutsche Grammophon, « The Originals », nº 447 421-2, 1995), pp. 24-5.

9. Roland BARTHES, *L'Obvie et l'obtus. Essais critiques III* (Paris, Seuil, « Tel Quel », 1982), pp. 253–8 : « Le chant romantique » (p. 255).

10. Edward Morgan FORSTER, *Avec vue sur l'Arno* (1908), traduit de l'anglais par Charles MAURON (Paris, Christian Bourgois, 1986).

11. Elizabeth VON ARNIN, *Avril enchanté*, traduit de l'anglais par François DUPUIGRENET DESROUSSILES (Paris, Éditions Salvy, [1922] 1990).

12. Jean MALAURIE, *Les Derniers rois de Thulé* (Paris, Plon, « Terre humaine », 1976).

13. Francis CLAUDON, *Le Voyage romantique. Des itinéraires pour aujourd'hui* (Paris, Philippe Lebaud, 1986), p. 190.

14. Alain CORBIN, *L'Homme dans le paysage* (Paris, Éditions Textuel, 2001), p. 143.

15. Raymond QUENEAU, *Une Histoire modèle* (Paris, Gallimard, 1966), p. 9.

16. Le mot utilisé par Apollinaire, a été repris par certains théoriciens. On peut citer les travaux de Patrick QUILLIER, entre autres : « Pour une acousmatique du signe : éloge du nomadisme de la voix », pp. 199–213 in *Hegel : zur Sprache, Beiträge zur Geschichte des europäischen Sprachdenkens*, B. LINDORFER et D. NAGUSCHEWSKI eds (Tübingen, Gunter Narr Verlag, 2002).

17. Partition des *Moments musicaux op. 94 & Impromptus op. 90 et 142* (Paris, A. Durand et Fils Éditeurs, sans date), p. 44.

18. Cf. la nouvelle de Guy DETTMAR, « Une Tombe dans les airs », *Les Mots La Vie*, numéro hors série, Paul LÉON ed. (Nice, Éditions du Losange, 2006), pp. 167–89.

19. Traduction de V. BRIET in Paul CELAN, *Pavot et mémoire* (Paris, Christian Bourgois, « Détroits », 1987), pp. 84–9.

20. Partition des *Trios für Pianoforte, Violine und Violoncell* de Beethoven (Henry Litolff's Verlag in Braunschweig, sans date), p. 9.

21. Ernesto NAPOLITANO, « Trio degli Spettri et Arciduca », dans le livret de l'enregistrement des deux trios par W. KEMPFF, H. SZERYNG et P. FOURNIER (Deutsche Grammophon, « Galleria », nº 429 712-2, 1970), pp. 8-9.

22. Traduction de l'auteur.

23. Traduction de Jean-Pierre LEFEBVRE in *Anthologie bilingue de la poésie allemande*, J.-P. LEFEBVRE ed. (Paris, Gallimard, « Bibl. de la Pléiade », 1993), pp. 1074–7 : « *Deutschland* » (pp. 1074-5 et pp. 1076-7).

24. Partition des *Klaviersonaten D.958, D.959, D.960* de Schubert (G. Henle Verlag München, 1961), p. 235.

25. Partition de *Fidelio* de BEETHOVEN (*Klavier-Auszug*) (C. F. Peters Frankfurt, London, New York, 1961), p. 33.

26. *Fidelio, opéra en deux actes de Ludwig van Beethoven*, traduction de M. KUFFERATH, d'après le texte original en français de J. N. BOUILLY dont se sont inspirés les librettistes Sonnleithner et Treitschke (Librairie Théâtrale / Éditions M. R. Braun, sans date), p. 18.

TABLE

TABLE

voitures contemporaines, par Philippe Antoine

VOYAGE DE LA LENTEUR

voyage de la lenteur, par Philippe Antoine

Achevé d'imprimer par Corlet,
Condé-en-Normandie (Calvados), en octobre 2021
N° d'impression : 173444 - dépôt légal : octobre 2021
Imprimé en France